教育类专业基础课系列教材

U0652085

学校组织与管理

郭继东◎著

华东师范大学出版社
·上海·

图书在版编目（CIP）数据

学校组织与管理/郭继东著.—上海：华东师范
大学出版社,2012.5
　ISBN　978-7-5617-9492-0

　Ⅰ.①学…　Ⅱ.①郭…　Ⅲ.①学校行政-师范大学-
教材　Ⅳ.①G472

　　中国版本图书馆 CIP 数据核字（2012）第 082802 号

教育类专业基础课系列教材

学校组织与管理

撰　　著　郭继东
责任编辑　吴海红
责任校对　王丽平
装帧设计　卢晓红

出版发行　华东师范大学出版社
社　　址　上海市中山北路 3663 号　邮编 200062
网　　址　www. ecnupress. com. cn
电　　话　021-60821666　行政传真 021-62572105
客服电话　021-62865537　门市（邮购）电话 021-62869887
地　　址　上海市中山北路 3663 号华东师范大学校内先锋路口
网　　店　http://hdsdcbs. tmall. com

印 刷 者　常熟文化印刷有限公司
开　　本　787 毫米×1092 毫米　1/16
印　　张　17.75
字　　数　370 千字
版　　次　2012 年 6 月第一版
印　　次　2023 年 8 月第六次
书　　号　ISBN 978-7-5617-9492-0
定　　价　35.00 元

出 版 人　王　焰

（如发现本版图书有印订质量问题,请寄回本社客服中心调换或电话 021-62865537 联系）

目 录

目
录

第三编　学校管理实务

目

录

第一编
学校管理原理

第一章
学校管理的环境解读

> 由于社会变得越来越复杂……组织就需要对环境力量给予更多的注意。
>
> ——Fremont E. Kast & James E. Rosenzweig

情景导入

　　2007年4月29日,某镇的中心小学响起了阵阵读经声。这是因为该镇的党委书记试图推行"儒学治镇",镇上以"红头文件"的形式向全镇推广儒学教育,并对积极推行《弟子规》的教师进行奖励。学校校长与教师积极响应,在学校每周开设两节传统文化课,晨读时要求全校学生朗读《弟子规》,在日常行为规范上也要求学生以儒学思想的要求来行事坐卧。

　　这场国学实验从一开始就受到了该地区有关部门的高度重视,但实行不久,当地教育局叫停了还在雏形中的实验。有关负责人在实地调研时指出:"对儒家文化应该坚持'批判性继承'原则,区分传统文化的精华和糟粕,而当地的政府及各个部门对这样的国学实验采取'既不支持,也不干涉'的做法,许多教师和学员对传统儒家经典的学习存在着全盘接受的倾向,并没有坚持唯物辩证原则,这使人感到忧虑。"而在学习中穿唐装、人与人见面90度鞠躬、封闭式管理等做法,让人感觉过于注重形式和外在;学生在学习期间必须吃素、不得杀生等做法,似乎又与现实脱节。另外,学习中所用教材均为内部刊物,没有刊号,属非法出版物,如大规模传播,在校园中广泛使用,有可能构成违法。负责人称"叫停只是暂时的",教育局最终要重新引入国家新闻出版部门审核的改良版《三字经》和《弟子规》。①

　　从上述事例中可以看出,学校管理并不仅仅是学校内部的事情,它会受到诸多外界因素的影响。因此,管理者需要了解学校所处的内外环境。

---

① 黄崴.教育管理学[M].北京:中国人民大学出版社,2009:71—72.

第一节 学校组织与环境因素

一、学校是一个社会—开放系统

在现代社会中,一个组织如果自我孤立与封闭,那么它必然无法生存与发展。学校也不例外。

(一) 学校是一个社会系统

随着系统论的兴起,人们将这一思想运用到对学校组织的分析,认为学校是由一个个子系统构成的,这些子系统之间相互作用、相互影响,共同制约着学校系统的运转。莱维特(H. Leavitt)进一步指出,一个复杂系统中包含着四个有内在联系的方面,即任务、结构、技术和人。显然,学校这个社会系统也是由这四个子系统构成的。

在学校的任务方面,主要有安全保障、教学活动、德育工作等,它们共同指向培养目标的实现。在学校的结构方面,有班级、年级、教导处、总务处、校长办公室等,这些机构一起构成了学校的组织体系。在技术方面,包括了学校的决策技术、课程开发技术、教学技术、评价技术等,为各项工作的开展提供方法与手段的支持。在人的方面,有教师、学生、管理者、后勤服务人员等,他们是学校系统的主体力量。这些子系统之间是相互关联的,比如网络技术的迅猛发展可能使学校组织走向扁平化,对所有人的网络运用技能提出了更高的要求,也使学校具备了不受时空限制的远程教学服务能力。

在系统论看来,学校是由各个子系统构成的,而它本身又是更大系统中的子系统。各级系统之间是有界限的,但这些界限是可以渗透的。一旦一条界限或几条界限失去了渗透性,这个系统就陷入了封闭状态,并会逐步丧失应有的活动能力。

(二) 学校是一个开放系统

开放系统理论认为,组织是一个通过与其环境的输入和输出来调节其生存状态的自我维持系统。一个开放系统往往强调循环,注重平衡与自我调整,关心信息的输入与反馈,倡导建立开放的思维方式。这些特征在学校组织中均有所体现,比如,学校的教育过程是动态的,由一堂课、一天、一周、一学期等大小循环组合而成。学校要收集各种信息,了解外界的动向。当环境发生改变时,学校要随之调整培养目标、课程结构、教学方式。因此,学校不仅是一个社会系统,而且是一个开放系统。国外学者将它图示如下:[1]

---

① [美]韦恩·K·霍伊,塞西尔·G·米斯格尔.教育管理学:理论·研究·实践[M].范国睿主译.北京:教育科学出版社,2007:29.

环境

转化过程
结构系统
（科层期望）

输入		产出
环境限制	学习　教学	学业成绩
人力资源与资本资源	文化系统　　政治系统	工作满意度
使命与政策	（共同目标）　（权力关系）	缺勤率
材料与方法	学习　教学	辍学率
设备		全面质量

个体系统
（认知与动机）

实际绩效与理想
绩效之间的差距

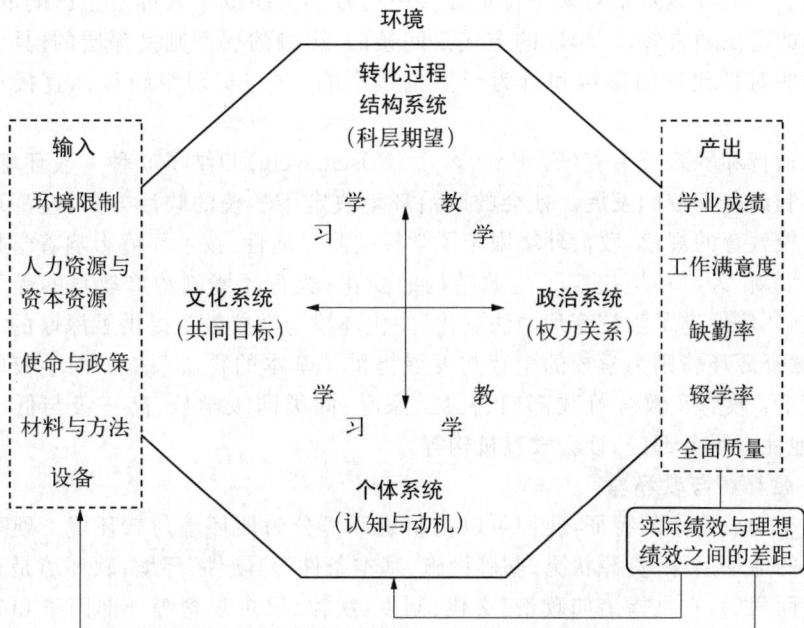

图1-1　学校的社会—开放系统模型

二、学校面临的环境因素

由于学校是一个社会—开放系统，它与各种环境因素有着千丝万缕的关系。了解学校周遭的环境，对于做好管理工作十分重要。

（一）环境及其分类

所谓环境，是指环绕一定事物并与该事物发生一定关系的现实境况。从不同的角度，可以对它作出不同的分类。

1. 内部环境与外部环境

按照环境与组织的关系，邓肯（R. Duncan）把环境分为内部环境与外部环境。内部环境是指组织界限以内，与组织内个体决策行为直接相关的自然和社会因素，比如组织目标、产品和服务的属性、组织内部的沟通等；外部环境是指组织界限以外的，与组织个体决策直接相关的自然和社会因素，比如顾客、竞争者、供应商、政府、行业协会等。

由于内部环境是组织自身的文化、管理或条件所形成的，因而管理者可以对其进行自动调节和主动创造；而外部环境是外在于组织而客观存在的，管理者对它不易直接操控，因而多数情况下组织要适应外部环境，有条件的可对其施加影响。有鉴于此，本章重点讨论的是学校与外部环境的关系问题。

2. 一般环境与具体环境

根据环境对组织的作用强度，罗宾斯（S. Robbins）把环境分为一般环境与具体环境。一般环境是指对某一特定社会中的各类组织或个人都发生影响的环境，它影响的范围通常较广，影响的方式是间接的，影响的层面则是深层的；具体环境是指那些对管理者的决策和行为产生直接影响，并与实现组织目标直接相关的要素。

卡斯特和罗森茨韦克(F. Kast & J. Rosenzweig)归纳了9种一般环境，它们影响与制约着学校的发展。社会的政治环境决定了学校的政治方向；经济环境制约着学校教育的规模；政治环境限定了学校的阶级属性；技术环境影响着学校教育手段的更新；人口环境决定了生源结构的变化；教育环境制约着教育的受重视程度；法制环境促进了学校管理的法制化；文化环境为学校教育提供了深厚的文化底蕴；自然资源环境则为学校的生存与发展提供了基本的物质条件。而学校的具体环境包括：政府及教育行政部门、社区、家庭、同类同级学校、高一级与低一级学校、其他社会服务部门、社会教育机构等。

3. 硬环境与软环境

依据构成要素的特征，我们可以把组织环境分为硬环境与软环境。硬环境是指组织的地理条件、资源状况、基础设施、基本条件等"硬件"环境；软环境是相对于硬环境而言的，它是指诸如政策、文化、制度、法律、思想观念等外部因素和条件的总和。

随着社会对教育重视程度的提高，随着教育均衡化的推进，学校之间在硬环境上的差距在缩小，学校的发展更多地受制于软环境。因此，学校管理者要积极争取政策扶持与民意支持，教育行政部门和社会各界也要为学校创设有利的软环境。

(二) 学校与环境的关系

环境是构成组织的要素之一，是组织生存的基本条件。而组织又是环境的产物，其生存与发展不可避免地受到所在环境的影响。因此，组织与环境之间具有相互依存的紧密关系。霍伊和米斯格尔(W. Hoy & C. Miskel)指出，与物理系统不同，社会系统的边界更加模糊，环境的影响自然就更加深入。对于学校而言，环境是系统的能量源，它为学校提供资源、价值观、技术、要求与历史，所有这些都为组织行为提供了约束和机会。学校与环境的关系表现为三种形态：

一是被动适应。学校管理者对环境因素缺乏足够的重视，主动把握环境变化的意识不强，总是在环境因素的逼迫下被动地作出调整。比如，生源大幅度萎缩后，校方才不得不采取小班化教学，以消化师资的冗余。在这一形态中，管理者放弃了自身的努力，对环境完全采取顺从的态度，因而学校往往只能勉强维持生存而难以有所发展。

二是主动应对。组织并不总是被动地采取适应性反应，而是在相当程度上可以通过主观的战略行为来抵御外界的变化，并且影响环境，进而改变所处环境以求得有利的地位。通常，学校可以通过知识的积累、核心竞争力的打造等策略，主动塑造有利于自身的环境。

案例 1-1　华东模范中学的两次转型①

　　20世纪90年代中期，上海市静安区对基础教育进行了布局调整。作为一所完全中学，华东模范中学的生源发生了很大变化，原先以升学预备教育为特征的办学模式暴露出许多弊端。学校在广泛调研的基础上，提出了升学预备教育和就业预备教育的"双通道"办学模式，经过实践取得了成功，学校也被命名为上海市实验性、示范性高中。

　　10年后，学校的升学率达到了95%，为就业准备的"第二通道"失去了存在的现实基础，学校发展面临新的瓶颈。为此，学校发动教师展开讨论，跟踪调查毕业生的情况，向家长征询意见，在对社会背景与学校现实条件充分研究的基础上，提出了从"双通道"办学模式向"双通"教育的转型，即对学生进行通识和通能教育。通识包括基础知识、基本技能和基本意识；通能包括计划与安排、合作与交流、选择与处理、应对与创新等能力。

　　三是有效管理。无论是被动适应还是主动应对，人们对于组织与环境关系的认识都是对立的，而实际上两者之间的关系不是简单的组织决定环境或环境决定组织，而是相互依存、彼此影响的关系。认识到这一点，学校就应寻求被动适应与主动应对的整合与统一。从华东模范中学的案例中可以看出，面对环境变化，学校也产生过困惑，但没有一味地屈服于环境。学校积极地从不利的环境中寻找有利因素，变被动为主动，走出了自己独特的成功之路。

三、学校的环境管理

　　环境具有复杂性、动态性和不确定性，因此，黄崴提出要开展环境管理，以把握环境变化，减小组织发展的不确定性，增强组织的适应能力，主动塑造有利于组织的环境。②

(一) 采集信息，监测环境

　　学校所赖以生存的外部环境总是处于不断变动的状态，不管是一般环境还是具体环境，也无论是硬环境还是软环境，都时刻发生着或大或小、或快或慢的变化。这些变化可能对学校有利，也可能对学校不利，因此，学校要建立信息采集系统，监测环境的变动情况，形成预警机制，避免因应对不及而造成不必要的损失。

　　通常，学校管理者应重点把握以下一些信息：① 国家政治、经济发展的最新趋向，与教育事业相关的法律、政策、文件。明确这些信息，有助于及时调整学校的发展方向和培养目标。② 教育改革的方向。在社会转型时期，教育改革势在

必行,了解改革趋势能够帮助教师更新教育理念,构建新的课程体系,改变陈旧的教育教学方式。③ 社会文化发展动态。从组织功能看,学校属于范式维持组织,肩负有文化传承的使命。因此,学校不能成为主流文化发展潮流的旁观者,必须做社会先进文化的传播者与创造者。④ 技术更新的最新趋势。科技的高速发展会对学校产生不可估量的影响,伴随着 IT 技术的进步和广泛运用,e-learning已被提上议事日程,这将让教学方式、组织形态、学校管理等发生翻天覆地的变化。

(二) 分析信息,适应环境

环境中的信息往往是杂乱无序的,必须通过加工处理才会有用。学校管理者要对得到的信息去粗取精、去伪存真,判断哪些因素会对学校的发展产生影响。在这一过程中,不能忽视那些细微但重要的变化,否则,就会发生"温水煮青蛙"的悲剧。另一方面,面对大量的信息(尤其是一些相互矛盾的信息),学校管理者要善于拨开迷雾,把握方向。

在对信息进行深度加工后,学校管理者必须作出合理的回应。一般而言,管理者首先要考虑如何适应环境的变化,让学校能够生存下去。比如:华东模范中学的第一次转型与生源的改变有关,面对环境变化,学校没有选择无所作为,那样必然让学校走向衰败;也没有逆势而动,死抱着单一升学预备教育模式不放,那也是一条走不通的死胡同。学校选择了顺势而为,开辟了"双通道"办学模式,很好地适应了环境的变化,渡过了难关。

(三) 组织变革,塑造环境

组织与环境并不是孤立存在的,事实上,环境在影响着组织,组织也在影响着环境,两者是协同演进的关系。组织学习理论认为,组织学习过程既体现了对环境的被动适应性,又在一定程度上体现了组织对环境的能动性,即组织可利用其行为来影响环境,从而使组织与环境之间达到更好的匹配。①

在现实中,一些学校管理者总是抱怨社会大环境不理想,期望等环境变好后自己再有所行动。这种消极坐等的态度是不可取的。学校的发展有赖于良好的环境条件,同时,学校也担负着改造环境的责任。学校领导要致力于建设好学校内部环境,营造良好的"小气候"去积极影响社会大环境,在逐步改造周围环境中的不良因素的进程中,为学校自身的发展创设一个更好的外部环境,促进学校与环境的共同进步,从而产生共振效应。例如,黑龙江省佳木斯一中倡导的"五心教育",不仅让学生实践着"忠心献祖国、关心献别人、爱心献社会、孝心献父母、信心留自己",而且产生了强烈的社会反响,使"五心"成为全社会共同遵循的道德准则。

---

① 何铮等.组织环境与组织战略关系的文献综述及最新研究动态[J].管理世界.2006(11).

第二节　学校管理的体制环境

一、教育管理体制及其类型

情景导入中的事例说明学校管理不是随心所欲的,教育局之所以可以叫停学校的读经活动,是因为教育管理体制赋予了它相应的职权。

(一) 教育管理体制的含义

所谓教育管理体制,是指一个国家根据有关的法规、政策建立起来的管理教育事业的制度体系,它包括各级各类教育管理机构的设置、功能作用的规定、相互隶属关系的界定,以及权限的分配与划定等诸多元素和要件。

在教育管理体制中,有关各级政府管理教育事业的部分,一般称为教育行政体制;有关学校内部管理的部分,一般称为学校管理体制。在教育管理体制中,教育行政体制甚为关键,因为教育行政体制不仅直接影响着学校内部的管理体制,而且也往往决定了相应的教育投资体制和学校的办学体制。

教育管理体制的类型是指教育管理组织的形态,也就是国家干预教育活动的制度安排与组织结构预设的方式。对于教育管理体制,可从不同的角度进行分类。通常,人们根据中央和地方关于教育管理权责的分配关系,将教育管理体制分为中央集权制和地方分权制。

(二) 中央集权制与地方分权制

实行中央集权制的国家,建立代表国家行使权力的中央教育行政机构,统一领导和监督全国教育事业发展,制定全国统一的课程标准和教学计划,中央直接干预和支配全国教育系统运作,使全国形成整齐划一、自上而下的垂直型组织体系;地方教育行政机构必须贯彻执行中央政府制定的方针政策,很少有或没有自主权,一般只能奉命行事,在授权允许的有限范围处理教育事务。

法国是中央集权制的典型代表,在中央设立国民教育部主管教育事业,该部门负责:① 设立并管理各级国立学校;② 筹措并负担所有公立学校的员工薪酬开支;③ 制定中小学课程标准;④ 辅导私立学校;⑤ 视导各学校与教育行政机构。[①]可见,国民教育部掌握了教育目标、课程标准、教育人事、经费预算等诸多权力。在地方上,学区、省督学处等机构实际上是国民教育部的派出机构,基本上只是负责执行上级的指令。

实行地方分权制的国家,地方自主自治管理教育的思想占统治地位,中央政府没有直接领导或干预地方教育的权力,尊重地方教育发展,不作指令性规定;中央

---

① 秦梦群.教育行政——实务部分[M].台北:五南图书出版公司,2000:28—29.

政府只处于指导监督和财政拨款的助成地位,中央和地方的教育行政部门之间不存在领导与被领导的隶属关系,因而缺乏全国统一的教育标准。

美国是地方分权制的典型代表,掌握教育管理实权的是学区。学区设教育委员会,管理学区内的教育事业。委员由选举产生或由市长或市议会任命的本区校外人士组成。学区教育行政的职能主要是制定教育计划,编制教育预算,征收教育税,管理教职员人事,维修管理校舍,购置教材教具,为学生提供交通工具等。

中央集权制有利于政令统一,推行主流价值观,保障教育的基准线,但不利于激发地方的办学积极性,难以做到因地制宜。地方分权制的特点,正好与之相反。可见,这两种体制各有利弊。因此,各国不论以往实行的是哪一种体制,都逐步趋向均权化。[①]

(三) 我国的教育管理体制

在我国,教育管理体制经历了多次变更。新中国成立初期,实行的是军管体制;1952—1957年,形成了集中统一的教育管理体制;1958—1962年,改变为以地方分权为主的教育管理体制;1963年至"文革"前,调整为统一领导、分级管理的教育管理体制;"文革"期间,教育管理体制遭到严重破坏;"文革"结束后到1984年,恢复了统一领导、分级管理的教育管理体制;1985年以后,实行的是地方负责、分级管理的教育管理体制。新世纪以来,教育管理体制改革的探索并未止步,尤其是《国家中长期教育改革和发展规划纲要(2010—2020)》(下称《纲要》)设专章论述了管理体制改革问题。

回顾历史,可以看出我国的教育管理体制始终在中央集权与地方分权之间摇摆。究其原因,与不加分析、整体性地放权与收权有关。由于没有厘清哪些权力该归属于中央、哪些权力应下放给地方、哪些权力要交还给学校,因而形成了"一统就死、一死就放、一放就乱"的怪圈。为此,《纲要》提出:要建立"健全统筹有力、权责明确的教育管理体制。以转变政府职能和简政放权为重点,深化教育管理体制改革,提高公共教育服务水平。明确各级政府责任,规范学校办学行为,促进管办评分离,形成政事分开、权责明确、统筹协调、规范有序的教育管理体制"。

二、校本管理的兴起与发展

20世纪80年代,校本管理逐步兴起并广泛传播,使学校的体制环境发生了重大的转变,对学校管理产生了深刻的影响。

(一) 校本管理的演进过程

一般认为,校本管理的萌芽可以上推至20世纪60年代,以澳大利亚的"学校与社区合作"运动为起点。当时,政府对学校实行外控式管理,导致了班级规模过大、教师缺乏培训等问题,引发了人们的不满。社会公众普遍认为,只有建立在与

---

① 陈永明,胡东芳,郭继东,白芸. 比较教育行政[M]. 上海:华东师范大学出版社,2005:40.

社区合作基础上的学校管理模式才能解决问题,于是开始倡导"社区参与原则"等明显带有"校本管理"色彩的理念。1972年,南澳大利亚州第一个学校董事会的学校体制建立,使理念转化为了行动。

进入20世纪80年代后,一些西方发达国家的经济出现滑坡,各国纷纷试图从教育领域中寻找出路。一方面,以外部控制为主的管理模式的消极影响日益彰显;另一方面,新公共管理模式、现代企业管理理论、后现代主义思潮被广为传播与接受。在多种因素的合力作用下,校本管理兴起了,并演化成为一场轰轰烈烈的改革运动。

1983年,美国优质教育委员会发表了题为"国家处于危险之中——教育改革势在必行"的著名报告,指出了美国公立学校的种种弊端,引起了社会的广泛关注。在这种形势下,以学校自主权得到加强为特征的校本管理得到了一些地方政府的欢迎,有关教学、人事、经济的重要决策权被授予学校,人们期望藉此改善学校的绩效。由此,校本管理在报告发表后首先在美国产生和发展,进而其影响波及了许多国家。

20世纪末,在英国、加拿大、新西兰以及其他一些国家,学校管理均呈现出类似的发展迹象——教育管理的权力和责任向学校层面转移。虽然政府所确定的课程框架和效能评定标准依然有效,但学校在日常运行和如何改革发展方面,拥有了前所未有的自由度。总体上看,调整政府与学校的关系、扩大学校的管理自主权、改革学校管理体系、倡导共同决策的校本管理运动蓬勃发展。

(二)美国的校本管理实践

美国是校本管理运动的重镇。冯大鸣认为,在早期的实践探索中,美国逐步形成了三种典型的校本管理模式。

其一,校长主导模式。1986年,佛罗里达州戴德县教育委员会提出,在向学校放权的同时,各校建立由教师组成的顾问式的管理小组,参与学校预算、人事和学业计划方面的决策。教师管理小组的活动是业余性质的,其职能是研究问题并向校长提出决策建议,而校长保留对建议的最终取舍权。

其二,教师主导模式。1989年,洛杉矶统一学区教师工会与地方教育委员会达成协议,规定各校由学校委员会领导。委员会有权对校长的决定再作决定,但无权聘任或解聘校长。委员会成员由6至16名成员组成,包括校长、教师、学校职员、家长和社区代表。除校长之外,其余成员均由选举产生。无论成员多少,教师必须在委员会中占50%的席位。

其三,家长、社区人士主导模式。1988年,伊利诺伊州州长签署了"芝加哥学校改革法案"。该法案规定,学校委员会由6位家长、2位社区代表、2位教师、1位学生(无表决权)和校长组成,主席在6位家长中产生,委员会的其他成员(除校长之外)均由选举产生。委员会除了有权对学校各项事务作出决策外,还有权聘任或解雇校长。

20世纪90年代以后,美国出现了特许学校。特许学校是一种虽依靠公共教育经费支持,但可以由大学、社区学院、教师团体、社区组织、工商企业甚至个人来主办的学校。特许学校可以免受学区大部分规章制度的约束,学校按照约定的章程自主管理。同时,特许学校引入了一种学校选择的市场机制,不限制学生就近入学。特许学校一旦办学绩效不佳,就会出现生源和经费方面的危机,严重时,就不得不自动倒闭或被政府撤销特许。

(三)校本管理的成绩与问题

校本管理是一种以权力下放为中心的学校管理思想和模式,其核心是强调教育管理重心的下移,强调教育行政部门给予学校更大的权力和自由,使学校成为自我管理、自主发展的主体,可以根据自身的需要确定自己的发展目标和方向,从而提高学校管理的有效性。它与外控式管理形成了鲜明的对照,在赋予学校自主权方面作出了诸多努力,取得了一定的成效(见表1-1)。

表1-1 校本管理与外控管理的比较[①]

校 本 管 理		外 控 管 理	
差异原则	达成目标的多样化;强调灵活性	标准结构原则	达成目标的程序化和方法的标准化;强调一般化
权力下放原则	问题是不可避免的,应在发生时及时解决;寻求效率和问题的解决	权力集中原则	大小事情都应精心控制以避免问题的产生;追求过程的控制
自我管理系统的原则	自我管理;积极探索;应负责任的	执行系统的原则	外部控制;被动接受;无责任的
人的主动性原则	发展人的内在资源;学校成员的广泛参与	结构控制原则	强化外在监督;官僚体系的膨胀

然而,一些研究发现:校本管理尽管在学生出勤、家长参与、教育公平等方面有不同程度的积极影响,但在改进学生学习和提高学生学习成就方面效果不明显。为此,卡德威尔(B. Caldwell)提醒人们不能只热衷于校内权力的再分配,要明确校本管理的终极目标是促进学生的学习,所有的活动均与教学有直接或间接的关联,且应尽其所能支持教学。学校必须选择最优秀、最适合的教职员工,为其设计、选择、实施各种专业成长方案,鼓励教职员工参与,以促进学生的学习。学校在设计学生的学习方案时,应有能力"回溯设计",即从学生的预期学习目标、学习需求、预期的学习成果出发,往前回溯设计,决定应采取何种措施、开设何种课程,才能达到预期的效果。校长或其他学校领导的任务是要促进学校有效地运作,将学校的自主管理与学生的学习成就相结合。[②]

① 赵敏,江月孙. 学校管理学新编[M]. 广州:广东高等教育出版社,2008:29.
② [澳]B·卡德威尔. 学校自主经营的理论与实践[A]. 陈伯璋,许添明. 学校自主经营的理论与实践[C]. 兰州:甘肃文化出版社,2005:45.

三、现代学校制度的构建

从西方国家的校本管理运动可以看出，简单地放权并不能解决所有问题。要想取得实效，必须改造学校整体的生态环境。

(一) 现代学校制度的含义

进入新世纪以来，现代学校制度的构建成为我国教育管理体制改革的核心。2003年，全国基础教育工作会议提出，"要探索建立现代中小学管理制度，建立以政府为主，社会各界共同参与的学校发展、管理与监督机制，鼓励社区、家长参与的学校管理，形成社区积极支持基础教育改革和发展、积极参与学校管理与监督的模式"。

关于现代学校制度，学者们有着各不相同的论述，但其基本要点是相似的。在归纳总结的基础上，我们可以将现代学校制度定义为：相对于传统学校制度而言的，符合现代教育基本理念与指向，能适应学校教育现代化和社会主义市场经济体制、政治体制改革的内在要求，以具有法人主体地位的学校为基点，以有效调节政府、学校、社会三者关系为核心，以促进学生发展及校长、教师专业发展为目标，以新型的政校关系和学校自主发展机制为主要内容，保证素质教育目标实现，促进学生最优发展的"学校制度系统"。[1]

现代学校制度建设的目标是通过转变政府职能，调整管理的布局结构，改变工作作风，建立"以学校发展为本"的政府依法管理系统与模式；通过梳理学校内部关系、明确职责分工、完善学校法人制度、建立和完善民主管理体制，建立"以学生发展为本"的现代学校法人治理结构和学校内部制度；通过加强学校与社区的联系与沟通、开放学校资源、引入灵活的办学机制，建立"社区、家庭与学校"的良性互动机制。

(二) 政府—学校关系的重建

在现代学校制度建设中，政府与学校的关系重建是一个关键。为此，要厘清两者之间的权力分配，并改进政府的管理方式。

1. 政校之间的权力配置

尽管有过一些放权的努力，但外控式、集权化的管理在我国长期占据着主导地位。教育行政部门对学校习惯于居高临下地发号施令、事无巨细地样样过问，而学校也习以为常地事事请示、时时汇报。这种局面不打破，学校是不可能自主发展的。有鉴于此，政校关系的重建要从权力的重新配置入手，让学校掌握应有的权力。由于我国实行的是"地方负责、分级管理"的教育管理体制，因此重点在于调整地方教育行政部门与学校的权力分配(见表1-2)。

---

① 李学红.现代学校制度建设的实践与研究[M].上海：华东师范大学出版社,2008：5.

表 1 - 2　政校之间的权力分配①

权力	政府倾向于干什么	学校倾向于干什么
财务管理权	① 筹措经费(大范围),并确保投入 ② 编制本系统经费预决算 ③ 经费配置(维持公平) ④ 为"校舍建设"、"购买用品"提供必要的资金,并负责审查与监督 ⑤ 有权对学校上述一切财务进行监督与审计,有权处分违纪违法现象	① 在"政府基本拨款"之外,筹措部分经费,用于学校特色发展 ② 根据学校发展的需要,自定校舍建设计划,自行招标施工单位 ③ 学校有权根据本校的发展需要,自行购买学校用品 ④ 拥有一切经费的自主使用权
教育教学管理权	① 担负教育领导权,把握基础教育意识形态(尤其是德育)的方向,规定国家核心课程的科目与教材 ② 制定学校入学条件与毕业标准 ③ 对统考课程制定课程标准;颁定"地方课程"的质量标准 ④ 预测与调节各类、各级学校招生总量 ⑤ 对学校的部分自主招生,政府要制定政策,限制一定比例,制定收费额度,并且对贫困学校要设有扶困的助学金等 ⑥ 设计并组织辖区的教改与实验研究项目 ⑦ 施行学校的设置、撤销、变更审批权	① 教学安排权:教师分工、课程、教学进度、作息时间、教学计划 ② 学校设施的使用与管理权 ③ 对学生处理与学籍管理的自主权 ④ 有限制的招生自主权(在少数学校可以尝试) ⑤ 教改权:能一定程度地改变"统考课程"授课时数、授课方式等;对校内课程的安排可自主选择与安排 ⑥ 非义务阶段的教材选择权 ⑦ 教研权:有权根据教学需要进行教研,而不仅仅是上级的统一安排
人事管理权	① 办好师资供应与培训 ② 编定教职员工编制 ③ 对教师资格进行认定 ④ 对教师使用进行指导和监督 ⑤ 提高教师待遇和社会地位 ⑥ 对学校解聘教师进行审查和仲裁 ⑦ 对教职员工的流动进行宏观调配和管理	① 按需招聘教职员工 ② 自主确定教导主任、总务主任等学校中层领导,并有组阁副校长的权力 ③ 有权对教职员工进行考核、奖励和处分 ④ 教职员工流动的自主权 ⑤ 自主确定教师的校内工资与奖金 ⑥ 自主解聘不合格的教职员工

2. 政府管理方式的改进

仅仅放权是不够的,教育行政部门还应转变职能,提高服务能力。为此,有学者在借鉴国外经验的基础上提出了以下建议:②

其一,政府的教育政策出台之前,要经过高水平的研究机构咨询和论证,以保证政策本身的科学性与可行性。政策具有很强的导向作用,教育行政部门对于政策的出台要持审慎态度,不能只靠行政官员"拍脑袋"形成。

其二,教育行政部门在颁布法规政策后,应提供相关的政策实施指南或开发有关的政策操作工具包,指引和帮助学校保质保量地贯彻实施政策。例如,澳大利亚

---

① 陈玉云.政府与学校关系的现状与变革[D].上海:华东师范大学硕士学位论文,2005:33.
② 冯大鸣.我国政—校关系改革中须明辨的若干关键词[J].教育科学研究.2011(2).

维多利亚州教育部在赋予学校自主管理权的同时,要求学校每四年进行一次自我评估。为此,州教育部专门编制下发了《学校自我评估指南》,让学校参照使用。

其三,在教育行政部门的重要文件或政策指南中,要对关键概念作出清晰的界定,以免地方和学校因理解不一而在执行中出现偏差。在英国教育部的报告中会附有专门词汇表,对政策术语或相关概念一一加以界定。

其四,教育行政部门对自己的工作应提出严格而清晰的要求,并以一定的技术手段将其体现出来。比如,美国联邦教育部每年都要发布一份长达200页左右的教育部年度履职与绩效报告,其中会列出教育部的战略目标细目表,以明确的标记表示目标实现情况。

其五,政府不仅要对学校教育工作的改进提出要求,而且要为学校提供专门的技术服务。例如,美国的《不让一个儿童掉队法》颁布后,联邦政府拨出专款资助各州教育厅和地方学区组建专门的技术支持团队,帮助问题学校改进课堂教学质量和学校管理水平。学校的支持团队成员必须拥有基于科学的教学知识,对学校教学改进的指导必须依据基于科学的研究结论,而且政府还要对学校的支持团队工作的技术含量进行评估。

(三) 学校内部管理制度的完善

在我国,学校管理体制经历了校务委员会制、校长负责制、党支部领导下的校长负责制、上级部门领导下的校长负责制、革命委员会制、党支部领导下的校长分工负责制和校长负责制的沿革。1985年,《中共中央关于教育体制改革的决定》提出要逐步实行校长负责制,于是,学界围绕着校长负责制展开了讨论。

有学者认为校长负责制是一个结构性概念,由上级宏观领导、校长全面负责、支部保证监督、教工民主参与等四个方面构成。有人则对此持反对意见,认为校长负责制就是"校长全面负责",不是"四合一"。其实,从现代学校制度的视角看,校长负责制在本质上是一种以行政职权为核心,校长受国家和社会委托,为实行学校工作目标,依法对学校教学及其他行政事务全面负责的学校管理体制。[①] 它是学校法人治理结构的核心,其他方面则是其重要的配套制度。

要完善学校的内部管理制度,就必须在确立校长负责制的基础上构建监督保障体系,这一体系应当包含三个方面:① 外部监督。主管部门要制定领导干部岗位责任制度、个人重大事项报告制度、民主评议制度等,加强对校长的考核,发现问题及时提出整改意见。② 内部保障。党支部要发挥监督的作用,通过校务公开、民主决策等机制的构建,保障校长有效开展工作。③ 自我监控。校长应自重、自省、自警、自励,通过民主生活会、年终述职等途径总结自己的得失,不断改进工作。

在推行校长负责制的背景下,民主参与机制的建设尤为重要。教职员工代表大会制度是教职员工行使民主权利、参与学校民主管理的基本制度和组织形式,要

① 葛金国,吴玲."盘点"学校——解开学校管理的症结[M].福州:福建教育出版社,2001:221—223.

充分发挥其作用；在日常的会议制度中，要改变上传下达、布置工作式的传统，形成围绕问题、集思广益的新方式；在制度文本的完善中，要确保教职员工知情，参与讨论，发表意见；在重大决策时，要吸纳利益相关各方全程参与。[①] 总之，在范围性维度，要覆盖决策、制度制定、福利待遇、推优评先、考核奖惩等方面；在实体性维度，要保障教职员工的知情权、参与权、评议权、评选权和监督权；在程序性维度，要经历征询、通报公示、讨论协商、评审评议、表决通过等环节。由此，构成三维立体的学校民主管理体系。

（四）学校—家庭—社区联系的加强

家庭和社区是影响学校工作的最直接的外部环境，能够为学校提高丰富的办学资源，参与学校的课程开发，帮助学校改进教学质量，优化学校的育人环境，提供决策的咨询意见。应当承认，我国的学校以往在开放校园、与家庭及社区的沟通方面是有所欠缺的，近年来三方的联系在逐步加强。当然，这种联动机制应该是多方面、分层次的（见图1-2）。

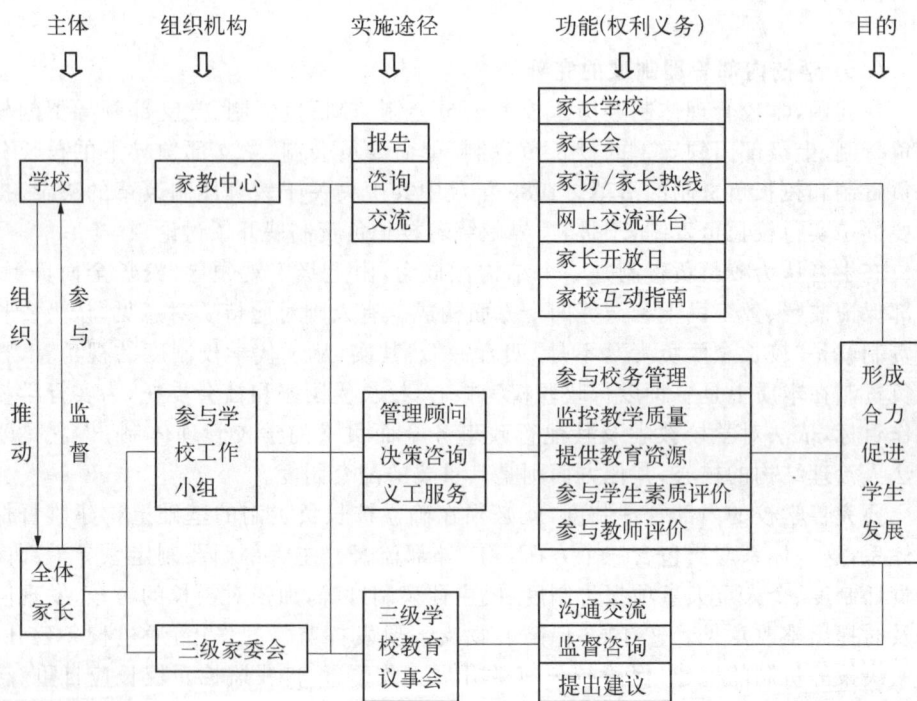

图1-2　家校合作模式基本框架图[②]

---

① 杨小微，李伟胜，徐冬青."新基础教育"学校领导与管理改革指导纲要[M].桂林：广西师范大学出版社，2009：61.

② 李学红.现代学校制度建设的实践与研究[M].上海：华东师范大学出版社，2008：280.

第三节 学校管理的法律环境

一、教育法与学校管理

在一个法治化程度日益提高的社会中,法律法规与学校的关系越来越紧密,它对学校管理的影响愈加明显。

(一) 教育法的体系

教育法是关于教育的法规。具体讲,它是举办教育事业所必须遵循的准则、依据和规范。它是国家权力机关制定的有关教育方面的法律文件的总称,是国家法规的一部分,具有法的一般特征。[①] 在我国,教育法的体系如表 1-3 所示:

表 1-3 教育法的体系[②]

层级	形 式		制 定 机 关
	宪法中有关教育的条款		全国人民代表大会
第一层级	教育基本法律		全国人民代表大会
第二层级	教育单行法律		全国人民代表大会常务委员会
第三层级	教育行政法规		国务院
第四层级	地方性教育法规		省、自治区、直辖市和较大市的人民代表大会及其常务委员会
第五层级	教育规章	部门教育规章	教育部及国务院其他部委
		政府教育规章	省、自治区、直辖市和较大市的人民政府

宪法是国家的根本大法,具有最高的法律地位和法律效力,是所有立法的依据。在我国,宪法中有多项条文涉及了教育的内容,对国家发展教育事业的目的、公民的受教育权利、各级政府管理教育的权限等作出了规定。

教育法律是指由全国人民代表大会及其常务委员会制定的教育方面的规范性文件,可分为教育基本法律和教育单行法律两类。《教育法》、《教师法》、《义务教育法》、《职业教育法》、《民办教育促进法》等,均属于教育法律的范畴。

教育行政法规主要针对某一类教育管理事务制定,因而其内容比较具体,而且具有较强的操作性。比如,《教师资格条例》对教师资格的类别、申请教师资格的条件、教师资格考试的组织与实施、教师资格认定的机构及程序等作出了较为细致的规定,《教学成果奖励条例》则规定了教学成果的奖项设定、申报条件、评奖步骤。

---

① 陈孝彬,高洪源.教育管理学[M].北京:北京师范大学出版社,2008:126.
② 吴志宏,冯大鸣,魏志春.新编教育管理学[M].上海:华东师范大学出版社,2008:112.

地方性教育法规是根据特定行政区域的具体情况和实际需要制定的，它只在有限的区域范围内有效。有不少地方性教育法规是对上面层级教育法规在本地操作的细化规定，比如，《义务教育法》颁布以后，各地纷纷制定了本地区适用的《〈义务教育法〉实施细则》。

教育规章包含两类：① 部门教育规章。由国务院各部委发布，在全国范围有效。如《中小学教师继续教育规定》、《教师和教育工作者奖励规定》等。② 政府教育规章。由省、自治区、直辖市以及省、自治区人民政府所在地的市和国务院批准的较大市人民政府制定，只在行政区域内具有法律效力。

(二) 教育法对学校管理的影响

首先，教育法规定了学校、教师和学生等各方教育主体的权利和义务，我们称这类规定为实体法。在学校管理实践过程中，任何教育主体都必须按照法律规定的权利和义务行事，包括必须履行法律规定的义务并不得侵犯他人的合法权益，同时可以行使法律规定的权利并有权要求他人不得侵犯自己的合法权益。法律义务是必须履行的，如果不予以履行就必然遭到处罚；任何侵犯他人权利的行为都必须得到纠正，任何被他人侵犯的权利都必须得到保护和赔偿。

其次，教育法规定了学校、教师与学生等各方教育主体在教育活动中的行为程序，我们称这类规定为程序法。在教育活动中不但要求教育主体按照法律规定来行使权利与义务，还必须按照法律规定的程序来做事。一项学校管理活动或者教育活动的合法性，不但依赖于活动主体对各自义务的承担与权利享有，还依赖于活动主体在行使权利或者履行义务时的具体程序的合法性。

第三，教育法规定了学校、教师与学生等各方教育主体的侵权行为及其惩罚与补偿机制。为了防止在学校管理活动或者教育活动中出现对他人合法权益的侵权行为发生，教育法还对各种较为明显的侵权行为进行了界定，对于如何确定侵权行为的存在，如何确定侵权人应该承担的法律责任，以及被侵权人如何通过法律的手段维护自己的合法权益，都给予了详细的规定。这样的规定既是对侵权人一种善意的提醒与警示，也是对被侵权人的帮助，无论对侵权人还是被侵权人，都起着特定的保护作用与启示意义。

第四，教育法还规定了判决学校管理人员、教师与学生等各方教育主体法律责任的方法与依据。要判决教育主体承担相应的法律责任，必须包括四个要件：① 主体的行为要有违约性或违法性；② 有损害事实的存在；③ 违约或违法行为与损害事实之间有因果关系；④ 行为人有过错。在判定教育主体的法律责任时，如果要求同时具备以上四个要件的，称为"过错责任原则"，即行为人只对自己有过错的行为负责。在学校管理活动中，除非法律有明文规定，否则一律使用过错责任原则。[1]

---

① 吴志宏.教育管理学[M].北京：人民教育出版社，2006：263—264.

二、学校的法律权责

对于学校管理者来说，必须清晰地知道学校享有的权利，也必须明了学校理应承担的义务。

（一）学校的法律地位

所谓学校的法律地位，是指学校在参与法律活动中的主体地位。也就是说，学校是以什么样的身份出现在教育法律活动中，是按照自己的意志独立地承担法律责任与行使合法权利，还是作为其他组织机构或者个人意志的代言人，要依靠他人的能力才能承担法律责任与行使法律权利。要探讨学校的权利与义务，必须厘清学校的法律地位，因为法律地位不同，学校的权利与义务也就不同。

《中华人民共和国教育法》规定，设立学校的必备条件是：有组织机构和章程；有合格的教师；有符合规定标准的教学场所及设施、设备等；有必要的办学资金和稳定的经费来源。只要符合上述条件的学校就具备了法人资格，享有民事主体的地位。此外，当学校接受教育行政机关的委托或者受法律、法规的授权，具有一定的教育行政权时，它也就具有了相应的行政主体地位。

综上所述，学校是一个民事主体，但在一定条件下也可以转换为行政主体。当前学校管理中的一些乱象，往往与学校的定位偏差有关，尤其是倾向于用行政主体地位取代民事主体地位，滥用行政权利。

（二）作为民事主体的学校的权责

当学校只是以民事主体身份进行活动的时候，它与学校管理人员、教师、学生之间的法律关系是平等的，在民事活动中要遵循自愿、公平、等价有偿、诚实信用的原则。按照《民法通则》和《教育法》的相关规定，相对于其他民事主体来说，学校应该有自己独立的财产所有权、债权、知识产权、人身权与办学自主权。

学校作为独立的民事主体，在享有民事权利的同时，也与其他民事主体一样，必须承担相应的民事责任。所谓民事责任，是指进行了民事违法行为的民事主体在民法上承担的对其不利的法律后果。根据民事违法行为所侵害的权利的不同，民事责任主要分为违约责任与侵权责任。违约责任指合同关系中的债务人违反合同的规定，侵犯债权人的债权而应承担的民事责任；侵权责任是指侵犯债权以外其他权利而应承担的民事责任。

对学校来说，主要民事违法行为包括两种：① 学校违反与教师间劳动服务合同以及与学生及学生家长间的教育服务合同而产生的违约行为。如目前比较多的学生伤害事故，学校赔偿责任往往来自学校没有按照教育服务合同履行应尽的管理职责。② 学校在教育管理过程与教育教学过程中侵犯教师和学生的非债权而产生的侵权行为。如教师对学生的体罚就属于侵权行为。

(三) 作为行政主体的学校的权责

学校并不属于行政机关，并不天然地具有行政主体地位，只是因为接受教育行政机关的委托或者受法律、法规的授权，才具有一定的教育行政权，也才具有相应的行政地位。当前，学校的确在承担一些教育行政管理工作，这既有来自教育行政机关的授权，比如对教师政治素质进行考核以及行政上的人事安排，也有来自教育法律法规的授权，比如对学生的学籍进行管理。在学校对教师与学生进行行政管理时，学校与教师、学生之间不再处于平等的地位，学校管理具有更多的权威性，教师与学生对学校的决定也必须接受。

当学校作为被委托组织而享有行政主体地位时，它因此而享有以下行政主体的权利：取得履行职责所应有的权力、管理手段和工作条件；依法行使被委托的职权和办理被委托的事项；取得履行职责所需要的经费和报酬；请求有关行政机关协助排除其在履行职责中所遇到的障碍；向委托行政机关提出变更委托范围和改进相应领域行政管理的建议。

学校在享有以上一些行政权利的同时，还必须承担以下行政义务：在委托行政机关所委托的范围内行使职权，不超越委托权限；依法办事，不徇私舞弊、以权谋私；接受委托行政机关的监督、指导，向委托行政机关请示、汇报和报告工作；认真履行被委托的职责，热情为相对人服务，听取相对人的意见，接受相对人的监督。[①]

三、依法行政与依法治校

走向法治，是现代社会的基本要求与必然趋势。依法行政与依法治校，是法治在教育领域、学校系统的体现。

(一) 转变政府职能，推进依法行政

从学校的角度看，依法行政首先意味着教育行政部门要维护学校的合法权益，对于外界危害学校正常教育教学秩序的事件要予以制止，努力保证学校的有序运行，为其发展创造良好的外部环境。

案例 1 - 2 　教育行政行为也须合法

宁陕县文化教育体育局根据举报，查实老城乡中心小学在全县的统考中，隐瞒五、六年级考生共9人。为此，给予校长柯某等人撤职等处分。柯某等人不服，提起行政诉讼。法院审理查明，柯某等人为提高本校学生成绩而隐瞒考生人数，属于事实。但文教局在国家明文规定禁止任何形式的统考的情况下，自行组织统考，且在无法律依据的前提下责令原告赔偿损失，其行政处罚于法无据，属于无效行政行为。故对原告要求撤销被告违法处罚决定的请求，予以

① 　吴志宏.教育管理学[M].北京：人民教育出版社，2006：270.

支持。

从案例中可以看出,教育行政部门的行为本身必须是合法的。否则,也不符合依法行政的要求。教育行政部门在处理教育事务时,常常要作出教育行政立法、教育行政监督检查、教育行政许可、教育行政处罚、教育行政强制执行等教育行政行为,这些行为不能超越法律的底线。

2003 年,教育部发布了《关于加强依法治校工作的若干意见》,指出实行依法治校"就是要在依法理顺政府与学校的关系、落实学校办学自主权的基础上,完善学校各项民主管理制度",依法保障学校的合法权益,形成教育行政部门依法行政的格局。不难看出,理顺政府与学校的关系需要政府与学校双方的作为,而其主导权则在政府;落实学校办学自主权的前提是学校必须享有办学自主权,而这种办学自主权除了依法取得外,政府还有依法授权、积极配合的重任;同时依法保障学校的合法权利也不能由学校负责,而只能是政府和其他部门。[①] 从这个意义上讲,依法行政是依法治校的前提。

(二) 改进学校管理,实行依法治校

所谓依法治校,就是指在学校管理者的带领下,通过广大师生员工依法开展办学活动,对内维护学校秩序,对外维护学校合法权益,增进师生权益,推进事业发展。这意味着学校一方面要依法争取权利,另一方面要依法用好权力。

教育部《关于加强依法治校工作的若干意见》提出,学校要依法自主办学。此处的"依法"一是指必须严格按照国家制定的教育法律的原则与规定,二是指学校自行制定的规章制度(尤其是学校章程)。在我国,各方要遵守国家颁布的法律的意识较强,但对于遵循学校章程的意识较为单薄,甚至许多人对于"学校章程"这一词汇十分陌生。

学校章程是指为保证学校正常运行,主要就办学宗旨、主要任务、内部管理体制及财务活动等重大的、基本的问题,作出全面规范而形成的纲领性文件。[②] 学校章程规定的是学校管理中的一些重大而基本的问题,如学校的名称、校址,学校的性质、宗旨、规模,学校内部管理体制,办学经费来源,学校的财务制度,学校重大事项的决策程序等。学校章程是学校管理中的"根本大法",它不同于学校一般的规章制度,具有对内对外两方面的效力。

从对内的效力来说,学校章程是学校制订其他规章制度的直接依据,是学校一切人员都必须遵守的规范,是学校进行管理活动的根本指导。从对外的效力来说,它代表了学校最基本的形象,是学校落实办学自主权、摆脱来自外部干扰、依法自主进行学校管理的重要保证。因此,学校管理者应组织相关人员认真制订学校章程,并在章程规定的范围内自主开展活动。

---

① 赵庆典等.学校管理中的法律问题[M].北京:北京邮电大学出版社,2005:3—4.
② 陈立鹏.学校章程[M].北京:光明日报出版社,1999:7.

1. 完成下表,比较他们的观点是否有差异,分析原因。

	教育行政官员	校长	教师	学生	家长	社会人士
心目中的好学校	1. 2. 3. ……	1. 2. 3. ……	1. 2. 3. ……	1. 2. 3. ……	1. 2. 3. ……	1. 2. 3. ……

2. 列出与学校管理相关的法律名称,了解每一项法律的基本要点。

第二章
学校管理的理论研究

好的理论是寻找花最小能量、冒最小风险去达到目标之途径的一种力量。
——Paul R. Mort & Donald H. Ross

情景导入

读外国教育史时我知道了爱弥儿，对卢梭的教育思想也略知一二。听一位教授说，不读卢梭的《爱弥儿》就算不得研究教育的人。后来在图书馆里看到了《爱弥儿》，"只要卢梭的《爱弥儿》和柏拉图的《理想国》存在，其他教育著述全部毁灭，教育理论也不缺乏光彩……"这似乎过分夸张的序言震撼了我的心灵！为此，我找了几十家书店，但都没有买到此书。终于，一次偶然的机会我意外地买到了《爱弥儿》，内心有着说不出的愉悦与满足。

那血气方刚的年代，在学生家长的声声夸耀中，自己曾沾沾自喜过；那比同龄人更早地步入指挥别人岗位的时期，自己曾自我陶醉过。到了不惑之年，反倒不断地产生疑惑：我是一位清醒的教育工作者吗？这或许就是我痴迷地寻觅《爱弥儿》的动因吧。边读《爱弥儿》，边不由自主地思考：是创造适合教师发展的管理，还是设法让教师适应领导们创造的规范？是创造适合儿童的教育，还是设法让孩子们适应大人们精心策划的指令？要在步入新世纪的门槛时不再有更多的幼稚、盲从与迷茫，我们能否从《爱弥儿》中得到启迪？①

这位校长对《爱弥儿》的痴迷反映了他对理论的重视，相信理论能够启发思考、指导实践。正是这种品质使他的学校管理工作颇有成效，学校多次被评为全国、省、市级优秀学校，他本人也成为一位名校长。

第一节 学校与管理

一、管理与管理者

从时间维度看，管理与人类社会共始终；从空间维度看，管理覆盖了人类活动

---

① 庞荣瑞.龙山夜话[M].太原：希望出版社，2004：9.引用时，略有改动。

的每一个角落。可以说,管理是人类最重要的活动之一。

(一)管理的职能

所谓管理,是指管理者为了有效地实现组织目标、个人发展和社会责任,运用管理职能进行协调的过程。[①] 管理职能是管理者在实施管理中所体现出的具体作用及实施程序或过程,它回答的是管理"干什么"和"怎么干"的问题。周三多等人在梳理了前人研究成果的基础上,将管理的职能分为计划、组织、领导、控制和创新。

计划职能,是指管理者为实现组织目标对工作所进行的预先筹划活动。它包括调查与预测、制订目标、选择活动方式等一系列工作,其主要表现形式为方案和计划书。任何管理者都有计划职能,高层需要制订战略计划,基层需要制订战术计划。可以说,计划职能是管理者的首位职能。从管理过程的角度看,计划是整个管理周期的起始环节,其重要性不言而喻。

组织职能,是指管理者为实现组织目标而建立与协调组织结构的工作过程。它一般包括:设计与建立组织结构,合理分配职权与职责,选拔与配置人员,推进组织的协调与变革等。组织职能常常通过组织系统图和工作说明书体现出来。在现代社会,几乎任何管理活动都必须依托一定的组织来进行,因此,组织职能被视为管理的根本职能。

领导职能,是指管理者指挥、激励下级,以有效实现组织目标的行为。它一般包括:选择正确的领导方式,运用权威、实施指挥,进行有效沟通,激励下级、调动其积极性等。领导职能是通过领导者与被领导者的互动表现出来的。领导主要处理的是人的问题,因此,管理学家一般都认同领导是管理活动中一种高层次的职能。

控制职能,是指管理者为保证实际工作与目标一致而进行的活动。它包括制订标准、衡量工作、纠正出现的偏差等一系列工作过程,通过对计划执行情况的信息反馈和纠正措施表现出来。有道是:没有控制,就没有管理。因此,控制是管理活动必不可少的职能。

创新职能,是指管理者为适应环境的变化,对计划、组织、领导、控制等职能进行变革,以更有效的方式整合组织内、外资源去达成组织目标的活动。以往,很少有学者将创新作为管理的一项职能,但在日新月异的时代背景下,墨守成规就意味着"出局"。因此,必须给予创新更多的关注。一般而言,创新职能并没有特定的表现形式,它总是在其他管理职能的所有活动中来表现自身的存在与价值。从管理的动态角度来看,创新职能在管理循环中处于轴心的地位,成为推动管理活动的原动力。

(二)管理者的角色

所谓管理者,是指掌握一定职权、拥有下属、从事管理工作的人。明兹伯格

---

① 周三多,陈传明,鲁明泓.管理学——原理与方法[M].上海:复旦大学出版社,2009:11.

（H. Mintzberg）指出，管理者在人际关系、信息传递和决策制订三大方面扮演着10种不同的角色（见表2-1）。①

表2-1　管理者的角色

角 色	描 述	特 征 活 动
人际关系方面		
1. 挂名首脑	象征性的首脑，必须履行许多法律性的或社会性的例行义务	迎接来访者，签署法律文件
2. 领导者	负责激励和动员下属，负责人员配备、培训和交往	从事所有有下级参与的活动
3. 联络者	维护自行发展起来的外部接触和联系网络，向人们提供恩惠和信息	发感谢信，从事外部委员会工作，从事其他有外部人员参加的活动
信息传递方面		
4. 监听者	寻求和获取各种特定的信息（其中许多是即时的），以便透彻地了解组织与环境；作为组织内部和外部信息的神经中枢	阅读期刊和报告，保持私人接触
5. 传播者	将从外部人员和下级那里获得的信息传递给组织的其他成员——有些是关于事实的信息，有些是解释和综合组织的有影响的人物的各种价值观点	举行信息交流会，用打电话的方式传达信息
6. 发言人	向外界发布有关组织的计划、政策、行动、结果等信息；作为组织所在产业方面的专家	举行董事会议，向媒体发布信息
决策制订方面		
7. 企业家	寻求组织和环境中的机会，制订"改进方案"以发起变革，监督某些方案的策划	制订战略，检查会议决议执行情况，开发新项目
8. 混乱驾驭者	当组织面临重大的、意外的动乱时，负责采取补救行动	制订战略，检查陷入混乱和危机的事件
9. 资源分配者	负责分配组织的各种资源——事实上是批准所有重要的组织决策	调度、询问、授权，从事涉及预算的各种活动和安排下级的工作
10. 谈判者	在主要的谈判中作为组织的代表	参与工会工作，进行合同谈判

二、学校的组织性质

教育，是人类社会形成之时就有的。学校，则是社会发展到一定阶段后产生

---

① ［美］斯蒂芬·P·罗宾斯. 管理学［M］. 黄卫伟等译. 北京：中国人民大学出版社，1997：9.

的,它是有计划、有组织进行系统教育的机构。作为一种教育机构,学校有着不同于其他组织的性质。

(一)组织的类型

要真正把握学校的组织性质,必须把它放在整个社会组织大系统中去认识。不少学者都从不同的角度,对组织进行了分类(见表2-2):①

表2-2 组织的类型

分类依据	组 织 类 型	举 例
依组织的社会功能来分	生产组织:解决人类生活需要与供给问题	企业等
	政治组织:解决社会政治问题	政党、政治团体等
	文化组织:解决文化传承与发展问题,满足人们文化教育需求	学校、教会等
依组织的支配手段来分	强制性组织:通过强制手段,迫使成员服从组织	监狱、集中营等
	功利性组织:通过报酬以及奖励机制,赢得成员的服从	企业、商业组织等
	规范性组织:通过态度、价值、理想等各种规范,赢得成员的服务	学校、教会、医院等
依组织的受益对象来分	公益组织:受益对象为全体民众	政府、军事组织等
	企业组织:受益对象为企业所有者或股东	公司、商店等
	服务组织:受益对象为组织所直接服务的对象	学校、医院等
	互利组织:受益对象为组织成员	工会、俱乐部等
依成员自愿参与程度来分	自主型组织:成员自愿参与或脱离	协会、学会等
	半自主型组织:组织对参与成员有资格要求,组织与成员有权利与责任关系	企业、政府等
	非自主型组织:强制某些符合一定条件的成员参与	监狱等

从分类中可以看出,学校不是生产组织,因而当以继承与发展人类的文化遗产为己任;学校是一种服务组织,必须加强对教职员工的职业道德教育,防止侵害学生利益的行为;学校基本上是一个规范性组织,在管理中要慎用强制手段和利益诱导。实行"就近入学"的公立学校是一种非自主型组织,而"自主招生"的民办学校则是一种自主型组织。前者由于没有生源与经费的压力,因而学校的服务意识与质量意识相对弱于后者。

---

① 范国睿.学校管理的理论与实务[M].上海:华东师范大学出版社,2003:221.

学校组织与管理

（二）学校的二元权威结构

与其他组织一样,学校有一套按照权力等级建立起来的行政系统,由学校的管理人员组成。与许多组织不同,学校还存在着一套专业化的学术系统,由学校的教师群体(尤其是资深的优秀教师)组成。这就使得学校形成了行政权威与学术权威并存的独特的二元权威结构,两者之间有相互的支持与配合,也有矛盾与冲突。

案例 2-1 教 案 风 波

某校为提高教学质量,定期举办教案展览,每位教师都要上交按学校统一格式和标准书写的教案。然而,李老师竟然不肯写教案,在教案展览时上交的是自行设计的习题和一本板书设计以及学校发的《教案参考》,还说《教案参考》的质量已不错,与其去抄一遍,还不如把时间用在构思自己的"板书设计"和"习题设计"上。

刘校长认为,如果所有教师都像李老师那样,备课质量就无法控制,于是决定处罚李老师。不料其他教师纷纷为他鸣不平,认为学校不应该在教案方面作那么多规定,还说有的教师教案写得很漂亮但教学效果不佳,有的教师教案写得很不规范但教学很受学生欢迎。面对教师们的质疑,刘校长默然了。

教案风波仅仅是一个缩影,在学校中类似的矛盾冲突时有发生,究其原因,是由于管理者与教师所处的地位不同,两者的价值取向存在差异(见表 2-3)。

表 2-3 专业取向与科层取向的基本特征:相似性与差异性[1]

专 业 取 向	科 层 取 向
技术专家	技术专家
目标观点	目标观点
非人格化和公正的方法	非人格化和公正的方法
服务于顾客	服务于顾客
冲突的主要来源	
同行评价小组	等级取向
决策自主	规训化服从
自定控制标准	服从于自主

---

① [美]韦恩·K·霍伊,塞西尔·G·米斯格尔.教育管理学:理论·研究·实践[M].范国睿主译.北京:教育科学出版社,2007:114.

三、学校管理及其特征

任何组织都需要管理,学校也不例外。不过,学校的管理有其独特性,管理者只有把握住其特征,才能使学校管理顺利开展、有效推进。

(一) 学校管理的含义

关于"学校管理"的概念,学者们众说纷纭。为数众多的研究人员都给它下过定义,概括起来大致有三类界说:[1]

一是外延界定类。具体包括广义狭义说、工作构成说、要素构成说、层次构成说等,这类观点主要对学校管理的外延进行了分析,致力于解决学校管理"包括什么"或"涵盖什么",而不是学校管理"指称什么"的问题。因此,此类定义对廓清学校管理的边界有一定的帮助,但未能向人们提供确切的关于概念实质方面的信息。

二是归属差比类。具体包括组织活动说、职能活动说、活动过程说、工作过程说、行为方式说、综合策略说等,这类观点往往将学校管理概念归属于一个较大的上位概念(如:管理),在与其他管理活动的比较中揭示学校管理的本质特点。此类定义涉及了学校管理的内涵,但它更侧重于回答学校管理"属于什么"的问题,对于差异性的分析不够深入。

三是申明宗旨类。具体包括目的说、任务说、服务说、效益说等,这类定义是通过引出学校管理的宗旨来说明"为了什么"或者说"追求什么"的问题。它们对该项工作的意向作出了一定的阐释,但也没有形成本质意义上的学校管理定义。

以上各种观点虽各有欠缺,但从不同角度为我们认识学校管理的内涵与外延提供了思路。在此基础上,我们将学校管理定义为:学校管理作为管理的一种形式,是学校中的管理人员在一定的体制约束下,根据一定的原则、法规,运用一定的方法、技术,通过组织指导师生员工,高效地开展教育教学等工作,为最终达到学校培养目标而进行的活动。

就内涵而言,学校管理是以育人为导向的,以计划、组织、领导、控制等为手段的系统性的工作。学校管理的所有努力都指向于人才的培养,服务于多出人才、出好人才的终极目标。就外延来说,学校管理是以学校组织及其机构人员为对象的,不同于教育行政将整个教育事业作为管理对象。学校管理涉及学校组织、中层机构、师生员工等不同的层面,限于篇幅,本书将侧重从学校组织层面探讨学校的管理问题。

(二) 学校管理的特征

对于一个特定领域的管理工作,不可避免地要回答它的特殊性所在。在这个问题上,西方学者之间是有不同看法的。有人持"普遍论"观点,认为学校与其他具有成员共享目标的组织,如医院、商业机构和政府部门有许多共同之处,批评那种主张每类组织都具有自己特殊性的观点是站不住脚的;有人则持"特殊论"观点,认为管理理论与

---

① 李保强. 学校管理学[M]. 北京:高等教育出版社,2002:4—5.

实践的发展主要与工商业活动相联系,而工商业活动与教育机构的活动是截然不同的。

有的学者还罗列了学校管理的特殊点:① 与商业组织的目标相比,教育组织的目标非常难以限定。② 很难衡量教育组织的目标是否达到,不像企业可以用利润、产量等指标清晰地测评。③ 少年儿童和青年是教育机构的核心,这个特点又增加了管理的模糊性。④ 在各类教育机构中,教师大都具有相同的职业背景,在教学过程中要求有一个专业自治的范围,这与企业中管理者与员工的关系不同。⑤ 教师与学生的接触是经常的、深入的、长期的,而且学生很少有机会选择教师,这既不同于企业又不同于医院等以其他专业为主的组织。⑥ 教育组织的管理结构具有断层的特点。在校外,政府、家长等会对学校的决策造成压力;在校内,教师、学生又会对决策产生影响。⑦ 在学校(特别是在中小学)中,许多具有管理职务的人几乎没有时间从事管理工作。①

在我国,研究人员大多倾向于"特殊论",认为学校管理的特殊性在于:① 综合性。学校的任务是培养德、智、体全面发展的人,这种"产品"加工的过程、特性和质量标准都带有综合的性质。这就决定了实现各部分管理职能以及检验其成效的手段和方式,都不能采取单一的技术性手段。例如:教育质量不能简单地用升学率来衡量。② 教育性。学校本身是一个育人的场所,各种因素都会对学生产生潜移默化的影响。因此,在学校管理中,不论对人、对事、对物,都要估计到它对学生的教育作用,不能简单地处罚了事,要让学生从中受到教益。③ 低可比性。由于学校中教育教学工作的可变量大,劳动组织程度低,教师劳动的创造性强,个性特征、个人风格十分明显,使得学校管理活动的定型化、标准化、系列化的要求与企业的管理有着本质的区别。②

不可否认,学校管理有着与其他管理活动的共通之处。从历史发展的线索看,企业管理对学校管理产生了重大而深刻的影响,企业管理理论的每一次变革都带动着学校管理理论向前迈进一步,以致有人说学校管理在很大程度上只是工业界的"镜像"。但是,学校管理与其他管理的区别是客观存在的。这提醒学校管理的理论研究者和实际工作者在借鉴企业管理原理与方法的同时,要针对学校的特点加以改造,并努力构建符合学校特性的管理体系。

第二节 学校管理理论的演进

一、早期的学校管理思想

自从有了学校,便有了学校管理的实践活动。人们对于学校管理实践的经验

① [英]托尼·布什.当代西方教育管理模式[M].强海燕主译.南京:南京师范大学出版社,1998:12—14.

② 伍德勤,张乐群,徐剑虹.中小学学校管理的理论与实践[M].合肥:合肥工业大学出版社,2011:2.

总结，便形成了学校管理思想。

（一）我国的学校管理思想

《学记》是我国最早的学校管理著作，其中有许多精辟的论述。《学记》主张从中央到地方按照行政建制办学，即"家有塾，党有庠，术有序，国有学"。《学记》重视入学教育，强调在教学过程中要有一定的训诫仪式，注意教学安排的多样化，要求有张有弛。《学记》倡导尊师，也对教师提出了高要求，指出"记问之学，不足以为人师"。教师必须教学有方，做到"道而弗牵，强而弗抑，开而弗达"。教师要有进取心，努力实践"教学相长"。

隋唐时期实行"崇儒兴学、兼用佛道"的文教政策，学校管理趋于完善。唐朝的韩愈强调学校要端正学风，形成研讨学问、专心教学的气氛。他在《师说》中提出了"师者，所以传道、授业、解惑也"，对后世影响深远。宋代的胡瑗主张"明体达用"，指出学校要培养通经致用的实用人才，并且创立了分斋教学制度。朱熹把受教育的过程分为两个阶段，"小学者，学其事；大学者，学其所学之事之所以"。他还提出要将思想灌输与行为训练结合起来，并为此编写了《童蒙须知》。

到了清朝，黄宗羲提出要革除陈旧的教育制度，对科举制度进行改革。面对内外交困的时局，张之洞提出了"中学为体，西学为用"，主张考试考实学实政、教学教有用之学。康有为倡导变科举、废八股、兴学校，他要求由学行并高、经验甚深、有慈爱心的人来担当教师。在教学管理方面，他主张注重学生个性发展和自学能力的培养，引导学生参与学校管理。

蔡元培反对专制式的学校管理，提倡用民主精神管理学校。他积极倡导教授治校，校长公选，教师选聘实行"兼容并包"。对于学生管理，蔡元培历来主张学生自治，认为这样可以培养学生的自立能力，最终唤起国民自治精神。陶行知把学校董事会视为管理学校的最好组织形式，认为它是体现民主集中制的一种管理方式。陶行知主张在董事会之下设立指导委员会、学生自治会、校风校纪委员会等校务机构，从而形成一套体系完整、职责分明的学校管理系统。他还倡导学生自治，鼓励学生参与学校管理。①

（二）国外的学校管理思想

在古希腊，柏拉图（Plato）为当政者设计了从幼儿到哲学王的长达30多年的教育计划，亚里士多德（Aristotle）则构思了对青少年施以体育、德育、智育三方面教育的蓝图。在古罗马，昆体良（M. Quiutilianus）认为应让有德行、有学识、爱护学生、掌握教学艺术的人当教师。在教学管理方面，他认为专业教育应与广博的知识基础相结合，教学不应单科独进，要顾及学生的个别差异。在学生管理方面，他特别提到禁止体罚和防止学生过度疲劳。

中世纪后，西方迎来了文艺复兴，以人为本的理念兴起，并在学校管理中也得

① 吴志宏.教育管理学[M].北京：人民教育出版社，2006：47—49.

到了体现。意大利的维多利诺（F. Vittorino）举办了名为"快乐之家"的学校，他倡导自由教育，主张学生自治，减少惩戒，禁止体罚，改革课程，采用多样化的教学形式。法国的蒙田（M. Montaigne）指出，教育要尊重儿童的个性，教师对学生不要限制过多、管得过紧。拉伯雷（F. Rabelais）甚至认为儿童生活的原则应该是随心所欲、各行其是，学校应该按照这一原则安排儿童的各种学习活动。

17世纪的捷克教育家夸美纽斯（J. Comennius）被奉为"现代教育科学的真正奠基人"，他在学校管理方面有着重要的贡献。他主张建立全国统一的、分段而连贯的学校制度，固定开学和结束的日期，每个学年分为若干个阶段，合理安排每天的学习和活动的时间。他提出了班级授课制，使得教学管理的制度化、标准化成为可能。夸美纽斯认为学校应由学生、教师和学校管理人员组成，他认为校长要负责协调和领导全校的工作，如管理教师、监督学校规章制度的执行情况、管理学校的档案等。

德国的赫尔巴特（J. Herbart）是西方教育科学化运动的先驱，他在学校管理方面最引人注目的是关于学生管理的论述。他认为儿童的天性是盲动、顽劣、不驯服和不守秩序的，如果任其发展，就会妨碍教育教学的进行，甚至会发展成反社会倾向。为此，学校最好采取严加管束的办法，如采用威胁、监督、命令、禁止、惩罚等。显然，赫尔巴特的儿童管理思想是趋向保守的。

美国的杜威（J. Dewey）提出了做中学、学校即社会等思想，影响了几乎整整一个世纪的学校管理者。杜威认为，教材、教学方法和管理是学校工作的三大主题。他主张学校的一切教育和管理工作都要以儿童为中心，促进儿童积极主动的学习和发展。在课程设置与管理方面，杜威认为有两种课程观：一种主张课程和教材比儿童的经验重要，教育者的任务是以确切的方式在课堂上提供相关的教材让儿童被动地接受；另一种认为儿童是起点和中心，教材应结合儿童的经验。他赞同后一种课程观。

二、现代学校管理的主要理论

在近百年的历史中，西方国家占据了世界的主导地位，其管理理论迅猛发展、广泛传播，从而滋养了学校管理理论的成长，由此产生了诸多现代学校管理理论。

（一）科学管理思想与学校管理的效率化

1911年，美国的泰罗（F. Taylor）发表了《科学管理的原理》一书，全面阐述了其思想。泰罗认为，管理的根本目的在于提高工作效率，而达到最高工作效率的重要手段是用科学的管理方法取代旧的经验管理。为此，他提出了一系列科学管理的方法，形成了著名的"泰罗制"，他本人也被誉为"科学管理之父"。

科学管理思想不仅盛行于企业界，也影响到了学校。1913年，博比特（J. Bobbitt）就撰文提出要将泰罗的思想引入教育领域，丘伯利（E. Cubberley）则把学校描绘成为社会消费而加工原材料的工厂："在某种意义上，我们的学校就是工厂。

原始产品(儿童)被造成成品以满足各种生活需要。"[1]科学管理思想提升了学校管理者的效率意识,使之意识到提高工作效率是管理者的重要职责。随之而来的是,科学管理的原理在学校管理中得到了运用,当代学者汉森(M. Hanson)对此进行了比较分析,可以看出,当时的学校管理几乎是完全照搬了科学管理的理论与方法。

科学管理思想让学校管理产生了很大的改变,使之走上了标准化、定量化、程序化与效率化的轨道,但也由此引发了诸多问题。比如,助长了学校中的商业习气,引导人们从单纯的经济效益的角度看待教育,忽视了教育的陶冶价值;将学校与工商企业作不恰当的类比,把一些不适合的方法引入学校管理中,忽视了学校管理本身的特点;校长的工作性质发生改变,不再是"教育领导者",而是一名"斤斤计较、精打细算"的商业经理;一种只注重表面"效率",不注重内在知识价值的反智力倾向开始在教育界蔓延开来。[2]

(二) 结构主义与学校管理的科层化

结构主义又称科层制、官僚体制、层峰理论,由德国学者韦伯(M. Weber)提出。他认为,一个组织要想稳定存在并且高效运行,必须具备分工和专门化、非个人取向、权力等级体系、规章制度和职业导向等特征。韦伯的理论为学校的组织建设提供了理论基础,至今多数学校仍然保留着科层制痕迹。但是,对其理论的质疑也不绝于耳:一是认为韦伯只看到了科层制的正效应,而没有关注到其潜藏着的副作用(见表2-4);二是认为学校并非一个典型意义上的科层制组织,不适用结构主义的理论。

表 2-4 科层制的正负效应

基 本 特 点	正 效 应	负 效 应
分工和专门化	产生专家,提高效率	工作单调,职业倦怠
非个人倾向	决定的合理性	缺乏人情味
权力等级体系	明确的命令与服从关系	交流梗阻,信息失真
规章制度	工作的连续性与统一性	僵化、目标转移
职业导向	提供刺激动因,提高忠诚度	能力与资历的冲突

的确,在学校中找得到科层制组织的每一项特征,但同时也并存着非科层制的特征。波拉德(A. Pollard)指出:学校组织并不像工商企业组织或行政组织那样具有明确一致的目标以及清晰可分的工艺过程,因而不可能完全予以客观评价;学校组织中的主要角色是教师,而不是科层化组织中的行政人员;教育工作所关注的

---

① 转引自范国睿. 学校管理的理论与实务[M]. 上海:华东师范大学出版社,2003:16.

② R. E. Callahan (1962), Education and the Cult of Efficency, The University of Chicago Press, pp. 246—248.

是以人的变化为标志的教育目的的实现,故师生互动关系必须广及知、情、意、行各个方面,此与科层化组织所要求的"非人格化"特征迥然相异;规模较小的学校几无任何科层制特征;过度的科层化必然会增加对教学人员的困扰,降低学校组织的教育效果。基于此,一些学者提出"松散结合系统"理论。

(三) 行为科学与学校管理的人本化

"霍桑实验"使梅奥(E. Mayo)意识到,生产效率不仅受到物理、生理因素的影响,而且会受社会环境、社会心理的影响。据此,他提出了人际关系学说,引起了强烈的反响,哲学家、心理学家、生物学家、社会学家等纷纷加入到对人类行为的探讨中,由此形成了"行为科学"。行为科学的理论内容十分庞杂,大致可分为三大方面,即人性假设理论、激励理论和领导理论。

人际关系学说产生后,美国芝加哥大学教育系主任泰勒(R. Tyler)就意识到了它对学校管理变革的意义,1941年他撰文指出,人际关系研究与学校管理关系密切。此后的很长一段时间里,学校管理的研究人员积极介绍行为科学理论,开展了大量的追随性研究。学校管理的研究人员不仅将行为科学的理论应用于学校,而且将行为科学所惯常使用的问卷、访谈、测量、观察等实证研究方法引入学校管理的研究之中,从而掀起了轰轰烈烈的"理论运动",极大地丰富了学校管理的理论成果。正如卡德威尔所指出的:在20世纪50年代之后的25年中,即大约70年代中期为止,(学校)管理发展的特征是努力建立(学校)管理理论,并在很大程度上模仿行为科学的学科模式。①

对行为科学的借鉴,使得学校管理的理论与实践都越来越注重人的因素,关心人的需要的满足和动机的激发,重视学校中非正式组织的作用。约契(W. Yauch)在《改善学校管理中的人际关系》一书中指出:校长与教职员工在学校中享有平等权利,应当平等对话;校长要正确处理自身与教职员工的关系,让他们参与决策、参与有关监督、预算分配、课程、规章制度的制定以及日常管理等事务。行为科学的关注点由物转向了人,使学校管理的人本化色彩愈加浓厚。但是,管理者和研究者都仍然习惯于将学校视为一个封闭的系统,在组织系统内部考虑改进工作的策略,没有充分认识到外部环境对学校的影响。

(四) 系统理论与学校管理的开放化

奥地利生物学家贝塔朗菲(L. Bertalanffy)创立了一般系统论,认为有机体是由相互作用的诸要素构成的复合体,它处于积极的活动状态,是按照等级组织起来的。该理论为解读社会现象提供了可行的参考框架,尤其是其中的整体优化观念、开放系统观念、动态平衡观念、信息反馈观念、结构功能观念等,被一些学者用来分析学校管理中的有关问题。

对学校管理产生较大影响的,当属社会系统理论和开放系统理论。巴纳德(C.

---

① 冯大鸣.沟通与分享——中西教育管理领衔学者世纪汇谈[M].上海:上海教育出版社,2002:100.

Barnard)的社会系统理论分析了组织的性质、构成要素、正式组织与非正式组织的关系、组织决策过程等,他认为组织是一个内外协作、动态平衡的系统,该系统由物质的(工作环境、薪酬)、生理的(卫生、保健、营养)与社会的(社会、文化、经济)要素组成。人是组织系统的关键因素,管理的主要任务是协调组织与人的关系。在管理过程中,管理者要帮助员工克服物质的、生理的、心理的以及行为习惯等方面的障碍,并根据员工对组织的贡献给予相应的奖励,以引导员工对组织多作贡献。

开放系统理论假设,组织是由一系列相互联系的部分构成,各个组成部分都像有机体那样与外界环境进行着频繁的交互作用,组织与其环境不断地进行着资源交换,输入大量人力资源、物力资源以及社会思想、价值观以及社会的需要与社区的期望等,通过组织内的各种活动过程(如教育教学活动),进行资源转化,向外在的社会环境输出有价值的新产品,如合格的毕业生、经过修正的价值体系以及创造的新知识。学校正是在这种不断地与外界环境的交换过程中,才得以生存与发展。

三、当代学校管理理论的新进展

学校管理理论在当代有了突飞猛进的发展,产生了众多新学说,形成了多种流派,呈现出蓬勃向上的发展态势。

(一) 当代学校管理理论概况

英国学者布什(T. Bush)将当代学校管理理论归纳为六种模式,即正规模式、学院模式、政治模式、主观模式、模糊模式和文化模式,并对这些理论模式进行了比较。孙绵涛和罗建河则用横断的方式梳理了当代学校管理的三大理论流派,即科学主义流派、人文主义流派和自然连贯主义流派。

科学主义流派认为,有一种客观的观点能使人们对学校管理从事价值中立的研究,有一种科学的知识能使人们去控制和改善组织,有一种在管理者决策时共同起作用的理性基础有助于提高组织的效率。科学主义流派的早期代表人物有格林菲斯(D. Griggiths)、哈尔平(A. Halpin)和坎贝尔(R. Campbell),后期为霍伊和米斯格尔。

人文主义流派是在批判实证主义科学管理理论观的基础上形成的,该流派不重视组织及其结构,而是关注组织中人的因素;不重视人的理性方面,而是关注其意志和情感等非理性方面;对人的理性关注的不是认知理性,而是价值和伦理理性。这一流派主要包括格林菲尔德(T. Greenfield)的主观主义、霍金森(C. Hodgkinson)的价值理论、福斯特(W. Foster)的批判理论、萨乔万尼(T. Sergiovanni)等人的文化理论、麦克斯(S. Maxcy)等人的后现代主义,布什所提到的政治模式、主观模式等均可归属此流派。

澳大利亚学者依维斯和拉科姆斯基(C. Evers & G. Lakomski)试图建立一种全新的理论流派,他们称之为自然连贯主义流派。该流派的理论既不同于科学主义也不同于人文主义,而是运用神经认知科学的理论将知识加以系统整合,从而使学校管理成为一门整体合法的科学。[1]

(二)当代学校管理理论述要

主观主义强调组织是由人类创造的社会现实,不能将它与星体这类客观现象等同起来。由于在本质上不是自然实体,因而组织结构不是预先建构好的,而是组织成员相互作用的结果;由于组织实际上是人为的产物,因而组织目标必然反映了人的意志、权力和价值。这就意味着学校管理者不仅要处理事实问题,还要面对纷繁复杂的价值问题。科学主义的方法在研究自然现象时驾轻就熟,但面对纷扰的价值问题则是无能为力的,甚至会产生误导。为此,管理者要学会用文学艺术的认识方式去审视学校组织,那么所看到的就不是数量、物理性质、化学元素、细胞构成,甚至也不是经济增长的规律等等,而是美丑、善恶、与人的价值关系。

加拿大学者霍金森高度重视哲学问题,他认为管理是一种行动哲学。霍金森分析了哲学的四种含义,即学院含义上的哲学、二元含义上的哲学、经典含义上的哲学和实践含义上的哲学。他指出:"哲学的任务在于它必须先于行动。倘若哲学家不会成为管理者,那么管理者必须成为哲学家。"[2]霍金森提出了四种价值范式:① 价值Ⅰ是超理性的,体现为信仰一种原则,其管理者原型是诗人,他们受"善"而不是受"利益"所指引;② 价值Ⅱa依赖于理性基础,构筑在对行为后果的分析把握上,其管理者原型是技术专家,他们强调立法而轻视个性;③ 价值Ⅱb也依赖于理性基础,但以舆论的形式出现,其管理者原型为政治家,他们的利益已超出了自我利益范畴,倾向于把自己看作是群体的代言人;④ 价值Ⅲ是次理性的,根源于情绪、情感,表示主体的喜欢或者偏爱,其管理者原型是野心家,他们表现出自我保护和发展、自我中心、自私自利。

在批判理论的学者看来,组织理论是一门道德科学而不是一门纯粹的技术性学科。[3] 他们批评"理论运动"试图让学校管理像数学、物理那样成为一门"科学",表现出对实证主义和科学向度一种近乎病态的偏爱。批判理论认为,实证方法只会影响对学校管理现象的完整把握。作为一门道德科学,意味着在管理行为上并不存在一个轻而易举的答案和一种万能的灵丹妙药,学校管理者必须正视和处理各种道德两难问题,因为每一项决定都带有道德的意义而不仅是技术的意义。福斯特指出,管理中的两难问题可从控制、课程和学校教育的观念等三个方面加以分析。要从根本上解答这些两难问题,就必须确立一种反思的态度,建立一种道德科学的思想方式。这就要求学校管理者把重心放在分权和授权、合作、交流、对话、个体的差异与平等、男女平等、种族的文化差异与平等方面,以实现社会正义与平等、

① 孙绵涛,罗建河.西方当代教育管理理论流派[M].重庆:重庆大学出版社,2008:3.
② [加]C·霍金森.领导哲学[M].刘林平译.昆明:云南人民出版社,1987:16.
③ 张新平.教育组织范式论[M].南京:江苏教育出版社,2001:315.

人的自由和解放。

（三）学校管理理论的未来趋势

回顾发展的走势可以看出，当代学校管理理论无论在发展速度上还是在数量规模上，都远超过以往任何一个时期。套用孔茨（H. Koontz）的话，学校管理学进入了理论"丛林"时代。那么，它未来的发展趋势是怎样的呢？

美国学者威罗尔（D. Willower）认为，"作为一个研究领域，未来（学校）管理学的一个特征就是其哲学观点和理论观点将较少争议性，更具宽容性，更具复杂性……20世纪60年代以来的（学校）管理学遭遇了太多的思想冲突与混乱。一个统一与复兴的时代即将来临"。[①] 包容差异性的存在、整合不同的观点、从单一简化走向多元综合，是未来学校管理理论的必然趋势。

从泰罗时代开始，对精确量化方法的学习和对企业管理理论的移植就没有停止过，甚至到了对数字迷信、对企业管理理论盲目崇拜的程度。批判理论、价值理论等对此现象进行了挞伐，但必须避免从一个极端走向另一个极端，因此，未来的学校管理理论研究必须合理地使用实证与非实证的方法，充分考虑学校本身和教育活动的特质，构建起真正符合学校特征的学校管理理论体系。

就国内的学校管理理论发展来说，我国的学校管理学从20世纪初起步，在经历了"引进"、"初创"、"停滞"等阶段后，于80年代起迎来了"发展"阶段。在这一时期，众多西方的理论被介绍到国内，研究人员往往据此分析中国的学校管理现象。但是，由于国情不同，外国的理论未必能够应对我国的问题。因此，在开拓国际视野的同时加强本土化研究，是未来必须走的道路。

第三节　学校管理学的学科分析

一、学校管理学的研究对象

任何一门学科都有其特定而明确的研究对象，然而，关于学校管理学的研究对象问题，学界还存在着争论。

（一）学校管理学的研究范围

萧宗六指出，学校管理学的研究对象问题涉及学校管理与教育行政的区别。[②] 对此，国内外学者尚有不同看法。有人认为，学校管理既包括学校内部的管理，也包括学校外部的管理，应把学校管理与教育行政合二而一。如20世纪50年代苏

---

① D. J. Willower(1997). Adminstration of Education as a Field of Study. In Lawrence J. Saha(ed.), International Encyclopedia of the Sociology of Education. Eisevier Science Ltd. ,p. 124.

② 萧宗六. 学校管理学[M]. 北京：人民教育出版社，2001：8.

联专家福尔科夫斯基·马立雪夫编著的《学校管理》,就是持这种观点的。我国三四十年代出版的《教育行政》,也认为教育行政包括学校管理在内。如罗廷光著的《教育行政》上册为教育行政,下册为学校行政(即学校管理)。而日本有的学者则比较明显地把两者区分开来,认为"学校教育行政与学校管理的区别就在于管理范围的大小不同而已。前者具有地区性,后者只限于一所学校"。"把由地方教育行政机构、教育局长实施的管理称为'教育行政',把由校长实施的管理称为'学校管理'。"①

我们认为,学校管理学的研究对象是学校组织的管理现象,它既包括校内的一切管理活动,也涉及校外的相关事务。因为学校不是孤立存在的,学校管理人员无法随意安排校内的事务,在管理过程中必然会受到外界因素的影响,如招生政策的调整、教师聘任制的实行等。正所谓"既没有不涉及学校事务的单纯的教育行政,也没有可脱离教育行政的单纯的学校管理"。基于此,吴志宏反对将教育管理学分为教育行政学与学校管理学,认为教育管理学以各级、各类教育组织和机构的管理现象、管理过程和管理规律为研究对象,其中,学校是核心。我们赞同吴志宏的观点,但若要进一步作学科细分的话,教育行政学与学校管理学的研究对象是存在细微但重要的区别的。

教育行政学与学校管理学都要研究学校,但学校管理学研究的是具体的学校,关注的是学校内部的管理以及与之相关的外部事务;而教育行政学研究的是以学校为主体构成的教育事业,它与学校管理学的差异并非如日本学者所说的仅仅是范围不同。教育行政学要考虑如何有效地运用国家的公权力,合理设计学制、完善教育法规、规划教育事业发展、构建教育行政机关、开展教育督导等,这些显然不属于学校管理学研究的范畴;学校管理学要关注的是学校管理体制、学校管理原则、学校管理方法、学校内部各项工作的管理等,主要探讨学校组织本身的管理规律。

(二)学校管理学的研究指向

关于学校管理学的研究对象,不仅需要划清范围而且需要明确指向,即要说明研究的目标是什么。在这方面,同样存在着各不相同的说法:盛绍宽把整个学校管理当作研究目标,张济正的研究目标是学校管理问题,宋载铭视学校管理现象及其规律为研究目标,王竹青的研究目标涵盖了一般原理、事务工作和管理者自身,张萍芳强调学校管理学要研究学校内部管理发生、发展及本质、特点、方法。

把学校管理学的研究指向于整个学校管理,显然有失之过宽之嫌,因为科学理论所研究的不可能是某一单纯的抽象物。而其他各种观点基于不同的视角,能够给我们一定的启发意义。学校管理学要研究管理中存在的问题,要揭示其特殊矛盾,要关注管理现象,要把主体自身的思维方式也作为研究对象。那么,什么才是核心呢?

有研究人员指出,如果将学校管理学的研究指向定位于学校管理中的特殊矛

① [日]安藤尧雄.学校管理[M].马晓塘,佟顶力译.北京:文化教育出版社,1981:2.

盾,那么,就会面临在分析特殊矛盾性的时候,还存在如何处理主要矛盾和次要矛盾以及矛盾的主要方面和次要方面的问题。如果不对上述问题进行探讨就不能得到两种矛盾的差别性,从而将陷入抽象的研究。而将研究指向聚焦于学校管理中的问题会有以偏盖全的缺陷,因为问题只是现象中的"问题"的方面,现象中还存在着"非问题"的方面。许多人都认同学校管理学要研究学校管理的规律,但事实上规律应当是研究的结果,而不是研究的对象。[①]

基于上述分析,我们认为学校管理学的研究指向是学校管理现象。孙绵涛在探讨教育管理现象时,细分了教育管理活动、教育管理体制、教育管理机制和教育管理观念等四个基本范畴;张新平认为,教育管理现象具有实在性、理解性和批判性。他们的这些观点,对于我们深化对学校管理研究对象的理解是很有裨益的。

二、学校管理学的学科体系

不可否认,学校管理学还是一门发展中的学科,其学科体系尚不完善,因而学者们的观点也是五花八门的。

(一) 学校管理学的学科地位

关于学科,《现代汉语大词典》的解释是:学科是知识或学习的一门分科,在学习制度中为了教学往往将之作为一个完整的部分进行安排。那么,学校管理是否具有学科地位呢?学界的意见并不统一。坎贝尔等人认为,教育管理学与其说是一门学术性学科,不如说是一个应用性的领域。学术性学科可以专注于"纯粹的"研究——知识本身就是目的,而不必考虑它的直接效用——而应用领域则不仅要高度关注知识的范围,还必须重视实践的改进。相类似的是,学术性学科可以将其注意力限定为某个特定的现象,而应用性领域则必须借助多门学科的方法,从总体上关注问题的解决。他们谈论的是教育管理学,而学校管理学的情况并无二致。

即便许多人都反对学校管理仅是一个应用领域的观点,但几乎没有人会否认其学科地位不高的事实。有国外学者直接把它视为次等学科,认为"教育学和商科一样,都只是各种'真正'学科的大杂烩……当中涉及心理学、哲学、社会学、历史学……这各种学科都有适宜我们挪用之处,只要加上'教育'这个前缀便可"。[②] 国内研究者也认为,管理学至今缺乏统一的对象;缺乏完整的概念框架,甚至连基本的理论假设也没有形成统一的认识;没有自己专属的方法论。这一方面反映了学校管理赖以生存的理论基础十分薄弱,另一方面也表明它有很大的上升空间,有待人们去弥补、夯实、丰富、完善与提升。

(二) 现有学科体系分析

现已出版的学校管理学著作的理论体系,明显地呈现出不同的特点,具体可分

① 高明,周建民.教育管理学研究对象研究述评[J].现代教育科学.2011(3).

② [美]华勒斯坦.学科·知识·权力[M].刘健芝译.北京:生活·读书·新知三联书店,1999:44.

为四种类型：① 教育实践操作型,如北京教育行政学院学校管理教研室编写的《学校管理》、卢元锴主编的《普通学校实用管理学》等;② 理论移植型,如朱颜杰著的《学校管理论》、陈孝彬著的《学校教育管理科学》等;③ 理论应用叠加型,如宋载铭等著的《普通学校管理学》、萧宗六著的《学校管理学》等;④ 学术专题研讨型,如贺乐凡著的《学校管理研究》、安文铸主编的《学校管理研究专题》等。可以说上述四类著作既有共性也有个性,但总的来说体系结构风格不同。有学者选取了24本较有代表性的著作,对其所涉猎的内容进行了统计：[①]

(三) 学校管理学的体系设计

从表2-5可以看出,学校管理学的现有体系显得较为庞杂,这既是学科不成熟使然,也与该学科的特点有关。学校管理学具有实践性,作为一门应用性学科,它必然要回答具体的各项管理工作如何开展;学校管理学具有理论性,它不是操作手册,因而需要有原理性的阐释;学校管理学具有政策性,管理活动要受到政策等外界因素的制约,这就要求它关注这些方面;学校管理学具有综合性,不同条块的工作都要从其他学科中汲取养料。[②]

表 2-5 学校管理学的内容

涉 及 内 容	出现次数	涉 及 内 容	出现次数
绪论或引论	19	教师管理	11
管理科学	3	学生管理	5
教育思想	4	学校人事、选人与用人	5
学校管理对象和内容	7	教学管理	17
学校管理体制	19	德育管理	17
学校管理目标	11	体育卫生管理	14
学校管理规律	4	美育管理	7
学校管理原理	4	劳动技术教育管理	11
学校管理职能	6	课外活动管理	6
学校管理过程	16	勤工俭学管理	3
学校管理原则	19	教务管理	7
学校管理方法	11	总务管理	16
学校管理技术	2	物质、设备管理	2
学校管理(领导)艺术	4	教育科研管理	4

① 李保强.学校管理学[M].北京：高等教育出版社,2002：10.

② 张济正.学校管理学导论[M].上海：华东师范大学出版社,1990：28-30.

涉　及　内　容	出现次数	涉　及　内　容	出现次数
学校管理规章制度	8	质量管理	6
校长素质与领导班子建设	22	时间管理	3
校风	2	信息管理	2
校园文化建设	3	统计、文书和档案	2
学校环境管理	4	效益与评价	6
学校公共关系	1	其他	14

　　基于上述原因,我们认为理想的方案是让学校管理学进一步分化,使之形成三大类别:① 学校管理学原理,探讨学校管理学的基本理论问题,如核心概念、研究对象、学科性质、知识基础等;② 学校管理实务,研究学校中各板块的具体管理问题,如课程管理、教学管理、德育管理、后勤管理等;③ 学校管理技术,关注学校管理的方式方法、途径手段,如决策技术、管理沟通、测量与评价等。

　　本书的写作思路是:学校管理是围绕着学校这一特定的组织展开的,因而首先要了解学校组织及其外部环境,为此在"学校管理原理"编中阐释了学校的组织特征和面临的体制、法律环境,并梳理了学校管理的理论发展。"学校管理行为"编以管理职能为线索,探讨了学校管理中的规划、组织、沟通、激励、领导和文化建设等行为,明确了学校管理者应有的作为。"学校管理实务"编根据学校的常规性工作内容,从核心的课程开发、教学管理到保障性的安全管理,分析了做好这些工作的基本要领。

三、学校管理学的研究方法

　　研究,离不开方法。一门学科是否有专门的方法,以及研究方法的水平高低,往往是衡量该学科成熟度的重要标志。

(一) 学校管理学研究的方法体系

　　国内对于学校管理学研究方法的重视程度不高,往往满足于介绍一些在其他学科中也能通用的具体方法,孙绵涛、安文铸、黄云龙、李保强等做过一些不同于以往的探讨,而张新平对教育管理研究的方法体系进行过较为系统与深入的分析,对我们具有启示作用。参照张新平的观点,我们可以将学校管理学的研究方法体系分为三个层面,即最上层的方法论、中间层的研究方式和最下层的操作方法。[①] 这三个层面既有区别又有关联,共同构成了一个有机的整体。

　　方法论重在解决研究立场和思想认识方面的问题,从总体上探讨学校管理研

---

① 张新平.教育管理学导论[M].上海:上海教育出版社,2006:164.

学校组织与管理

究中主体、对象与方法的关系及其适宜性问题,并致力于对学校管理研究主体特征、对象特性、研究取向和研究归宿等方面的规定性探索,从而揭示出学校管理研究活动的内在规律和典型特征,也为学校管理研究的方式与操作方法规定了内容、路径与方向。研究方式指研究所采取的具体形式或研究的具体类型,典型的学校管理学研究方式有三种,即思辨研究、实证研究和实地研究。操作方法是指研究所运用的具体方法与技术,常见的操作方法包括调查法、实验法、叙事研究等。

(二)学校管理学研究的典型方式

从时间线索看,思辨研究是最早出现的研究方式;实证研究则是伴随着"理论运动"兴起的,并开始占据主导地位;实地研究是一种与实证研究大异其趣,又是与思辨研究有质的差别的研究方式。

实证研究方式强调以事实为依据,研究者要排斥价值和主观偏好的影响,通过观测等方法来验证假设是否成立。实证研究方式注重规范性,一方面研究者能够用文字和语言清楚地报告取得研究结果的整个过程,使得其他研究人员可据此判断此观测数据的获得和分析结果以及导出的结论是否可靠;另一方面是研究结果的重复性,其他人能够应用相同的程序和方法得出同样的结论。

思辨研究方式是一种强调运用矛盾思维、归纳与演绎、分析与综合、具体与抽象以及历史与逻辑的方法,通过概念操作、抽象推理和逻辑论证来获得研究结论的研究类型。其特征与实证方式是相反的。思辨方式的优势在于它能够有效地抵及现象的背后,能够深刻地把握事物的本质;它论理严密,有利于进行理论构思和理论概括;它对科研条件的要求不高,但对研究者的思辨能力要求甚高。

实证研究方式适用于回答"是非命题",研究"实然"性的问题。但在涉及价值观、偏好等领域时,实证研究方式是无能为力的,人们无法从事实中直接推导出价值判断。这时,需要仰仗运用直觉判断和个人洞察力获取知识的思辨研究方式。图2-1为人们选择合适的研究方式提供了参考,图中的"科学方法"可基本等同于实证方式。

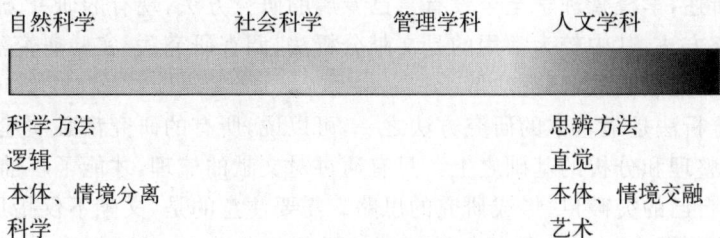

自然科学	社会科学	管理学科	人文学科

科学方法	思辨方法
逻辑	直觉
本体、情境分离	本体、情境交融
科学	艺术

图2-1 研究方式频谱[①]

实地研究方式是指研究人员离开自己熟悉、习惯和珍视的教学科研场域,较长

① 李怀祖.管理研究方法论[M].西安:西安交通大学出版社,2000:15.

时段地"沉入"到相对陌生的研究对象的生活环境中去,采用参与观察和非结构访谈等获取资料的方法,系统详尽地描述、理解乃至批判和反思研究对象的物理及精神特征、思想信念与行动逻辑的相对松散的研究方式体系。它一般遵循以下程序:① 联系某单位作为研究对象;② 了解面上情况,形成初步印象;③ 明确研究的主要问题;④ 协商落实研究时间等相关事务;⑤ 围绕重点有目的地进行观察和调查,做好记录;⑥ 整理、分析资料,写出初稿;⑦ 将初稿反馈给研究对象,听取意见后修改定稿。

案例 2-2　一项实地研究的个案①

研究者将《名师的制度化及其影响:对 H 县中小学名师的实地研究》局限在"微型调查"的范围内,采用实地研究方式。H 县有中小学名师 73 人,基本上能构成实地调查的一个对象群。

2004 年 4 月,H 县教育局举办"教坛新星"评审。征得教育局领导同意,研究者全程参与了评审过程,对各环节进行了有目的的观察和反思。现场观察的结果构成"'名师工程'的过程研究——名师是怎样产生的"主要内容。

由于研究对象较分散,无法对每个人进行观察、访谈,研究者进行了问卷调查,并统计分析了名师群体的年龄、性别、学科、地域等结构特征和教育教学工作、教科研、成长与发展等问题,这些内容构成"'名师工程'的结果研究——名师是什么样的群体"的主体部分。

从组织者(局领导和校长)、当事人(名师)和旁观者(普通教师和流失的名师)三个视角出发,寻找相关人员进行访谈,请他们就名师和"名师工程"的功能与作用发表自己的见解。访谈内容构成"'名师工程'的功能研究——名师的功能是什么"的内容。

(三) 学校管理学研究的常见方法

如前所述,学校管理学至今没有自己专属的研究方法,现有的研究方法基本上是教育研究方法,其中较为常用的是文献分析法、调查研究法、实验研究法、比较研究法、行动研究法、叙事研究法等。

文献分析法是最基本的研究方法之一,可以说,所有的研究都必须建立在对文献的收集、整理和分析的基础之上。只有通过对文献的梳理,才能了解前人的研究成果,找到自己的突破口,形成研究的思路。需要注意的是,文献不仅指历史史料,也包括现实生活中的各种文本资料。对于研究者来说,文献要做到全面、真实、权威,即尽可能涵盖课题所涉及的所有资料,对收集到的材料要做去伪存真的处理,引用的文献要有权威性。文献分析法成本低,能对研究者无法直接参与的事件进

① 节选自张新平等. 教育管理实践个案研究:实地研究方式[M]. 上海:上海教育出版社,2007:232—233.

行研究,但对研究者的检索能力、知识基础和判断水平提出了较高的要求。

在进行调查研究时,研究者通常会采用问卷调查法和访谈调查法。问卷调查是研究者以书面形式给出一系列与所要研究的目的有关的问题,让被调查者作出回答,通过对答案的回收、整理、分析,获得有关信息的研究方法。其优点在于能够开展大样本的研究,便于了解面上的情况,易于进行量化处理;其缺陷在于对问卷的信度、效度要求高,不容易了解人们深层次的想法。访谈研究法是以口头形式,通过访问者与受访者的交流互动,搜集有关态度、情感、知觉或事实性材料的方法。其优点是便于展开深度的交流,能够了解受访者的真实想法;其缺点是时间与人力成本大,调查面有限,不利于定量分析。

实验研究法是通过控制和操纵一个或多个自变量并观察因变量的相应变化,以检验假设的研究方法。实验研究法旨在揭示变量之间的因果关系,它需要有严谨的实验假设、严格的操作规则、科学的测量手段,得出的结论较为可靠、令人信服。不过,由于学校管理所涉及的因素复杂多变、不易控制,因此,它的运用受到一定的限制。通常,实验研究法比较适合于小范围且目标单一的情境,如学校的班级管理、师生的互动关系等。

比较研究法是指对两个或两个以上的事物或对象加以对比,以找出它们之间的相似性与差异性的一种分析方法。比较研究法的形式很多,有纵向比较、横向比较,有班与班、校与校的比较,有地区之间乃至国别的比较。比较研究法的优点是能够开拓研究者的视野,加深对所要研究问题的认识,便于发现发展的趋势;其不足在于容易受到客观条件的制约,不易揭示表象下的深层次因素。

行动研究法近年来日益盛行,其研究指向就是帮助基层人员解决实际问题,并不关心研究成果的普遍意义,因而对研究条件的要求不严苛。行动研究的适用范围主要是实际问题而不是理论问题,以及中小规模而不是宏观的实际研究。由于它是在学校的实际情境中进行,能够帮助人们在研究中改进工作,因而受到学校管理人员和教师的欢迎。在研究步骤上,典型的行动研究法采用"计划—行动—观察—反思"的两次及两次以上的循环(见图 2-2)。

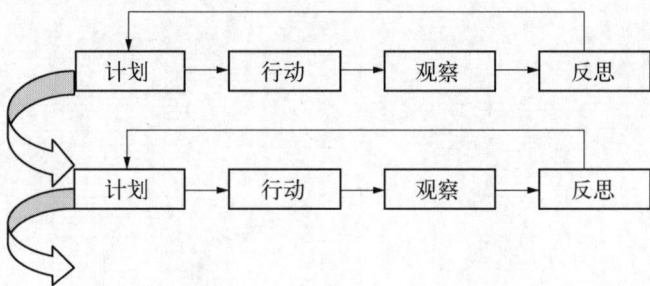

图 2-2　行动研究的螺旋循环模式修正图[1]

① 胡东芳.教育研究方法——哲理故事与研究智慧[M].上海:华东师范大学出版社,2009:144.

叙事研究法是质的研究取向下的一种研究方法,它通过研究者以叙事的方式来寻找教育和管理的意义与价值所在。学校管理者和教师的身边充斥着各种故事,因此,叙事研究法对他们而言是最容易"上手"的一种研究方法,但要做好叙事研究并非易事。一般而言,叙事研究的基本路径是收集资料——解释资料——形成扎根理论。[①] 在收集资料时,不能遗漏事件中的重要信息;在解释资料时,要注意资料与故事线索的吻合;在形成扎根理论时,要从资料中采用归纳思维形成相关的假设和推论。

课后练习

　　1. 任选一位学者,阅读其学校管理方面的论著,并写一篇读后感。

　　2. 就你所感兴趣的学校管理问题,设计一份研究方案。

　　3. 回顾自己以往的学习经历,记述一件最成功或最失败的学校管理事件,并分析原因。

最成功或最失败的学校管理事件	原　因

① 刘良华.教育叙事研究:是什么与怎么做[J].教育研究.2007(7).

第二编
学校管理行为

第三章
学校发展规划

学校如果没有规划,必将导致失败。

——Brent Davis & Linda Ellison

情景导入

A 市教育局决定开展"素质教育示范校"的评选,王校长认为自己的学校在素质教育方面进行了不少的尝试,而这项评选将有助于学校知名度的提升,于是决定参评。

参评的第一步是要向教育局提交学校发展规划,由教育局组织相关人员进行评审。那么,学校发展规划交给谁去写呢?王校长马上想到了科研室的李主任,他是有名的"笔杆子",学校的许多材料都是由他执笔的。于是,这一任务也就理所当然地派给了李主任。

过了一段时间,李主任面露难色地来找王校长:"以前写学校的工作计划、总结材料,只要各部门提供相关的素材,我做一下整合、润色,还是比较得心应手的。可学校发展规划似乎挺复杂的,涉及学校的长远发展,要有前瞻性,好像不是我这个层级掌控得了的。"听了李主任的话,王校长决定让陈副校长负责规划事宜,李主任协助做好文字工作。

两周后,陈副校长在行政会议上提出:"经过一段时间的学习与思考,我觉得学校发展规划最重要的是要有学校自己的办学理念,其他的工作都要围绕着办学理念来展开。而办学理念应该由校长提出,我们负责分条块地落实。王校长,你得说说我们学校的办学理念是什么。"王校长没有想到陈副校长会提出这样的问题,只能实话实说:"学校每天那么多事情要处理,我哪里有空去想什么办学理念?!再说了,办学理念是虚无缥缈的,有没有也不会有多大区别。"陈副校长没有得到王校长明确的答复,规划的工作也就拖延了下来。

眼看着上交规划、参加评审的时间越来越近,王校长有些坐不住了,于是想起了他在高校从事教育研究工作的老同学——张教授。听了王校长的情况介绍,张教授答应出手相助。于是,张教授三天内翻阅了学校提供的各种文字材料,与中层管理者、校级干部进行了座谈。一个星期后,一份厚厚的规划放到了王校长的办公桌上。

翻看着眼前这份标题新颖、结构严谨、内容翔实的学校发展规划,王校长心想:专家毕竟是专家!终于,他紧锁的眉头舒展了,脸上露出了笑容。

王校长在学校发展规划的编制中历经波折，最后拿到了令他满意的文本。你认同王校长的做法吗？你认为那份最终的规划是一份好的规划吗？

第一节 学校发展规划的含义、作用与流程

一、学校发展规划及其特点

对于学校发展规划，人们存在着不同的理解。而理解上的差异，必然导致行动上的区别。因此，厘清概念、把握特点是必要的。

（一）学校发展规划的含义

由于产生的时间不长，因而对于学校发展规划（school development planning）尚无公认的权威性的定义。梳理现有的各种定义，可以归纳出两种不同的观点：

1. 方案说

（1）学校发展规划是围绕发展性目标，同时又兼顾基础性目标而设计的学校发展综合性方案。

（2）学校发展规划以学校为发展主体，通过对学校现状及环境进行系统的分析和诊断，寻找学校变革发展的突破口，确定学校发展的愿景、使命和目标，制订具体的实施方案和计划文本。

（3）学校发展规划，是现代中小学校为实现战略决策所确定的总目标，是对未来一定时期的学校发展理念、目标、规模、速度、质量、服务以及相应举措等进行的比较全面的长远的设计。

尽管在具体表述上各不相同，但上述定义的共同特征是把学校发展规划理解为静态的方案、计划等文本形式。在这些观点看来，所谓学校发展规划就是对学校的未来事先进行预测，在此基础上形成文字性的计划与方案。当完成了文本的编写，学校发展规划的工作也就结束了。

2. 过程说

（1）学校发展规划不仅仅是学校发展方案（plan），它还是创制发展方案并确保这一方案达到效果的活动或过程（planning）。

（2）学校发展规划既是一种学校管理方式的更新，又是通过学校共同体成员来制订和实施学校发展综合性方案的过程，是为学校发展提供支持能力，并不断探索学校的发展策略，持续改进教育教学质量而进行的管理行动。

显而易见，上述定义都是用动态的眼光看待学校发展规划的，没有把它作为一个孤立的环节来对待，而是将其贯穿到了学校管理的全过程中。由此，学校发展规划也就成为学校发展的选择与思考的过程，努力达成预期设想的管理过程，不断探索与反思学校潜能开发策略的学习过程，持续改进教育质量（有计划的而不是盲目

的)的行动过程。

3. 学校发展规划的内涵

事实上,"方案说"和"过程说"并非是矛盾的、不可融合的。如果没有扎实、有效的执行过程,再完美的方案也会沦为一纸空文。正是因为看到了这一问题,"过程说"才得以兴起。另一方面,如果没有科学、完整的方案文本,学校的后续工作也会变得短视而混乱。从某种意义上说,"方案说"是"过程说"的基础,"过程说"是"方案说"的发展。

基于上述认识,我们将学校发展规划理解为:以促进学校未来可持续的健康发展为目的,编制学校发展方案并予以落实的动态过程。在此,明确了以下几个要点:① 规划是指向未来的,追求学校高质量的发展;② 规划以编制方案为起点,需要有坚实的文本基础;③ 规划只有执行了,才算完成了其使命。

(二) 学校发展规划与学校工作计划的比较

"学校工作计划"一词为人们所熟识,而"学校发展规划"则是一个相对陌生的概念。两者之间是什么关系呢?毫无疑问,两者都是对学校未来工作的一种构想和方案设计,具有共通之处。那是否意味着两者并无本质区别,"学校发展规划"仅仅是"学校工作计划"的名词翻新?

从表3-1中不难看出,两者在许多方面存在着重要的差别。正如"情景导入"案例中李主任所说的那样,学校工作计划往往是学校的管理人员商议形成的,缺乏师生员工的广泛参与,没有上上下下反复征询意见、修改完善的过程,而这一切在学校发展规划中是必不可少的。

表3-1 学校发展规划与学校工作计划的区别[①]

学 校 工 作 计 划	学 校 发 展 规 划
注重自上而下	注重上下结合
主要由学校内部少数人完成	利益相关者(政府、社区、家长、学校领导、教师、学生)广泛参与
静态的	动态的
没有明确的时间表和责任人	强调明确的时间表和责任人
很少有监测评估	强调监测评估
强调学校硬件发展	以学生发展为中心,更加注重学校软件的改善和提高

除了在编制主体、制订程序等方面的区别外,在时间跨度上两者也是不同的:学校工作计划往往是短期的,一般以一学期、一学年为限;学校发展规划是中长期的,通常规划的时限为3—5年。更为重要的是,两者在价值取向上是有差异的:学校发展规划是目标导向型的,其目光是向前看的,关注的是未来的发展。评判学

---

① 陈向阳.学校发展计划基本原理与操作规程[M].桂林:广西师范大学出版社,2009:15.

校发展规划优劣的重要标准是,看它能否为学校在现有的基础上谋求最大限度的发展;学校工作计划是问题解决型的,其目光是回头看的,关注的是以往工作中存在的不足。评判学校工作计划优劣的重要标准是,看它能否及时、有效地解决过去工作中遗留下来的问题。

(三)学校发展规划的特点

学校的管理人员理应具有长远的眼光,为学校的未来未雨绸缪、早作打算,因此,学校发展规划应当具备以下一些特征:

1. 发展性

学校发展规划是一种"发展"的规划,"发展"是目的,而"规划"则是手段。作为手段的学校发展规划,要体现"发展"的要求。这种发展更主要的是内生性、主动的,即基于学校自身需求的自主选择。不应像案例中的学校那样,制订规划更多的是迫于外部的要求。

学校制订的发展规划不能仅仅是以往工作的简单延续,而要在实事求是分析现实状况的基础上有所改进,内容要有所拓展,品质要有所提高。这就意味着规划不再是单纯地完成数量指标,不能满足于规模上的简单扩张,而要着眼于实现内涵式的发展。

每一所学校都有自己的传统、现实资源以及特有的问题,现代教育改革与发展必然要求学校创建自己的特色,体现自身的核心竞争力。因此,学校在制订发展规划时,在学校发展目标和学校优先发展项目上要重点考虑学校的特色,促进学校的特色化发展。

2. 协同性

学校发展规划不同于部门工作计划,它是对学校各方面工作的整体布局与落实,这就必然涉及如何有效协同的问题。因此,有人认为学校发展规划在本质上是一个协同的过程。它把学校共同体的各种力量聚集在一起,调动学校全体成员的积极性,充分发挥每个人的价值和力量,共同勾勒出学校发展的使命、愿景和目的,共同完成学校发展的大业。[①]

学校要促进学生的成长,而学生的成长不仅受到学校和教师的影响,也会受到家庭、社区因素的影响,因此,在规划时需要考虑校内外的协同。另一方面,学校要关注学生的全面发展,但学校的教育教学及管理工作是分部门展开的。有的部门负责课程开发,有的部门主管教学工作,有的部门侧重德育活动。在规划中,要运用"系统思维"的方法,对学校今后发展作整体思考,做好宏观战略规划、中观策略规划和微观意义上的各部门行动规划,最终把它整合为有内在结构的整体合一的学校发展规划。

3. 操作性

学校发展规划必须超越现实,旨在追求发展,但这并不意味着它仅仅是一种虚

---

① 陈建华.作为发展过程的学校发展规划[J].教育发展研究.2004(11).

幻的梦境和空洞的口号。正是在这个意义上,很多学者都将学校发展规划定位为一种学校发展的目标和发展途径的结合体,它不仅包括对学校前景和目标的展望,还应提出实现目标的方法、措施和行动计划。

学校发展规划要求学校对自身进行诊断,并以此为基础设定未来的目标,而规划中的目标应当是切合学校实际情况的。此外,在规划中必须明确实现目标的措施和方法,使目标得到有力的支撑,而与目标相配套的举措应当是具体的、可量化的。总之,规划应当是全体人员的行动指南。

二、学校发展规划的作用

有研究人员指出,学校发展规划是一种思想方法、管理模式、学习工具和持续行动的过程。因此,它的作用是多方面的。

(一) 为政府的简政放权提供条件

20 世纪 80 年代以来,我国的教育改革逐步展开,并取得了显著的成效。但必须看到的是,宏观教育行政体制、学校内部管理体制和办学体制等方面的改革,主要是在政府体制以内的职责权限逐级下移方面有所突破,而对政府与学校之间的职责与权限的重新界定方面力度不大,校长负责制尚不能保障校长获得充分的自主权,政府包揽学校办学的现象还没有完全改变。

这种局面的改观,一方面需要政府加快改革进程,清晰地厘清政校之间的关系,真正地转变政府职能;另一方面也有赖于学校积极地作出调整,以更加主动的姿态谋划学校的发展,自觉肩负起自身的使命。在学校的自主性不断增强的情况下,政府才能放心地简化工作程序,转变管理职能,将本应属于学校的权力归还学校,从大包大揽走向有所为有所不为,使政校关系步入良性互动的轨道。

(二) 为学校的自主发展奠定基础

长期以来,我国的学校处于外控式的管理模式之下,缺乏自主发展的意识和能力。学校自主发展,就是指学校自觉、主动地利用自身内外条件,独立支配和合理调控自身行为的过程,即学校独立开展教育和管理活动,并合理进行自我设计、自我组织、自我活动、自我评价、自我调控、自我教育的过程。[①] 必须注意的是,学校的自主发展不等于盲目、随意的发展,因此它需要由规划来引领与规范。

学校制订自身发展规划往往是通过促进校内外有关的人、财、物等各种资源的合理配置和有效利用,使学校改革与发展能够反映多元的社会需要和学生需要。这就要求学校具备独立的主体意识,有明确的目标追求和强烈的发展需要,能够对外部环境作出准确的判断,有目的、有计划、有步骤地推进学校的各方面工作,从而

① 范国睿.学校管理的理论与实务[M].上海:华东师范大学出版社,2003:221.

能够不过度依赖外部环境,实现自主状态下的生存与发展。

(三)为各方的参与管理创造机会

以往,学校的各项工作基本上是由学校管理者说了算,学生家长、社区代表等利益相关者几乎没有机会介入学校的事务,作为学校主体力量的教师通常只能扮演执行者的角色,而教育对象——学生的需求很少被真正关注。这种局面剥夺了各方参与学校管理的权利,使学校管理蜕化为少数人对多数人的统治,管理陷入了封闭状态。

从根本上讲,学校发展规划是为了保障学校的良性发展,促进师生的健康成长的。因此,它必须通过问卷、访谈等方式了解学生的真实需求,倾听学生的内心想法,使学校的各项工作更好地服务于学生的成长;它必须借助教师的智慧,群策群力谋划学校的发展,增强教师的主人翁意识,有效地融合教师的个人发展目标与学校的集体发展目标;它必须征询各方的意见,考虑不同群体的利益诉求。总之,学校发展规划自始至终都是一种群体性行为,相关各方会以不同的形式不同程度地参与到学校的管理过程中。

三、学校发展规划的流程

由于学校发展规划产生的时间不长,因而学者们对其操作流程有着各自不同的论述。

(一)六环节说

黄兆龙将学校发展规划分成了六个环节(见图3-1):[①]

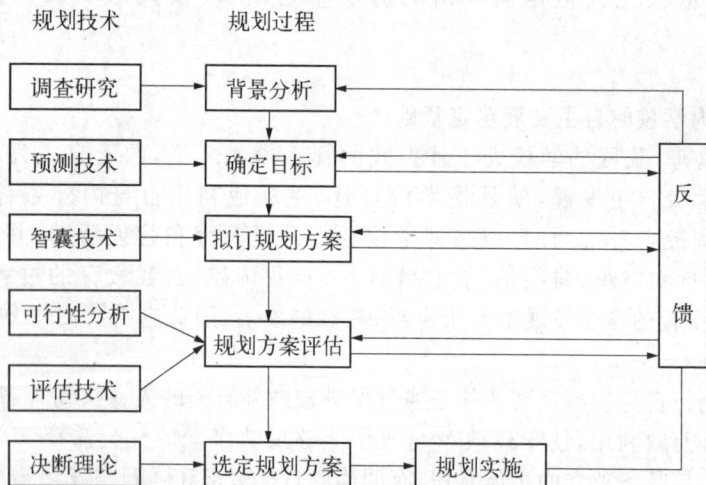

图3-1 学校发展规划流程图

① 黄兆龙.现代学校发展规划研究[J].中小学管理.2005(11).

（二）三环节说

与黄兆龙的"六环节说"不同,陈向阳将学校发展规划概括为三大环节,即规划的制订、实施与完成。(见表3-2)

表3-2　学校发展规划的流程

环节	学校发展规划的制订	学校发展规划的实施	学校发展规划的完成
内容	基础分析;办学理念与发展目标的确立;学校发展要素设计;学校发展过程设计;学校发展保障措施设计	资源配置;完成分阶段、分项目的目标;规划实施的保障	规划目标达成度;问题诊断与后续发展的方向

其实,尽管提法不尽相同,但不难找到"六环节说"与"三环节说"的相似性。黄兆龙的观点与陈向阳并无矛盾,只是他把规划的编制分解得更为细致了。因此,我们可以将学校发展规划的流程划分为规划的编制、执行与评估等环节。

第二节　学校发展规划的编制

一、学校发展规划的编制过程

学校发展规划的编制是规划全过程的起始环节,影响着后续各个环节的质量。它本身也是一个过程,不可能一步到位,为此学校可以成立发展规划拟订委员会,负责学校发展规划的编制工作。[1]

（一）确定工作重点

规划拟订委员会根据分析引出一系列工作重点,召开讨论会,在广泛征求参与人员意见的基础上,考虑到学校的规模范围,从学校的实际需求以及各工作重点之间的联系出发,对工作重点进行优先排序,确定每一年的工作重点。

（二）拟订规划草案

根据确定的工作重点,规划拟订委员会邀请地方政府及地方教育局行政人员、社区代表、学校领导、教职员工、学生、家长参与,采用头脑风暴法进行充分讨论,鼓励他们提出尽可能多的富有创造性的、具体而可行的规划方案。

（三）论证规划方案

规划草案提出后,学校应该组织相关人员和专家,对所拟订的多项草案进行逐

---

① 刘砚秋.学校发展规划的制定程序[J].教育发展研究.2005(9B).

第三章　学校发展规划

53

一论证和评价,看其是否符合学校管理的科学原理,是否符合教育政策、法规和教育方针,是否符合学校实际,是否时机适宜;在实施中是否具有可行性和可操作性,是否能为广大师生员工所认可。

(四) 确定规划方案

经过逐一论证后,或重新拟订,或适当修改,或将方案优化组合,从多种方案中确定最符合学校实际情况的规划方案。上报上级领导部门审批。

(五) 公布规划方案

规划方案经上级领导部门审批后,学校应该在全校范围内公布该方案。公布的形式可以是多样化的,如将规划文本打印后分发给地方政府及地方教育局行政人员、社区代表、学校领导、教职员工、学生、家长;也可以将规划文本公布在校园网站上。通过这种方式,人们能够对学校发展规划有更加明确的认识。

二、学校发展规划编制的基本任务

规划编制最终要交出一份文本,但它应该是在完成了一系列任务之后的自然产物,而不应像"情景导入"案例中王校长那样省去中间诸多的环节。

(一) 学校发展的基础分析

学校的发展必须建筑在现实基础之上,因此,在编制规划时首先要剖析学校的现状,了解学校的外部环境。

1. 基础分析的内容

从影响学校发展的因素来源出发,学校的基础分析可分为外部环境因素分析和内部环境因素分析两个方面。

外部环境因素主要包括:① 政治环境。主要是指国家和地区的政治体制、政策和法规等给学校发展提供的机会和障碍,包括政府制定政策的过程与机制、政策影响学校发展的途径与手段、学校与政府的联接方式等。② 经济环境。主要是指影响学校生存与发展的资源及其配置方式,如政府的财政拨款是否达标,设施设备的配备是否到位,学校的资源获取渠道是否通畅等。③ 社会环境。主要是指社会秩序、生活方式、人口波动等因素,如街道、乡镇人口构成,总体家庭经济状况,人文及地理环境。④ 技术环境。主要是指新技术的发明和进展、现代教育技术水平等,如互联网的高速发展会对学校和教师提出全面的挑战,办学单位和教育工作者必须作出积极的回应。

内部环境因素主要包括:① 学校办学条件,指学校教育开展过程中所需的设施设备的配置及使用情况。② 学校领导班子现状,包括领导班子结构、资格与培训、校长办学思路、领导班子集体工作状况等。③ 学校教师队伍情况,指教师的数量结构、职称结构、年龄结构、学历结构、学科结构、教学能力、教师进修和培训情况、教师调配和流动情况等。④ 学校教育教学状况,包括课程计划执行情况、优势学科与薄弱学科、教研活动情况等。⑤ 学校管理与文化,指学校的办学理念、部门设置及其结构关系、主要规章制度建设、教师聘任制及激励机制、后勤管理等。⑥ 学生发展,包括学习风气、学生文体活动、学生社会实践、学生心理健康、学生毕业流向等。[①]

2. 基础分析的方法

外部环境因素分析能够使学校把握社会需求的变化,有利于学校发展目标的正确定位;内部环境因素分析能够使学校明确当前存在的或潜在的问题,有利于学校选择好发展的抓手或突破点。因此,学校发展的基础分析应注意将学校组织内部环境因素与外部环境因素结合起来分析,在方法上可借鉴企业常用的 SWOT 分析法(可参照本章课后练习 2 的 SWOT 分析表)。

优势(strength)是指使学校获得战略领先并进行有效竞争从而实现自身目标的某些强大的内部环境因素,如充足的资金来源、优良的传统、良好的社会形象和声誉等。劣势(weakness)是指给学校发展带来不利、导致学校无法实现其目标的消极因素,如设备陈旧落后、师资力量薄弱等。机会(opportunity)是指那些不断地帮助学校实现或超过自身目标的外部环境因素,如出现了新的生源群体、有利的政策支持等。威胁(threat)是指对学校经营状况不利并导致学校无法实现既定目标的外部环境因素,如新竞争者的加入、教育改革带来的冲击等。

优势与劣势属于内部环境因素,机会与威胁属于外部环境因素。学校要善于利用优势,克服劣势,抓住机会,消解威胁。通过 SWOT 分析,会形成四种战略选择,即增长性战略(SO)、扭转性战略(WO)、多元化战略(ST)、防御性战略(WT)。学校要确定自身发展的主战略。

(二) 办学理念与发展目标的确立

学校的发展必须在科学的办学理念指导下展开,在合理的目标引领下推进。

1. 办学理念的提炼

在办学的过程中,首要任务是做"对"的事情,其次才是把事情"做对"。这就凸显了办学理念的重要地位,因为它是学校的灵魂,左右着学校的走向,影响着学校的兴衰成败。在科学的办学理念指导下,学校的发展不会犯方向性、路线性的错误,能够确保在正确的道路上不断前行。

办学理念是学校发展的哲学,是关于学校发展的最基本的价值观和方法论,是一种系统的理性思考,是一种思想体系。它必须回答"学校是什么样的组织"、"学校的使命与目的是什么"、"学校的发展路径是怎样的"等基本问题,它应该是历史性与现实性的统一、理论性与实践性的结合、统一性与多样性的融通、发展性与稳定性的协同。

办学理念来源于学校领导者对自身办学实践的科学总结,从实践中发现新规律、提炼新思想;办学理念来源于对教育规律与发展趋势的准确把握,只有顺势而

---

① 拱雪.SWOT 在北京市小学学校发展规划制定中的应用[J].基础教育.2010(3).

为才能让学校不被时代所淘汰；办学理念来源于对学校传统的批判性继承，对学校历史的回溯能够梳理出一代又一代人的共同追求，寻找到它在现时代的生长点；办学理念来源于学校成员的集体智慧，它不应是少数领导者闭门造车的结果，而应是全体成员共同思考后的价值选择。

2. 发展目标的构思

如果说办学理念相对是"虚"的话，那么发展目标就应当是"实"的。办学理念需要转化为发展目标，才能真正影响学校方方面面的工作。因为目标具有指向性，能够让人们明确自己要往何处努力；目标具有约束性，可以克服工作中的随意性和低效化；目标具有激励性，有助于调动教职员工的工作积极性。

所谓学校发展目标，是指根据学校的办学理念和发展基础而预先确定的，学校发展在一定时期内所要达到的最终结果。事实上，在学校发展规划中目标不是单一的，而是一个目标体系。从主体的角度看，学校发展目标是由学校组织目标、部门目标、组室或班级目标、个人目标组成的；从时限的角度看，学校发展目标包含了最终（根本）目标、阶段性（或年度）目标、学期目标；从规划活动的角度看，学校发展目标是总体目标、主要（关键）领域目标、项目目标构成的目标群。

一般而言，下一层目标是由上一层目标分解而来的，服务于上一层目标，由此形成彼此关联、相互支撑的"目标树"。目标的层级越高、时限越长，越原则化、抽象化；反之，则越具体化。在制订发展目标时，应当遵循 SMART 原则，即明确具体（specific）、便于衡量（measurable）、能够实现（attainable）、彼此相关（relevant）、具有时限（time-based）。

（三）学校发展的要素、过程与保障设计

目标确定之后，就要根据学校的实际情况，将学校发展目标具体落实为各种发展任务、项目以及每一项目的具体内容，这项工作被称为学校发展要素设计。学校的工作是一个整体，在设计发展要素时必然会涉及各个条块，容易出现平均使用力量的问题。事实上，学校的资源是有限的，在一段时间内不可能解决所有的问题。因此，在要素设计时既要全面安排，更要突出重点。

规划的编制人员可将学校要做的各项工作罗列出来，按照重要性和紧迫性程度进行排位，从而确定学校的发展重点，实现以点带面的有序发展。因此，学校发展规划中的发展要素要阐明学校主要工作的关键领域，关键领域则要说明重点项目。在技术上，可采用建立"单项分级子文本"的方式。如德育工作规划（一项主要工作）、爱国主义教育工作规划（该工作的关键领域）、"爱心行动项目"行动计划（该领域的重点项目）。[1]

发展过程设计是指在时序上对不同的发展要素所做出的预先安排。一般来说，发展过程设计要考虑以下三方面的要求：① 发展的阶段性。学校的发展是一个过程，通常需要结合学校的工作周期划分为若干个阶段，通过完成好阶段性任务

---

① 范国睿.学校管理的理论与实务[M].上海：华东师范大学出版社，2003：240.

进而达成最终的目标。②发展的秩序性。学校发展规划中有许多项目有待完成，哪些项目必须先行、哪些项目可以齐头并进、哪些项目只能收尾，需要进行合理的排序。为此，可以采用网络规划技术。③发展的连贯性。学校发展规划在作出阶段划分和项目排序的时候，要注意各阶段、各项目之间的衔接，使学校的工作具有延续性和连接性，一步步地逼近目标。

学校发展的质量保障设计是指服务于发展目标和发展要素的一个任务、职责、权限明确而又互相协调、互相促进的质量管理系统的预先设计。一个有效的保障与监控体系，应该由组织职责、资源管理、过程控制、测量和评价、组织学习、持续改进等六项（功能性）要素组成。

三、学校发展规划的文本撰写

学校发展规划的历史不长，在文本撰写方面尚未形成普遍的共识，但一般而言，学校发展规划文本要有严密的结构、充实的内容和准确的表述。

（一）学校发展规划文本的结构框架

一般认为，学校发展规划起源于英国。在英国，学校发展规划的内容以学校的使命（mission）、愿景（vision）和目标（aim）为基础，分为核心和辅助两个部分。核心部分包括：学校课程、教师发展、学生辅导和训育等三个方面，辅助部分由招生、管理结构与方法以及物质和财力资源等三个方面组成。[①]

在国内，张兆勤等在《学校发展计划指南》一书中将学校发展规划文本分为主体和附件两大部分。主体部分包括：①社区概况及变化，指社区人口、民族、经济、宗教、社会文化等有关方面的背景及其变化情况。②学校概况，包括学校性质；学校地理位置，服务半径；学校办学条件和环境；入学率、巩固率和升学率，学校在学区或更大范围内所处的位置；教师和学生情况；课程设置情况。③过去3年学校发展的自我评估，描述学校过去的发展变化情况，对有些目标为什么没有实现进行解释。④未来3年学校发展愿景，在综合各方面意见的基础上，准确而简明地描述学校经过未来发展所能达到的理想状态。⑤本学年需优先解决的问题，确定问题解决的顺序和本年度的任务。⑥本学年学校发展的主要目标与具体活动，本部分文本的撰写必须充分承接第五部分的内容，将其进一步具体化、操作化。⑦学校周历表。⑧校长工作计划表。⑨教师工作计划表。⑩本学年学校发展计划的监测与评估。附件有：学校服务半径内未入学学龄儿童（少年）花名册；学校服务半径内学龄儿童"三率"统计表；学校师生基本情况统计表；学校设施设备及使用情况表；学校财务收支情况统计表；学校发展管理委员会会议记录。

（二）学校发展规划文本的主体内容

在学校发展规划的文本中，主体部分通常应该阐明以下一些内容：

---

① 王俏华.英国中小学学校发展规划的内容研究[J].外国中小学教育.2008（6）.

第三章 学校发展规划

1. 发展现状

这是学校发展规划文本的起始部分,是对学校现状的介绍,主要包括学校发展的历史、学校发展的现实情况、教育发展的形势、教育政策和理论、学校发展的内外部环境、学校面临的主要挑战和机遇等。由于学校是生活在现实的社区环境之中的,因此,对社区情况的分析也可放在此处。

这一部分的撰写要简明扼要,在准确描述学校所处的地理位置和历史沿革的基础上,主要介绍学校的基本情况、办学水平和办学特色。此外,这一部分并不仅仅是简单的事实描述,而是在事实基础上进行分析和判断,尤其要揭示学校的主要问题、主要优势、主要挑战和主要机遇。

2. 指导思想与核心理念

学校发展规划要以党和国家有关的教育方针政策为指导,结合学校的实际情况,凸显自身的办学特色。核心理念是学校发展规划的核心所在,学校发展规划的编制实际上就是对学校办学理念的科学解读和智慧转化。

这一部分要避免使用空洞刻板的语言,要能够激发人们为之努力的意愿。如某校这样写道:愿我校的每一个孩子,都具备经营幸福人生及推动社会进步的憧憬与能力。这样的表述说明,教育的主体是一个一个的儿童,教育的责任是透过人本的陶冶、知识的启发、能力的培养,让每一个孩子能够经营其幸福人生,并愿意与人合作,奉献其良知良能,共营更适合人类生存的社会。

3. 发展目标

发展目标的编写既是一个十分关键的环节,又是一项颇有难度的工作。如何完成好这一任务,案例3-1或许能够带来一些启示:

案例3-1 学校发展目标的编写[①]

我们认为,影响学生发展的关键因素是教师、家长。于是,我们设计了"学生发展目标"、"教师发展目标"以及"家长发展目标"。

我们认为,发展目标最好用一句话或一个词来概括,以便大家记忆。于是,我们用了"四会"来表述。例如:做"四会学生"(指会学习、会玩耍、会交往、会感恩)、"四会教师"(指会做表率、会育人、会交往、会生活)、"四会家长"(指会沟通、会关心、会做榜样、会共建)。

我们对目标的可检验性和评估标准进行了深入思考。我们将每个领域的目标都分解为"四个方面三个要点",每个"四会"都有具体的四个方面的要求,每个要求又都有三个衡量标准,由此制订出一套"四会"评估指标。

4. 实施项目

实施项目是学校发展规划中最为具体、操作性最强的部分,它是各项目标和任

---

① 邱向理.破解学校发展规划制定之难点[J].中小学管理.2010(11).

学校组织与管理

务明确化的过程。实施项目往往会涉及各个方面,包括学校德育、课程、教学、科研、文化、内外部行政管理、党团建设及后勤服务等。在保证全面的同时,更应注重突出重点。同一领域的不同阶段,或同一阶段的不同领域,在发展的侧重上都会有所差异,要结合学校的独特情况,安排好先后顺序,处理好主次关系。

在实施项目的撰写中,要注意与前面内容的承接关系,考虑紧密相关的三个关键问题,即"问题——目标——措施"。在内容上要形成清晰的逻辑链条,即:由问题确定目标,由目标派生活动;活动的设定是因为目标,目标的确定是因为问题。

5. 保障体系

保障体系是指为服务于发展目标和发展要素而要提供的人、财、物等必要资源及相关的学校制度等。进行保障体系设计时,要做到资源配置到位、职责分工清晰、任务要求明确、沟通协调畅通、工作责任到人。在撰写规划文本时,要将这些明晰地表达出来。

(三) 学校发展规划文本的撰写要求

一份好的学校发展规划文本,能够起到宣传教育的作用,提高学校成员执行规划的自觉性,并在规划的实施过程中通过与文本的对照发现存在的问题,及时予以解决,以保障规划的顺利推行。为此,在文本撰写时要做到:

首先,思考清楚以后再动笔。学校发展规划文本不能写起来再说,而必须想清楚才写。它首先不是一项文字工作,而是系统思考的结果。学校的现状是怎样的?办学的指导思想是什么?学校的核心理念有哪些?未来的发展目标如何订?要靠哪些实施项目去推进?如何构建保障体系?……这一连串问题只有认真思考之后才能解答,否则就会像"情景导入"案例中的李主任那样无从下手。

其次,要用准确的文字进行表述。这意味着规划文本必须言之有物,要力戒使用空洞、空泛的语言,防止在文本中充斥着哗众取宠的口号。例如,某中学提出的办学总体目标是:"学校发展,教师发展,学生发展。"但对于什么是学校发展、教师发展、学生发展,重点发展什么,要发展到什么程度,均没有具体的说明。这会使人们只是把它当作一个口号挂在嘴边,而无法去真正实施。

用准确的文字进行表述意味着要突出个性,体现学校的特色。比如某某中学三年规划中的办学目标为"将某某中学建成一所设施优、环境美、有特色,教育教学质量不断提升,弘扬人文精神和科学精神的现代化初级中学"。这个目标如果去掉"某某中学"这个具体校名,任何一所学校都可以引用,因而缺少学校的个性。

用准确的文字进行表述,还意味着要契合不同部分的特定要求。规划文本的各个部分具有不同的功能,在文字表述上要与之相适应。一般而言,现状分析部分的文字应当客观中立,办学理念部分的文字需要有一定的鼓动性,在发展目标部分最好多使用一些量化的数据,在实施项目中要阐明具体的"做法"而不是抽象的"想法"。

最后,注意规划文本的整体呼应。规划文本的每一个部分和整体之间都是互相联系的,不是孤立的。在现状分析中发现的问题(如,有 5% 的新生对新环境不适应,有厌学情绪),在发展目标中应当列出希望达到的状态(如,使学生适应学校的学习环境,提高学习成绩,快乐地学习),并在实施项目中提出改进措施(如,班主任与厌学新生每学期谈心不少于10次,了解厌学原因,帮助寻找适合的学习方法)。

第三节 学校发展规划的执行与评估

一、学校发展规划的执行

学校发展规划的编制、方案的选定,以及实施和评估是一个系统的工程。一个完美的规划要有一个完美的执行,否则再好的规划也只是纸上谈兵。

(一)学校发展规划执行的重要性

学校发展规划是一个包括规划的编制、组织实施、评估与反馈的动态过程。它不仅要让教职员工认识和理解,更重要的是要其执行。

案例 3-2　不同的执行,不同的效果①

学校 A:作为一所具有七十多年办学历史的省级示范性中学,学校已经是当地的一所名校,学校的管理较为规范,在制订学校的发展规划时提出学校的目标是——"更上一层楼,成为国内名校"。相应地,他们还对学校各项主要工作进行了分块规划。应该说,规划做得很不错,文字表述严谨、内容充实。但由于学校的发展已经到了一定的水平,各个部门都在规范地运行,反而使得规划的文本对于学校改进的作用并不明显。学校按照校领导的管理思想在发展,校长的思路变化比规划更重要,因此,规划往往成了被遗忘的东西。在政府进行学校评估时,因为上级要求对照学校发展规划进行阶段性检查,学校领导就匆忙要求有关部门将工作成绩与规划文本建立"联系"。由于学校的基础较好,最后也总结出了一大堆成绩,顺利地通过了上级评估。

学校 B:作为一所区级普通中学,学校办学条件较差,面临着生源困难、师资队伍不够理想和人心涣散的局面。上级从某示范性学校调来了一位新校长。临危受命,新校长一心想改变学校的落后面貌,但如何才能促进学校发展呢?新校长想到,应从学校的规划做起。因为规划涉及学校的各个方面。新校长带领一批骨干确定了学校的主抓方面,就是建设两个特色学科,并制订了第一个三年规划。经过艰苦的努力,三年后,学校的面貌发生了较大变化,取得了令人瞩目的成绩,成为当地一所质量较好的学校。在新的形势下,该校长又适时地组织了第二个三年发展规划的制订和实施。

---

① 刘海波.学校规划执行中的困惑与解决策略[J].人民教育.2007(5).

从这两个案例的对比中,我们不难发现,第一所学校的规划虽然做得很好,但却成了一种"形式",以及"工作需要完成的任务",对学校的发展没有起到应有的作用;第二所学校的规划成了工作纲领和抓手,校长带领大家执行规划,最终规划得以实施,且效果显著。第二所学校之所以办学成功,就是因为学校发展规划真正发挥了作用。他们不但做到了"制订",而且做到了"落实"。

(二) 学校发展规划执行系统的构建

在现实中,"口号"规划、偏离轨道和延续性差等执行疲软的现象普遍存在,为此,需要建立强有力的规划执行系统。[①]

1. 组建督导机构

任何一个管理系统都必须以一定的组织机构为依托,学校发展规划的执行系统也不例外。由于学校发展往往是对学校的一场深层次变革,因此,以原有的组织体系去推进可能遭遇"旧瓶难以装进新酒"的尴尬。所以,可以考虑成立规划执行的专门领导和监督组织——规划执行督导小组。

督导小组以校长为组长,以较有经验的行政人员、教师和社区代表为组员。校长全面负责督导小组的工作,主要负责督促各项任务的执行,及时协调和处理规划执行中出现的问题,同时要致力于建立信息反馈机制。组员的任务主要是具体负责执行校长安排的任务,督导教师的具体执行工作。督导小组不仅要督促,更要指导。

2. 规范操作流程

戴尔(M. Dell)曾经说过:"执行力就是在每一阶段、每一环节都力求完美,切实执行。"从学校发展规划执行的作业流程看,应该包括执行准备、实施、适时检查和反馈等环节。

在学校发展规划的执行流程中,明确了规划执行的基本阶段以及每个阶段所应开展的工作,这就有助于对学校发展规划实现全程控制。诚如戴尔所言,抓好过程中的每一个环节,必定能够取得理想的结果。如果说督导小组的组建解决的是执行系统的机构设置问题,那么,流程设定则在时间维度上解决了各项工作的时序安排问题。

3. 培育执行文化

机构设置难以做到完美无缺,流程设定也无法实现毫无破绽,当这一切都"失灵"的时候,就必须依靠"文化"来弥补了。我们认为,学校规划执行力文化的核心是:认同、责任、合作、细节。

学校发展规划能否得到有效的执行,首先要看它能否得到广大教职员工的认同。认同就是要先"认"后"同",即先要让教职员工认识学校发展规划,进而理解,最终在行为上趋于一致。只要有责任心,就没有做不好的事情。可以说,责任心是执行文化的灵魂。在学校规划执行中,要倡导"出现问题不推诿,无人监督自觉做,

---

① 郭继东.学校改进规划执行系统的构建[J]. 中国教育学刊.2010(3).

责任内化为习惯"。

学校发展规划的执行涉及方方面面，学校领导要积极探索和创造人性化的工作环境和合作环境，营造宽容、协作的校园文化，提供空间和时间为广大教职员工创造合作的条件和交流的平台。"细节决定成败"，在学校中更是如此。可以说，细节是决定着规划能否准确执行的关键。学校领导者要创造一种关注细节的文化，而教师也要养成关注细节的工作态度。

(三) 学校发展规划执行中的角色分工

学校发展规划的执行者应该是包括校长在内的全体教职员工。需要协调好各执行者的角色，发挥协同作用，从而使规划得到有效的执行。

1. 学校领导者

明茨伯格指出，管理者在决策制订、人际关系、信息传递等方面承担着十种角色。在学校发展规划的执行中，学校领导者除了要担任常规性的角色以外，还应扮演好第一执行者、全员发动者、资源保障者等角色。

学校领导者是学校发展的负责人，这一职位要求他不断地改进学校的各方面工作。因此，学校领导者对于学校发展规划的执行负有不可推卸的责任。另一方面，学校领导者的地位提供了沟通内外的便利因素，为规划的执行创造了条件。正所谓"在其位，谋其政"，第一执行者的角色非学校领导者莫属。

规划的执行需要有一个协作的团队，学校发展规划从研制到实施，都不能是学校领导者个人的事情。尤其在规划的实施阶段，学校领导者要做好发动者的角色。只有全员参与，全程监控，才能防止规划文本成为抽屉文件，避免规划工作仅仅停留于制订阶段。

学校发展是需要充足的资源作支撑的，否则，"巧妇难为无米之炊"。学校领导者掌握了学校的各种资源，为了落实发展规划，需要做好人力、物力、财力等资源的配置工作。在资源配置中，切忌平均使用力量，要遵循"二八定律"，抓住"关键的少数"。

2. 中层管理者

学校的中层居于举足轻重的桥梁地位，如果传达有误或者组织失调，就会直接影响规划的执行工作。在规划的执行过程中，中层应该扮演组织协调者、示范指导者和监督调控者。

学校发展规划勾勒了学校的愿景、发展的方向和重点主攻的项目，而具体的行动方案往往需要教导处、政教处等中层去进一步细化。尽管行动方案有助于规划任务的落实，但难免在实施过程中会出现问题、发生矛盾，这就需要中层出面进行协调。摩擦往往因为时间结点错位、工作质量偏差、切身利益冲突而起，中层应本着消除误解、有利工作的原则来处理，化解矛盾、协调步骤。

中层应当是学校领导的得力助手，在规划的执行上要身先士卒，起到表率的作用。需要注意的是，学校发展规划本身就隐含着突破惯常工作方式的意味，这对教职员工提出了挑战。在规划执行的过程中，不免会遭遇以往所没有经历过的难题，教职员工会因为缺乏应对经验而陷入困境。这时,中层应当与教职员工站在一起,消除其畏难退缩情绪,共同商讨对策,及时给予工作上的指点。

规划执行过程中出现偏差是正常现象,要做到实时地进行检查和监督,获得准确的反馈信息。在这方面,中层无疑必须做好信息的收集与上传工作。根据反馈得到的信息,分析哪个环节出了问题,找出问题背后的具体原因,在学校领导的支持下,采取必要的纠偏举措,有针对性地改进和调整。

3. 教师

广大教师是规划执行的一线人员,很多项目和课题都需要教师去具体实施和落实。若教师本身对规划没有热情,那么其执行力将大打折扣。在规划的执行过程中,教师担当着积极参与者、主动配合者和具体行动者的角色。

要成为积极的参与者,就不能将自己置身事外,做一个旁观者,而应自始至终关注学校改进规划的制订与实施。从规划的制订阶段就要介入其中,为编制完善的规划建言献策。在实施的过程中,要做好自身的各项工作,并注意发现出现的问题,提出修正的建议,从而使规划能够顺利地达成其预设的目标。

作为一名主动配合者,教师不应消极被动地等待上级布置工作,满足于应付性地完成任务,而应认真研读规划文本,找到适合自己施展才华的舞台。规划的执行一方面需要每一名教职员工做好本职工作,另一方面更需要彼此之间发扬合作精神。教师应当屏弃个人或部门的本位主义,服从校长和中层的工作安排和任务协调,与其他教师和部门建立良性的合作关系。

毋庸置疑,教师的行动是规划执行力提升的最重要方面。必须看到,规划无论如何细化,都不可能规定教师的每一项行为;管理者无论怎样监督,都无法掌控教师的每一个举动。因此,规划的执行给教师留下了不少发挥的空间。执行的最终效果如何,取决于教师的意识和能力。

二、学校发展规划的评估与调整

任何一个学校发展规划,在执行中都可能遇到变化的情况,特别是资源和政策的变化。因此,需要进行适时的评估,通过评估来调整规划和年度工作计划。

(一) 学校发展规划的评估组织

学校发展规划的评估组织包括内部组织和外部组织,具体的评估组织形式主要有四种。采用何种方式进行评估,应根据学校的具体情况来确定。

1. 内部组织

内部组织是指由学校内部人员组成的评价小组,对学校的规划进行评价。主要有两种:第一种是由学校规划系统内部人员组成规划评估论证小组,负责对规划制订及规划执行进行评价。这种形式容易组织,但由于规划的制订者与评价者比较熟悉,很难保证规划评价的客观性。第二种是由学校规划部门与其他部门人员共同组成规划评价小组,合作对规划制订及执行进行评价。这种形式没有第一种形式那样容易组织,但规划评价的客观性要强于前者。

2. 外部组织

外部组织是指由学校以外的人员组成评价小组,对学校发展规划的制订实施进行评价。主要包括两种:第一种是聘请学校规划系统外部的专家组成评价小组,独立对规划草案进行评价,这种形式客观性强,效果好。第二种是将规划面向社会公布,广泛征求社会各界对规划的不同意见,在此基础上组成专家评价小组,对规划作出集中评价。这种形式能够获得关于规划的大量意见,促使对规划的评价更加客观和严谨。

(二)学校发展规划的评估内容

在对学校发展规划进行评估时,可以重点考察下面一些内容:①

1. 发展目标

学校的发展现状与发展规划目标有哪些差异?存在差异的原因是什么?哪些影响因素是学校可以控制或不可以控制的?发展目标是不是需要进行修正?

2. 学校资源

学校发展规划中确定的任务所需要的资源能否充分、及时地得到满足?资源的使用效率和效益如何?资源配置是否公平、合适?特别是学校的人力资源、财力资源、信息资源等,占有情况如何?

3. 内部协调

学校规划的执行任务是否得到了有效分解和整合?各部门的工作是否按照发展规划进行了更为细致的项目管理和时间安排?各个部门之间的关系是否协调?特别是,对规划任务的理解是否有共识?沟通是否及时和通畅?部门之间的利益是否建立在学校的发展基础之上?部门之间的摩擦是否影响到了学校规划的整体执行?哪些人是学校规划的主要执行者?应该参与的人是否都参与了?他们在参与过程中的态度和积极性如何?

4. 未来部署

下一阶段主要解决哪些问题?是否已经做好了准备?

(三)学校发展规划的改进调整

学校发展规划执行的监控和评估,都是为了改进和调整规划,使规划更加完善和符合学校的发展需要。要重视结果所揭示的新情况、新问题,加强研究,真正体现评估促进学校发展规划改善的作用。

制订学校发展规划,其重要性并不在于拿出一个学校发展的"文本",关键在于实施。因此,规划执行过程中实施自我监控非常重要,尤其是全员监控、全过程监控,它有助于学校进一步完善和修订规划。校长及学校行政部门要充分利用评估这一管理手段,组织学校成员对学校发展状况进行自我监控、调整、改进。需要根据学校自身的实际,建立必要的评估制度,确保评估活动规范、有序地运作。

---

① 刘海波.学校规划执行中的困惑与解决策略[J].人民教育.2007(5).

从学校发展规划的整体评估上来说，自我评价、自我监控的策略、方法、标准和过程应该是当今学校发展规划重点要思考的内容。譬如，如何增强学校内部全体员工的自我评价意识；如何在时间上、空间上保证自我监控机制的运行；如何形成和完善自我评价的指标体系或目标的达成度，等等。对于校外人士的评价，也要虚心接受和充分利用，做到以自我评价为主，以外部评价为辅。

课后练习

1. 请运用本章的相关理论知识，分析引导性案例在学校发展规划编制中存在的不足。

2. 对你所熟悉的一所学校进行 SWOT 分析，完成表 3 - 3。

表 3 - 3 _____ 学校的 SWOT 分析

	优势 S 1. 2. 3.	劣势 W 1. 2. 3.
机会 O 1. 2. 3.	SO 战略 1. 2. 3.	WO 战略 1. 2. 3.
威胁 T 1. 2. 3.	ST 战略 1. 2. 3.	WT 战略 1. 2. 3.

第四章
学校的组织设计与变革

如果想要提高教育的质量,就必须将着眼点由课堂层面转向组织层面……

—— 郑燕祥

情景导入

　　S中学是一所百年老校,2005年起结合学校发展规划开始实行扁平化管理。改革以后,学校在管理中坚持"一个重心、两个并重",即将管理下沉到年级组,以年级组为重心;既重视教研组的教学管理功能,又重视年级组的教育教学综合管理的功能。中层机构承担管理工作的主要职责调整为"参谋与服务"的作用,而不再是落实校长室决策并实施管理的作用。其中,"参谋"是指中层部门为校长室的决策和评价提供信息,"服务"是指为年级组、教研组和教师的教育教学活动提供条件和保障。另外,学校将校长室、年级组、教务处、政教处方面的职能进行了调整。

　　扁平化改革提高了决策效能,调动了教师的积极性,提升了教育质量。但改革进行得并非一帆风顺,遭到了一些人的反对和抵触,出现了校长室后续管理缺失、中层角色转换不到位、年级组管理跟不上改革要求等问题。面对存在的问题,S校认真总结经验教训,寻找产生问题的根源,积极思考改进策略。目前,新一轮的改革已经启动。①

　　"组织"是学校管理中的基础性工作,上述案例告诉我们,任何"组织"上的变动都会对学校的运行产生重大的影响。因此,学校管理者要慎重地进行组织设计与变革。

第一节　组织设计及其策略

一、组织与组织设计

　　现代社会和学校都是建立在组织基础之上的,有效的组织设计能够为学校的

---

① 改编自邓志文.中学的扁平化管理改革的案例研究——基于上海市S中学的调查与分析[D].上海:华东师范大学硕士学位论文,2008.

稳定生存、有序发展创造条件。

（一）组织的含义

"组织"看似一个耳熟能详的词汇,但人们对它的理解却并不统一：① 静态的观点。高斯(J. Gass)认为,组织就是经过对工作和责任的分配,以实现共同的目标而进行的人事配合。② 动态的观点。莱维特指出,组织是一群人交互作用的结果……它会随着时间的流逝而变迁。③ 发展的观点。帕森斯(T. Parsons)提出,组织必须解决以下基本问题,否则就不能称之为组织：如何适应环境；如何维持组织成立时的目标而不放弃……④ 心理学的观点。巴纳德认为,组织是两人以上有意识的协调力量和活动构成的合作系统,其成员根据自己的特定地位扮演一定的角色,构成人际关系网络。⑤ 系统的观点。一些学者指出,组织是一个复杂的开放的社会—技术系统,它是一个建立在各子系统相互依存的基础上,与环境相互作用的整合系统。[①]

仅从一个视角来看待"组织"难免有所偏颇,只有多维度地审视才能获得全面的认识。这也意味着组织管理的任务是复杂的,既要做好组织的部门设置等基础性工作,又要构建动态的运行机制；既要注意对外部环境的适应性,又要关心内部组织氛围的营造；既要合理分解各种要素,又要使之能够整合为有机体系。

（二）组织设计

所谓组织设计,是指以组织结构安排为核心的组织系统的整体设计工作,可分为静态的组织设计和动态的组织设计。前者是指对组织职权结构、部门结构和规章制度等的设计；后者则是在静态设计的基础上,吸收了人的因素,包括对组织运行过程中的协调、控制、激励、沟通、绩效评估、人员配备与训练等方面的设计。

管理学家佛克斯(W. Fox)从研究组织职能与其他职能的相互关系出发,指出组织设计的主要目的是建立有益于管理的组织,即建立有益于计划的组织、有益于指挥的组织、有益于控制的组织。有研究人员进一步指出,在进行正式组织的设计时,应使之符合组织活动的目的,能使组织成员有归属感,其能力得以发挥最大效用、对组织作出贡献的欲望得以提高,富有高效率,并能不断持续发展。[②]

尽管一些学者认为学校的"组织化"程度并不高,但组织设计依然是学校得以存在并成长的依托。这就如同建筑一样,只有打下坚实的地基,才能在上面盖形态各异的楼房。有效的组织设计能够建立合理的分工与协作关系,为各项活动提供明确的指令,保持工作的平稳连续和有序衔接,使组织活动更具秩序性和预见性。

二、管理层次的确定与部门划分

在组织设计时,需要考虑六个关键要素：工作专门化、部门化、命令链、控制跨

---

① 李冀. 教育管理辞典[Z]. 海口：海南人民出版社,1989：64—65.
② 芮明杰. 管理学：现代的观点[M]. 上海：上海人民出版社,1999：89—90.

度、集权与分权、正规化。① 为此,首先必须解决纵向的管理层次确定与横向的部门划分问题。

(一) 管理层次的确定

所谓管理层次,指的是组织在纵向上的等级。在一个组织中,随着成员人数的增加,管理者与下属之间的人际关系数是以几何级激增的,可用公式表示为:$C = n(2^{n-1} + n - 1)$。其中,C 代表人际关系数,n 代表成员数。当管理者无法凭一己之力控制所有下属时,就会寻找帮手、采用一级管一级的办法解决难题,于是,就产生了管理层次。

管理层次与管理幅度关系密切。一般认为,管理幅度是指一名主管能够有效控制的部门或下属的数量。在人数确定的情况下,管理幅度与管理层次成反比关系,即管理幅度越大,管理层次就越少;管理幅度越小,管理层次就越多。管理层次多,在组织形态上就会呈现出高耸的特征;反之,则会表现为扁平化。

许多研究人员都探讨了影响管理幅度的因素,由此可以推衍出这些因素对管理层次的影响:① 主管及其下属的能力。如果主管才智过人,下属精明能干,管理层次就可减少;反之,则需增加。② 组织成员的纪律性及其人际关系状况。组织成员纪律严明、人际关系和谐,管理层次可少些;否则,主管人员必须花费大量时间、精力做协调工作,管理层次必然增加。③ 组织性质与职务内容。如果工作的同类性高,主管人员无需进行过多的指导与监督,这就可以适度减少管理层次;反之,只能增加管理层次。④ 组织内部的领导方式。采用集权制,主管人员事务繁多、责任重大,只能增加管理层次;采用分权制,责任分担、事务分摊,就可减少管理层次。⑤ 职能机构的健全程度。职能机构越健全,需要主管人员操心的事情就越少,管理的层次也可相应减少;反之,则要增加管理层次。

(二) 部门的划分

部门是组织的细胞,它是组织中的各类主管人员按照专业化分工的要求,为完成某一特定的任务而有权管辖的一个特定领域。部门划分也称部门化,是将整个组织的工作进行充分细致的分析,并进行明确的分类。在此基础上进行科学的综合,使组织中各项任务的分配与责任的归属纳入到被分解而成的基本管理单位之中,以求分工合理,职责分明,有效地达到组织的目标。

部门化的方法主要有:① 人数部门化。即完全按照人数的多少来划分部门,是最原始、最简单的部门化方法,如学校中的班级。② 时间部门化。是在正常工作日不能满足工作需要时采用的一种部门化方法,如校医院将医生护士按早中晚三班进行编制。③ 职能部门化。即以职能为基础设立部门,凡同一性质的工作都置于同一部门。这是运用得最广泛的一种部门化方法,如学校的教导处、总务处。④ 程序部门化。它以工作程序为基础组合各项活动,从而划分部门,如年级组。⑤ 业务部门

学校组织与管理

---

① [美]斯蒂芬·P·罗宾斯.组织行为学[M].孙健敏等译.北京:中国人民大学出版社,1997:423.

68

化。这是一种按照业务划分部门的方法,它把业务系列的管理工作划归一个部门管理,如一些学校的国际部。⑥ 区域部门化。即根据地理因素来设立部门,不同地区的业务和职责划归不同部门全权负责。如一些学校在不同的地区设立分校。

以上各种部门化方法各有利弊,如职能部门化适用面广,但容易造成"隧道视野";区域部门化能够适应所在地区的特点,但对总校的管理者提出了更高的要求。一个组织究竟采用什么样的部门化方法,应视具体情况而定,而且通常会几种方法同时并用。

三、组织结构形式的选择

组织结构形式是为实现有效的管理而采用的机构设置和人员安排方式,其类型是多样的。因此,管理者在进行组织设计时要对组织结构形式作出选择。

(一) 直线制

在直线制中,学校中的各种职位均按垂直系统直线排列,不存在管理的职能分工。领导者实行的是没有职能机构的"个人管理",他必须处理学校中的一切事务(如教学、德育、后勤等),并承担责任。

其优点是结构简单、权责分明、决策迅速、指令统一,但因没有专业管理分工,要求领导者具有多方面的管理知识与技能。当工作头绪繁杂时,领导者容易陷入日常行政事务而无法集中精力研究学校的重大问题。因此,直线制一般适用于规模较小的学校。

(二) 职能制

在职能制中,学校在校长领导下按照"专业分工"的原则设置多种职能部门。职能部门在其职能范围内,有权向下级单位或个人发布命令,下达指示;下级单位或个人既要服从上级行政领导的管理,又要听从上级职能部门的指挥。

职能制顺应了管理专业化的发展趋势,能够发挥职能部门专业管理和专业管理人员的特点与专长。但是,由于行政管理人员与职能部门的职责权限难以明确区分,因而容易造成多头领导,使下级单位与个人无所适从。一般而言,职能制比较适合专业性强、分工明确的学校。

(三) 直线—职能制

这种组织结构形式以直线制为基础,按照命令统一的原则,从最高领导层到基层管理层实行统一指挥。上一级对下一级直接领导,下一级接受上一级的直接指挥,从而形成一条自上而下的垂直权力线。同时,按照专业化的原则,在领导人员之下设置相应的职能部门,作为参谋部。职能部门对下级单位与个人只起业务指导作用,其拟订的计划、方案以及指令,必须由行政领导批准下达,职能部门无权直接发布指令。

直线—职能制综合了直线制和职能制的优点、屏弃了其缺陷,将垂直领导与水平领导结合在一起。但是,在这种组织结构形式中,各职能部门之间的横向联系较弱,不易沟通,协调困难,容易产生脱节,造成矛盾。因此,它适用于规模较小或任务较单一的学校。

(四)事业部制

这是一种以工作性质与内容为基准进行部门划分和组合而形成的组织结构形式,其主要特点是"集中决策,分散经营",即在集权领导下实行分权管理。事业部制是在校长的统一领导下,按照工作性质(如中小学之分)或地域(如不同的校区)分别设立若干事业部,每个事业部都独立运作,在经营管理上拥有很大的自主权。校长只保留财务预算、人事任免和重大问题的决策等权力,并运用绩效考核等手段对事业部进行控制。

这种组织机构形式赋予了各事业部较大的自主权,有助于激发其积极性,增加组织对环境的适应能力。不过,事业部制增加了管理层次,易造成机构重叠,各事业部容易产生本位主义和分散主义倾向。通常情况下,事业部制适用于规模较大、学生的层次与类型较多的学校。

(五)矩阵制

这是一种由纵横两套管理系统构成的组织机构形式。其中,一套是为完成某一任务而组成的项目系统,由项目负责人进行组织管理;另一套系统为职能系统,由职能部门进行管理。两套系统纵横交错,构成一个矩阵形式。在这种组织结构形式中,项目小组的成员接受双重领导:在日常工作上,接受职能部门的领导;在项目工作上,接受项目小组的领导。项目负责人的责任是制订计划、进行预算、安排工作进度、制订工作标准、收集整理有关资料、协调项目小组成员的关系等。

矩阵制的优点是:有利于加强各职能部门之间的协作与沟通,能够提高组织的环境适应性,有利于发挥专业人员的作用。由于聚合了不同部门与背景的人员,有利于集思广益,相互启发,解决难题。矩阵制的缺陷在于:如果纵横两重领导关系处理不当、意见发生分歧,组织就可能产生矛盾,出现相互推诿、相互扯皮的现象,致使问题迟迟得不到解决。另外,由于人员是临时抽调的,任务完成后要回到原职能部门,容易使小组成员产生临时观念,敷衍了事。一般而言,当学校举办科技节、艺术节之类的大型活动时,常常需要不同的部门派出人员以构成矩阵组织。

(六)委员会制

与前几种组织机构形式不同,委员会制实行的不是一长制(也称首长负责制),直接承担领导责任的不是某一个人而是一个委员会。这一组织机构形式的特点是决议与执行分离,决议部分的组织由委员会组成,执行部分的组织则与直线制类似。一经决议后,就由有关负责人代表委员会去全权执行。英国中小学实行的是校董会领导下的校长负责制,这是委员会制的典型代表。

委员会制的优点是:在最高领导层的管理活动中,能够体现民主决策的思想,便于集合多数人的智慧,对问题作出科学、准确的判断,有助于避免权力过于集中的现象。委员会制的不足之处在于:由于决策由集体作出,因而不容易达成一致。即便形成了决议,也往往是多方妥协的结果,并非最优选择。当决议发生偏差时,由于参与决策的人数较多,因而难以划分责任、追究过错。

第二节　学校组织机构的设计

一、学校组织机构的类型

学校是一个复杂的组织体系,在组织设计时要形成多种类型的组织机构,以适应学校组织的需要。由于划分的角度不同,学校组织机构的类型也就不同。

(一) 行政性组织和非行政性组织

以组织的活动内容选择为标准,可将学校的组织机构分为行政性组织和非行政性组织两大类。

行政性组织是由以校长为首的行政系统构成的,负责学校日常行政事务的处理,在学校的各种组织机构中占主体地位,是学校组织体系的骨架。

非行政组织可以细分为政治性组织、群众性组织、学习性组织、学术性组织。政治性组织主要有中国共产党、共青团的基层组织,部分学校还有民主党派的基层组织。群众性组织包括工会、妇联、学生会。学习性组织、学术性组织主要是各种学习和学术研究机构,如学科研究会。

(二) 按职能范围分类

从管理职能上,学校的组织机构应当包括四个相互联系、相互制约的系统,即决策指挥系统、组织实施系统、咨询反馈系统和监督制约系统。其中,决策是执行的前提,有了决策才有执行;执行是决策的手段,使决策目标的实现变为可能;咨询有助于正确决策,反馈是保证目标实现的条件;监督是对管理全过程的控制,是实现组织效能与平衡的必要手段。

从图4-1可以看出,四个系统构成了封闭回路,保证了学校组织的有序运行,而组织效能的高低则取决于四个系统能否保持平衡与有机统一。由于层次、规模等方面原因,中小学管理机构的职能分化并不十分明显。以校长为首的学校领导班子是侧重于决策性的;校务委员会属于审议机构;中层职能机构(如教导处、总务处、办公室等)是侧重于执行性的;社会教育委员会、家长委员会、民主党派及各类群众性组织是侧重于反馈性的,兼有咨询性;党的基层组织、教职员工代表大会是侧重于监督性的,兼有审议性。这些组织机构形成相对固定的网络系统,以决策指挥系统为主线,有机地开展相互配合的各种组织活动。

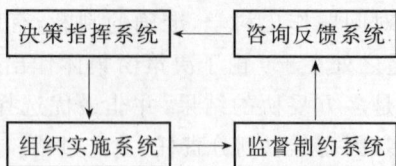

图 4-1 学校组织机构的相互关系示意图

（三）按存在时限分类

从组织机构存在的时间长短来看,可以将学校中的组织分为固定性组织和临时性组织两类。

固定性组织是学校中常设的、会始终存在的机构,如校长办公室等。临时性组织是为完成某项短期任务而设的管理机构,如年度考核领导小组,它对固定性机构起着补充性和辅助性作用,会随着任务的完成而撤销。不过,学校管理是有着较强秩序性和组织性的工作,除非应付例外事件,一般应避免采用这种组织方式,以免打乱学校正常的管理秩序。

（四）按组织性质分类

按照组织的性质进行分类,我们可以将学校中的组织划分为正式组织与非正式组织两大类。

正式组织是指由官方权威机构明文规定成立,其内部有固定的编制、明确的分工和严格的组织纪律的一类组织,如教导处、教研组等。非正式组织是指自由形成的、没有正式规定的组织,这类组织以个人之间的喜爱、好感为基础,有一定的关系结构和不成文的行为规范,其行为往往带有鲜明的情绪色彩。

非正式组织不是管理者有意设计的,但它在任何正式组织系统中都普遍存在。当非正式组织与正式组织目标一致时,它对正式组织具有助力作用;反之,则会产生阻力作用。学校管理者应当意识到,非正式组织的优势在于它比正式组织更能满足教职员工的情感性需求,因此,不能简单地试图消灭它,而是要发挥它的积极作用。

二、学校组织机构的设置原则

对于学校而言,组织机构的设置是一项重要而严肃的工作,不能随心所欲。因此,学校管理者在设立机构时理应遵循相应的原则。

（一）精简机构,按需设立

每增设一个机构,就会增加一定的管理成本,而且会给下级单位和人员增添更多的工作。因此,学校的机构应当简约化,不能因为有了新任务或者要重视某项工作,就简单地通过增设机构来应对。为此,可以按照下述的思路来考虑机构的设置:

学校组织与管理

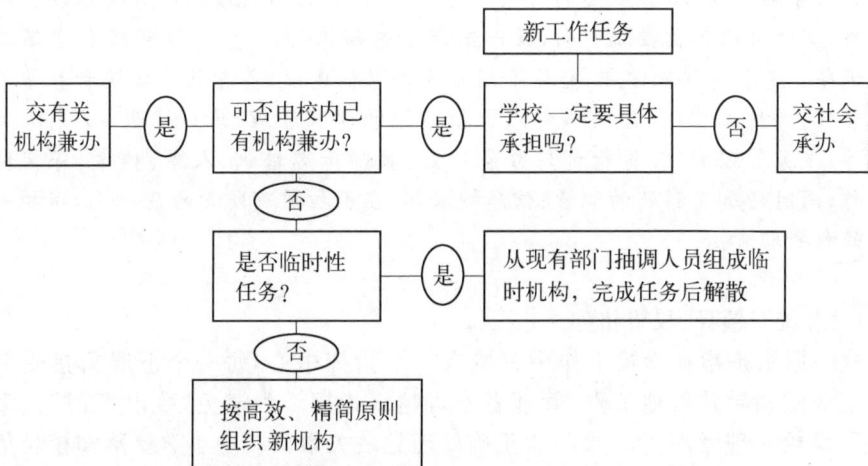

图 4-2 学校组织机构设置的思路[1]

(二) 有分有合，彼此协作

学校的各个机构之间必须有明确的分工，否则，就会造成"有些事情大家抢着做，有些事情没有人来做"的局面。即便没有出现争抢或推诿的现象，也会因承担的事务过杂而降低专业化水平，影响工作的质量与效率。当然，仅有分工是不够的，在分工的基础上要加强合作。学生的培养不是仅凭一个部门的力量就能完成的，彼此之间的配合与支持是必不可少的。至于学校中的机构究竟哪些该分、哪些该合，要以有利于学生的发展为准绳，结合学校的实际情况作出安排。

案例 4-1 某校的机构调整[2]

上海市实验小学原来设置了六个中层组织机构，即校务办公室、教导处、德育室（含少先队大队部）、教科研室、总务处和寄宿部，存在着部门过多、设立标准不一、职能交叉重复等问题，于是作出调整：合并教导处与教科研室，形成"教学科研部"；改德育室为"德育活动部"，统管学校的少先队、班集体建设及科艺体活动；合并校务办公室、总务处和寄宿部，形成"后勤保障部"；新增"信息技术部"，负责学校的信息技术设备、网站维护、信息发布等。

调整带来了成效，但也存在一定的问题。比如，成立教学科研部是为了整

① 陈孝彬,高洪源.教育管理学[M].北京：北京师范大学出版社,2008：350.
② 何学锋,顾文秀.在变革中转型：当代学校制度与文化的变革性实践研究[M].上海：华东师范大学出版社,2010：52—65.

合教学与科研,加强教师的科研能力,但教师认为只有该部门需要承担科研任务,其他部门不需要搞科研,反而削弱了科研工作。为此,学校进行了第二次调整:建立课程教学部,整体策划学校的课程建设,负责教学常规和教学质量管理;学生工作部(含大队部),承担学校的课程管理、班级建设、少先队工作等;校务管理部(含寄宿部),分管后勤、教师干部培训、人事、档案、寄宿部工作,同时增加了科研的职责;信息技术部,在承担原有职责的基础上,承担一定的科研职责。

(三)统一领导,权责相称

这一原则是指在学校工作中只能有一个指挥中心,每一个下属只接受一个直接上级的领导并对他负责,管理者不可越级指挥。为避免"政出多门"、"多头领导",学校管理者应当注意:① 正确处理党政关系。在中小学要落实校长负责制,建立健全民主决策机制和监督保障机制,确保校长的行政指挥中心地位。② 建立严格的责任制。明确各级管理人员和工作人员的职责与工作关系,保证指挥到位。③ 协调好行政权威与学术权威的关系。学校是一个二元权威结构的组织,对于普通教师来说,容易产生无所适从的感觉。为此,学校管理者应厘清行政权威与学术权威的管理边界,将专业性、学术性强的工作交给学术权威去处理。④ 有效授权。学校管理者要敢于授权、善于授权,避免工作中出现"越俎代庖"的现象。

保持学校组织的权力与责任之间的平衡,是学校组织有效运行的重要条件。一般而言,履行职责需要以一定的权力为支撑,因此,在设置学校组织机构的过程中,在对机构提出职责要求时,必须赋予其相应的权力。任何岗位上的工作人员都应严格承担与其职务相一致的责任,履行其应尽的义务,并享有完成职责所需要的权利。为此,学校管理者要明文规定每个岗位的职责任务和工作质量要求,同时确定管理者应向其提供的各种条件。建立双向监督的机制,既要检查教职员工的尽责情况,也要督察领导者保障下属权利的情况。

三、我国中小学的组织机构

在我国,经过多年的演化,中小学的组织机构已经逐步地固定了下来,各校之间基本没有太大的差异。

(一)我国中小学组织机构的变迁

一般认为,我国中小学的组织机构及其系统,基本模式形成于 20 世纪 50 年代初。1952 年,《中学暂行规程(草案)》中规定:中学设教导、总务两处。教导处设主任,必要时设副主任;总务处设主任。各班设班主任,各学科设教研组和组长,规模较小的学校可联合相近学科组织教研组。《小学暂行规程(草案)》中规定:班数在五班以上的,得设教导主任一人,十五班以上的,得增设副主任一人;班数较多,事务较杂的,得酌设事务员;各班设班主任;根据学校情况和学科性质分别组织研组,设组长(或几所小学联合举行研究组会议)。[1]

上述规定在此后有过一些变动,比如:1958年,中共中央、国务院颁布了《关于教育工作的指示》。为了加强学校的思想政治工作,不少学校增设了"政教处",管理班主任和团、队工作,并将"教导处"改称"教务处"。1963年,教育部颁布了《全日制中学暂行工作条例(草案)》和《全日制小学暂行工作条例(草案)》。校长之下设教导处、总务处、校长办公室,成为我国中小学组织机构的典型模式。1978年,教育部重新颁布了上述两个条例。有的学校恢复了教导处、总务处,有的则恢复了政教处、教务处和总务处,规模较大的学校还建立了校长办公室。总体来说,我国中小学的组织机构除了"文革"期间变动较大较乱外,保持了相对的稳定。

(二)我国中小学组织机构的常见模式

图4-3反映了我国中学组织机构的基本架构,小学的组织机构较之更为简单一些。在这一组织体系中,行政会议是以校长为首的学校行政负责人的经常性会议,有时称校长办公会议或行政例会,是一种体现集体领导的组织形式,研究决定学校日常工作的主要问题。

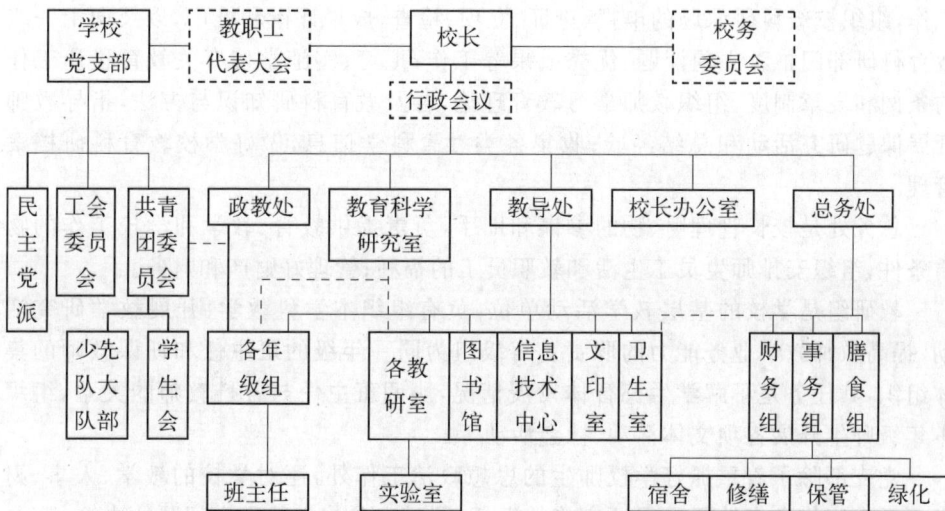

图4-3 学校组织机构示意图[2]

校务委员会是审议机构,不是决策机构,也不是具体行政事务的管理机构。它由数量不多、具有威信的成员组成,对学校重大决策有审议权,对校长的决策和指挥起"智囊"和"参谋"作用。

校长办公室是协助校长处理日常事务的办事机构。负责处理人事、文书、档案、信访等工作;管理学校安全保卫工作,规模较大的学校,另设人事保卫办公室或

① 中央教育科学研究所.中小学工作手册[M].北京:法律出版社,1985:23.
② 阮承发.中小学管理学[M].苏州:苏州大学出版社,1994:298.

在校长办公室内设专人分管人事保卫工作;处理校长交办的其他事项。规模小的学校可以不设校长办公室,只设秘书或干事。

教导处是负责协助校长组织领导教育教学工作的职能机构,主要职责包括:建立和健全学校的教育、教学正常秩序;领导教研组,召开教研组长会议,研究教学工作;安排教师工作和业务进修;指导年级组和班主任工作,研究各年级、各班学生的学习情况;领导图书馆、实验室工作;管理有关学籍、课务、考勤、考核、文印、资料、统计等具体教务行政工作,规模较大的学校可成立教务组、文印组;组织安排学生的课外活动;与总务处共同领导卫生室工作。

政教处是负责协助校长做好学生思想政治工作的职能机构,主要职责包括:根据学校工作计划制订专项的德育工作计划,积极推动学校的精神文明建设和德育工作;组织管理学生的思想政治工作,审订年级组长和班主任工作计划,组织"三好学生"、优秀班集体等评选活动;组织实施升旗仪式、军训、学工学农和社会实践活动;负责召开家长会,对学生进行全方位的思想教育。

教育科学研究室简称教科室,是校长领导学校教育科研的主要助手,是学校教育科研的组织者、推动者,其主要职责有:负责全校教育科研的规划、组织和协调工作,组织校级科研课题的申报、论证、立项、检查、成果评审和推广,以及向上一级教育科研部门推荐立项课题、优秀成果等工作;拟订、实施学校有关教育科研工作的条例和规章制度,组织教师学习教育理论,普及教育科研知识与方法,指导教师开展课题研究活动和总结经验;收集各类教育科学信息,做好学校教育科研档案管理。

总务处是校长管理财、物的参谋和助手,负责提供教育、教学和学校工作的物质条件;组织安排师生员工生活和教职员工的福利;管理好财产和财务。

教研组是学校的基层教学活动单位,负有组织本学科教学、开展教学研究活动、提高教师教学业务能力的职责。年级组为同一年级的班主任和任课教师的集体组织,其任务是了解学生德智体发展情况,协调班主任与各科教师的关系,组织本年级师生开展各项文体活动、社会活动等。

党支部除了着重抓好学校师生的思想政治工作外,还对学校的教学、人事、财务管理等工作负有监督和保证实施的责任,同时也参与学校重大问题的决策。

教职员工代表大会是实施民主管理、民主监督的一种组织形式,它有审议权、批评监督权、评议推荐权,以及在学校权限和上级规定范围内对教职员工的切身利益问题作出决定之权。

工会是党组织领导下的群众性组织,负有下情上达、向学校提出批评和建议、推动学校民主管理、依据有关法律维护教职员工的合法权益、组织教职员工开展休闲活动等责任。

共青团、少先队、学生会都是党组织领导下的群众性组织,这三种组织主要围绕青年教师或青少年学生的特点开展活动,活动内容可涉及思想教育、教学、文体活动、社会活动等。

第三节　学校的组织变革

一、学校"组织病"的表现与危害

我国中小学的组织机构为学校的正常运行奠定了基础,但在实际工作中还是出现了不少问题,学校"组织病"主要表现在以下几个方面:

(一) 森严的等级体系人为地造成了管理阶层与被管理阶层的对立

教师是学校的主体力量,多数管理者都是由讲台走上行政管理岗位的,他们往往仍然保留着教师的身份。按理说,教师本是一个"平坦"的职业,它并没有多少级职业阶梯。但在科层化管理中,必须突出行政领导的权威,于是等级观念被不恰当地强化了,等级差异被不合理地夸大了。

当学校在组织结构上构建起森严的等级体系时,管理者便从教师队伍中剥离出来,他们的地位得到了抬升,成为凌驾于教师之上的统治者。本是一家的管理者和教师分别被划分到管理阶层与被管理阶层中去,由此两大阵营的矛盾与冲突便在所难免。

(二) 单向的"命令—服从"关系妨碍了学校成员主体精神的发挥

传统的管理以自上而下的权力等级为载体,通过上级的命令指挥、下级的服从执行来实现。为了保障学校组织的平稳运行,学校领导的行政命令被赋予了不容置疑的权威,下属人员的任务就是忠实地执行上级的各种指令。

在这样的运作中,上级习惯了发号施令,下级也习惯了对上级的等待与依赖。久而久之,学校成员就会在单向的"命令—服从"关系中迷失"自我",丧失作为独立个体的主体精神,一切等待上级的工作部署。他们把自己的工作大脑交给了学校领导,变得只为上级办事,而不会主动地开展工作了。

(三) 隐含的"秩序至上"的行为准则严重抑制了教师劳动的创造性

在科层化管理中,衡量工作好坏的首要标准是秩序。这种价值取向虽未明示,但却是置身于其中的每一个人都能真切地感受到的。一切管理手段都是指向秩序的稳定,学校管理的理想境界就是各项工作井然有序,学校总体"平安无事"。

这种对秩序的过度关注必然导致管理上的守旧,在管理职能上只求维持与稳定,不讲创新与改革。因为任何创新都必然打破旧有的秩序,一切改革都要以暂时的不稳定为代价。所以,创新之举往往遭遇压制,改革措施常常受到排斥。任何一本教育方面的著作都明白无误地告诉我们,教师从事的是一种创造性的劳动。然而,在规范与稳定的旗号下,教师的工作被限定为一种近乎机械、刻板、程式化的活动,创造性被无情地扼杀了。①

二、学校组织变革的价值诉求

"组织病"阻碍了学校的发展,因此,学校进行组织变革势在必行,而且迫在眉睫。在变革时,学校追求的应当是以下一些价值取向:

(一) 简约化

不断变化的环境因素对学校的要求越来越高,越来越多,越来越多样化,为此,不少学校采用增设组织机构的方式来应对,致使学校内部部门林立。有传统的德育、教学、后勤之分,也有年级、教学部、信息中心之别,还有因事业发展而设的国际部、服务公司等。整个管理组织貌似严密,实际上反应迟缓,协调困难,效率难以提高。

一般而言,中小学校的规模并不大,内部的行政性事务也不多。针对这种情况,学校的行政管理应尽可能地简约化,即:第一,在组织机构的设置上,学校应只保留最低限度的行政管理机构,以避免机构的重叠与膨胀。第二,在行政人员的配备上,学校要严格控制数量,甄选精干的人员组成学校的管理队伍。第三,在管理工作的操作上,学校须简化管理程序,减少不必要的管理活动,让教职员工专注于自己的本职工作,而不至于受到过多行政命令的干扰。在这几项改革举措中,减少行政机构是关键。因为行政机构是开展行政管理的组织依托,众多的行政机构极易滋生官僚习气、繁文缛节、效率低下等"官场病"。

(二) 民主化

从组织变革的角度看,学校的民主化进程能够在政治上保证教师主人翁的地位;在制度上,落实教职员工民主管理和民主监督的权利;在利益上,维护教职员工的合法权益。在现实中,有的学校管理者缺乏民主意识,独断专行;有的把民主作为贯彻领导意图的工具,挫伤了教职员工参政议政的积极性。久而久之,会使得教职员工在思想上产生雇佣观念,削弱当家作主的意识和参与管理的主动性。

当前学校办学体制已趋向多元化,深化学校组织机构改革以适应当今社会的需要势在必行。学校的发展规划、改革方案、教职员工队伍建设等都应广泛地听取广大教职员工的意见或建议。特别是涉及教职员工的切身利益的重大问题,更必须听取大家的意见,集中集体的智慧,经过广大教职员工讨论来决定。从制订方案开始就让教职员工亲身参与,这样的方案才是他们认同的方案。而这样的方案执行起来,也能调动教职员工的主动性与积极性。总之,学校组织要变少数人对多数人的统治为全员性的责任分担、共同治理。

(三) 开放化

曾经有一度学校与社会、社区甚至学生家长之间壁垒森严,但在今天,学校、家

---

① 郭继东.走出学校管理科层化的误区[J].江苏教育学院学报(社会科学版).2002(3).

庭和社会在学校中的角色及其互动关系都产生了新的变化。三方面必须彼此合作,结成教育伙伴,分享决策权利,分担教育责任。这就意味着学校不仅具有向社区和家长说明学校办学的教育目标、教育计划、教学评价等的责任,而且还要把握和反映社会和家长对学校办学的意见和要求,使其转化为学校办学的实际行为。而对于社会公众和学生家长来讲,他们作为学校办学的重要影响力量,不仅具有服务的义务和权利,而且还有管理学校的知情权和参与权。社会各界和学生家长可以通过家长委员会等,列席学校各项会议,参与学校决策和活动,为学校的发展建言献策。

开放性的经营管理需要完善和变革组织机构,这是发挥校内外管理资源的有力保障。因此,从校内管理组织机构来讲,要建立和健全工会和教代会、共青团、少先队组织,以充分发挥教师、学生等主体的作用。从校内外一体化管理组织机构来讲,要完善家长委员会,建立咨询委员会,保障家长和社区人员参与学校的管理。开放性的经营管理重点在于合理开发与利用校内外的教育资源,提高管理的质量与效益。从设施环境资源来讲,学校要根据教育教学活动的需要开放有关的设施场所,便于师生们开展各种各样的活动;同时还要营造良好的自然生态和人文生态环境,形成良好的育人环境。从人力资源上来讲,一方面要合理开发与利用、优化组合校内各方面人员,做到人尽其才;另一方面要有效开发与利用社会的人力资源,聘请专家学者、兼职教师、社会人士到校讲学、上课,补充和提高学校教育教学力量。鼓励教师外出讲学、考察、学习、扶弱助教,不断提高教师素质。从信息文化资源上来讲,要有效开发与利用学校的校园网、现代技术等资源,并无条件向师生开放,为师生的学习提供设施保障。学校还要创造条件有效开发与利用社区的教育资源,倡导师生利用高校和社区的图书馆、体育馆、少年宫等。[1]

三、学校组织变革的若干模式

根据外部环境和内部环境的变化,学校应当有目的、有计划地改变其内在结构,从而适应客观发展的需要,以促成学校组织形成新的平衡状态,更好地实现学校组织的目标。

(一) 二级化模式

传统的学校三级管理存在的弊端有:① 教育、教学为中心突出不够,事事围绕行政事务转,容易忽视第一线的教师;② 学校管理机构"小而全",中间环节多,导致决策下达和信息反馈慢,易失真;③ 政出多门,协调不力,内部干扰大。由于学校大多规模不大,任务单纯,人员素质较高,因此,可以考虑走向二级管理的模式。

二级管理模式的特点是结构扁平,扩大了跨度,信息流通自由,下属参与决策程度较高,体现以教育、教学工作为中心,充分发挥教研组、年级组的职能以保持最大的适应性。"情境导入"中 S 中学所进行的扁平化改革,实际上就是一种二级化模式。校长是学校的第一级,各处室主任和教研组组长或年级组长并行为学校管

① 缴润凯.试论 21 世纪开放式学校的教育理念与时代特征[J].教育发展研究.2002(12).

理的第二级。其中,教研组或年级组是学校教育、教学管理的实体,各处室为学校的行政职能机构。

校长是学校管理的中心,领导学校的全面工作,通过行政会议等制度直接管理职能处室和各教研组或年级组的工作。各职能处室和各教研组或年级组在业务工作中是平行单位,是配合、协调、服务的关系。各职能处室协助校长组织各种教育、教学工作,负责学校日常行政工作,如传达上级指示、贯彻各种条例、安排课表等,密切配合教研组或年级组的工作,努力为教研组或年级组的教育、教学服务。原来一些属于职能部门的权力,诸如教学管理、人事调动、职称职务评聘等权力放在教研组或年级组。教研组长或年级组长直接对校长负责,他不仅具有本学科的教育、教学、科研的行政管理权,还在本教研组或年级组内拥有人、财、物三权。

(二)网络化模式

当前,外部对中小学的要求日益增加,既要"德育为首",又要成为"教学中心";既要"科研兴校",又要"校本课程开发";既要"等级评估",又要"创建特色",等等。学校职能的增多,必然要求有相应的机构来完成,于是一些学校不断地增加机构的数量。有的学校把教务处一分为三甚至一分为四,分为教务处、政教处、教科室、体卫处。但是,中层机构设置得太多太细,容易导致相互之间推诿扯皮、权责不清,经常出现"管理盲点",只局限于小圈子思考问题,难以从宏观的、整体的角度处理问题。

学校职能的改变要求机构的分化与综合,如何平衡是个问题。依照传统的直线式设计的思路是无法实现的,只能构建纵横交错的网络型机构。为此,一些学校打破传统的"两处一室"直线式模式,将管理系统分为:行政的管理系统、专业的管理系统、网络化的管理系统,形成纵横交错的"一体化"和"紧密型"的组织机构(见图4-4)。

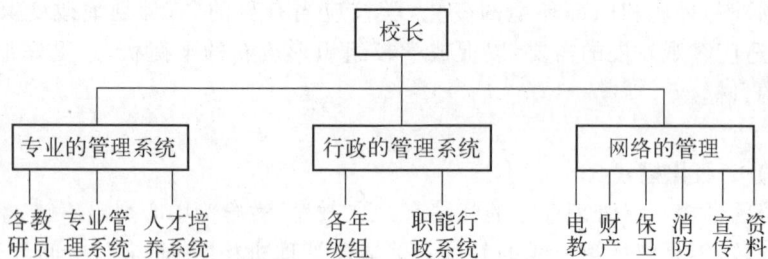

图4-4 网络化模式示意图

(三)开放化模式

一个合理的组织机构,应是由决策指挥、执行运转、参谋咨询和监督反馈等四个分系统构成的有机整体。但是,传统的学校组织结构不尽合理,主要表现在:执行系统过于庞大,参谋咨询和监督反馈系统过于薄弱,与外界的联系不够紧密,沟通不畅。因此,要调整组织结构,精简臃肿庞大的执行系统,明确责权,健全和强化参谋咨询和监督反馈系统。

案例4-2 某校的开放化模式[①]

　　广州南洋英文中学暨附属小学设立了"顾问委员会"、"校外专家联谊会"、"家长联谊会"和"校务委员会",作为校长的参谋与监督机构。其中,顾问委员会的成员主要由国内教育界权威组成,定期邀请高等师范院校的教授来给学校的教师做讲座以及指导课题;校外专家联谊会主要由广州中小学的特级校长、特级教师以及区县教研员等有相当资历的学者组成,这些学者具有一定的教学与科研实践能力,从实践角度对学校的教学、德育和科研等给出建议;家长联谊会由各班的家长代表组成,在每学期开始以及期中定期召开会议,从家长的角度了解教师的教学,让家长参与学校重大项目的决策;校务委员会则主要由学校的主要领导和各学科的首席教师组成,它是最重要的参谋与监督机构,对学校的发展提出具体意见。

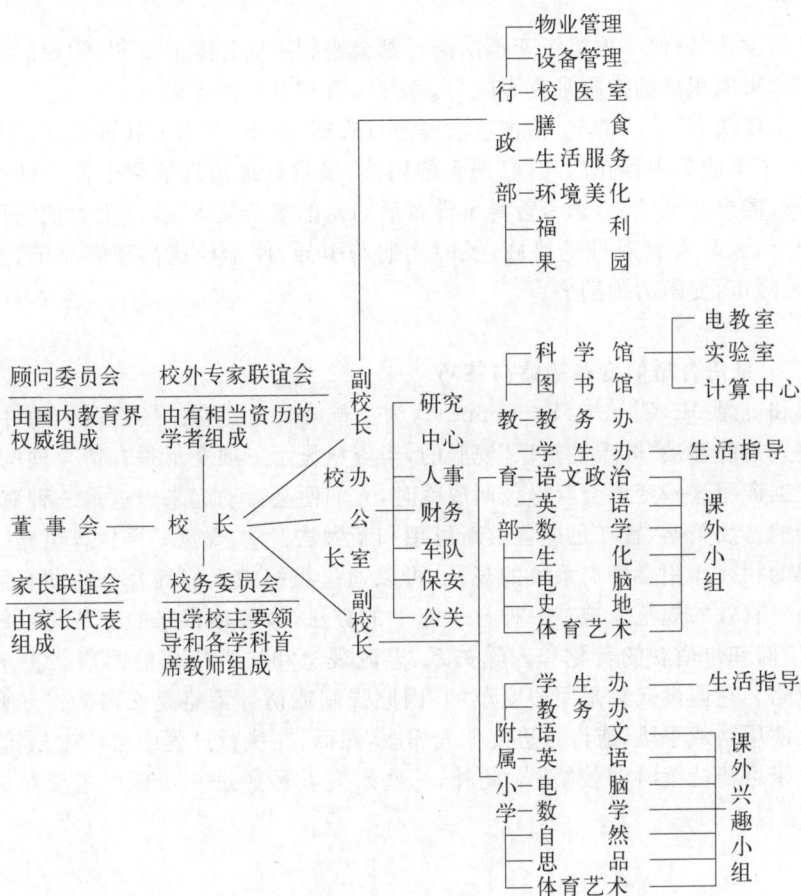

顾问委员会	校外专家联谊会
由国内教育界权威组成	由有相当资历的学者组成

董事会 —— 校长

家长联谊会	校务委员会
由家长代表组成	由学校主要领导和各学科首席教师组成

副校长
行政部：物业管理、设备管理、校医室、膳食、生活服务、环境美化、福利、果园

校办公室
校长
副校长
人事、财务、车队、保安、公关

研究中心

教育部：科学馆（电教室、实验室、计算中心）、图书馆、教务办、学生办（生活指导）、语文、英数、生化、电史、体育——政治、语学、化脑、地术（课外小组）

附属小学：学生办（生活指导）、教务办、语文、英数、电自、思体育——政、语、文学、脑、学然、品术（课外兴趣小组）

---

① 阎德明.现代学校管理学[M].北京：人民教育出版社,1999：71.

四、学校组织变革的策略

有学者曾经指出,无序的变革浪潮、插曲式的规划、零零星星的努力和难以忍受的过重负担,就是大多数学校的全部内涵。为改变这种局面,学校管理者应当选择合适的组织变革策略。

(一) 做好"力—场分析"

勒温(K. Lewin)曾经提出"力—场分析"概念,他认为组织中的一系列行为都不是静态的,而是各种相反的因素相互作用而达成的一种动态平衡。当动力和阻力失去平衡时,变革就会发生。这样的不平衡会使现有的状态发生改变,形成一个新的、较理想的状态。一旦新的、较理想的状态形成,两种力量就重新达成一种平衡。两种力量大小的变化、方向的变化或者一种新的力量的介入,都会导致力量之间的失衡。

必须承认,任何一项组织变革的推行都会遭到不同程度的抵制,学校管理者要做的就是采取积极的措施来克服阻力。为此,管理者应该先做一个有心人,对师生员工的工作状态、学习情况、精神追求等进行观察、分析,多深入教育教学和管理的第一线,了解改革中存在的问题、遇到的困惑,设身处地地理解师生员工的种种不满、庸懒、倦怠甚至愤慨,思考教育事件背后隐藏的复杂关系,找准阻力的来源。在此基础上,采取有针对性的措施,及时沟通与引导,使学校成员理解改革、支持改革、投入改革,变阻力为助力。

(二) 采用合适的变革策略与技巧

钦和贝恩(R. Chin & K. Benne)认为变革策略主要有:① 经验—理性策略。它假定人是能够被"客观性知识"说服的,当资料显示一项变革是合情合理的,并有充分证据证明这一变革会取得预期成就时,人们便会行动起来。这是一种有计划、有管理的普及策略,旨在迅速普及新思想和新做法。② 规范—再教育策略。它假定组织的相互作用会影响系统的规范,可以通过组织中人们的合作活动有意识地转变为更有效的规范。这是一种自下而上的方法,该策略带来的变革是组织成员态度、信仰和价值观的转化和人际关系、忠诚观念和技术特征的调整。③ 权力—强制策略。它假设人总是回避变革的,因此强制或诱导策略是必需的。在政治或经济上使用制裁手段,或许可迫使他人屈服,然而,在执行过程中会产生抵抗力,策略的效果可能持续时间较短。[①] 此外,一些研究人员还进一步探讨了变革的技巧问题(见表4-1)。

① [美]马克·汉森.教育管理与组织行为[M].冯大鸣译.上海:上海教育出版社,2005:430.

表 4-1 各种变革技巧的优点、缺点及适用的情境①

技 巧	优 点	缺 点	适用的情境
教育及沟通	员工经说服后往往能支持改革的执行	需要较长时间及较高成本	有关改革的资料能除去因资料不足和误解所引致的恐惧和不安
参与及投入	员工提供的资料很有价值;得到员工的支持	时间长;若员工只能提供较差的提议或不被接纳,将产生不满	改革倡导者需要收集有关资料及预期遭遇到较大的员工阻力
操作支持	能担保改革顺利进行	时间较长;成本较高	员工缺乏有关改革的资源及技术
感情支持	成本相对较低;解决个人适应的问题	较难系统地进行,所费的金钱和时间未必能真正解决问题	员工对改革所带来的影响感到不安及认为对个人利益带来损失
提供诱因	往往能在大问题发生前将它解决	成本较高,员工易为补偿而故意形成阻力·	有关员工将会阻碍改革,除非他获得利益
操纵及委任	成本低及收效快	破坏员工对管理层的信任	改革非进行不可及其他技巧无效或成本过高
强 制	收效最快;压制抵抗	减少员工的满足感;减弱其他技巧的效果	改革需要在短时间内进行,改革的倡导者拥有权力

(三) 有序推进组织变革

组织变革往往不可能一步到位,通常需要经历一个过程,勒温将这一过程划分为:①"解冻"。这一步骤的焦点在于创设变革的动机。鼓励员工改变原有的行为模式和工作态度,采取新的适应组织战略发展的行为与态度。②"变革"。变革是一个学习过程,需要给干部员工提供新的信息、新的行为模式和新的视角,指明变革方向,实施变革,进而形成新的行为和态度。③"再冻结"。该阶段要利用必要的强化手段使新的态度与行为固定下来,使组织变革处于稳定状态。我国香港学者郑燕祥参考勒温的理论,把校本改革过程分为三个阶段:准备、改革及再稳定阶段。(见表 4-2)

---

① [美]安可纳等.组织行为与过程:企业永续经营的管理法则[M].李梦学等译.北京:中信出版社,2003:73.

表 4－2　学校组织变革的阶段划分①

准 备 阶 段	改 革 阶 段	再 稳 定 阶 段
● 辨认、建立及宣传改革的需要 ● 通过校本机制,计划改革目标及政策 ● 分析力—场及发展策略 ● 增强推动力 ● 减弱抗阻力 ● 借教职员工发展让有关成员做好心理(即认知及情意)及技术上的准备 ● 准备改革所需的资源	● 在管理/教学/学习上实施科技改革 ● 实施在管理/教育/道德公民方面,有关价值信念之文化改革 ● 对有关成员个人/小组/学校层面的情意、行为及认知方面,作出改变行动 ● 监察改革过程及确保向目标进展 ● 澄清焦虑的心理及技术不明朗因素,减低对改革的潜在损害 ● 学习新理念及技术,发展目标	● 辨认改革的外显及内在优点 ● 找出并除去不利的效应 ● 估计改革之各类代价 ● 评估改革效能 ● 推荐做为以后改革的参考 ● 修正有关的科技改革 ● 将成功的科技改革制度化 ● 将成功的文化改革内化 ● 澄清因失败经验而生的不明朗情况及困惑,鼓励持续学习

课后练习

1. 运用本章所学,画出你所在学校的组织系统图,分析其优点与缺陷。

2. 阅读下述案例,思考教师为何不领李校长的情。如果你是李校长,你将如何设法改变现有局面?

李校长最近有点失落,甚至是有些愤怒,原因是自己推出的一系列"大胆"、"人性化"、"体现新理念"的改革,教师们不领情、不配合。他认为,学校教师的教科研意识太薄弱了,只知道按规定上课,从不知道教育科研为何物。他曾邀请市教科室领导和有关专家来校作讲座,报告很精彩,但就是有点"对牛弹琴"的味道,引不起教师的共鸣。李校长还曾推出"在省级教育报刊发表一篇教研文章奖励200元"的激励措施,但就是没有教师去领奖。

接下来,李校长决定对教师备课进行大胆改革,对备课提出了新要求:教师可以改手写备课为"电子备课",有多年教学经历的教师可以沿用原来的教案,但要根据学生实际情况进行修改。这既减轻了教师繁重的抄写负担,为教师争取了读书、反思、研究的宝贵时间,又锻炼了教师使用现代教学媒体的本领,真是一举多得的改革!李校长为自己高明的做法暗暗高兴。可是,一段时间后,学校再一次对教师进行备课检查时却发现了令人难以置信的现象:会电脑操作的年轻教师,全部"电子备课",但备课内容显然来自网络下载,将别人的教案变成了自己的教案;有多年教学经历的教师用上了原来的教案,但

① 郑燕祥.学校效能与校本管理:一种发展的机制[M].上海:上海教育出版社,2002:210.

"根据教学实际进行修改"却成了在原教案上圈圈画画，或只增加一些红色或蓝色的直线和波浪线，更有甚者，直接捧出老教案……李校长感叹：想一下子扭转学校的"气候"，推行教学改革，太难了！为什么"好心没有好报"？李校长百思不得其解。①

---

① 杨洪芳.教师为啥不领"改革"的情[N].中国教育报.2007－1－23(7).

第五章
学校中的沟通

没有信息沟通，显然就不可能有组织。

——Herbert A. Simon

情景导入

有一位教师先后经历过两任校长的不同管理方式。两任校长都经常在周末找这位教师来学校加班，他们都要打电话给这位教师，但是，两任校长在电话中的沟通方式是不同的。

第一任校长打电话给教师：

校长："今天请你来学校，我有事找你。"

教师："实在对不起，今天我的孩子发烧了，我爱人出差了，能不能找别人代我去学校？"（平时这位教师都会立即赶去学校，但是今天的确是孩子发烧了。）

校长："学校事情很重要，你想想办法，赶快来学校。"

教师："好吧。"（有些无奈地）

第二任校长打电话给教师：

校长："今天你的家里方便不方便，能不能来学校一趟？我有事找你。"

教师："家里很方便，我这就来。"（即使有的时候这位教师家里有事，不方便去学校，但是他还是很乐意到学校去。）[1]

在本案例中，两任校长提出的要求是相同的，但他们在电话中与教师的沟通方式是有差异的。而正是由于这种差异，对教师的心态和工作积极性产生了截然不同的影响。

第一节 沟通及其在学校管理中的价值

一、沟通的含义与类型

在日常生活中，沟通随时随地存在；在学校管理活动中，人们也离不开沟通。

---

[1] 姚计海.校长与教师的心理沟通[M].北京：北京师范大学出版社，2010：50.

那么,究竟什么是沟通? 它有哪些类型呢?

(一) 沟通的一般含义

丹斯(F. Dance)研究发现,西方管理学文献中关于沟通的定义有 95 种,涉及至少 15 个主题,这表明人们对于沟通的理解是存在差异的。

罗杰斯(E. Rogers)指出:有趣的是,共同(common)、亲密交谈(commune)与沟通(communication)有同样的词根……沟通不只是行为和反应这样一件简单的事,而且还是两个以上个体之间的相互影响的交换。刘易斯(R. Lewis)认为,沟通的含义是分享信息、观念或态度,它使传播者与接收者之间产生一定程度的理解。西蒙则从组织和决策的角度将信息沟通定义为一个组织成员向另一成员传递决策前提的过程。

从上述定义中我们可以看出,沟通至少具备以下三个特征:① 沟通至少涉及两个人,即传播者和接收者;② 沟通是社会信息的传递过程;③ 沟通必须是有意义的,达到交换思想、观点、立场、态度和情感的目的。

(二) 学校管理沟通的界定

一般认为,管理沟通是指为了实现组织目标,管理者把信息、观念或想法传递给他人的过程,是一种有目的的互动过程,其中沟通是多层面的,强调所传达的信息为沟通对象所接受。[①] 具体对学校而言,学校管理沟通是指学校管理者与学校成员之间的信息、思想和价值观等方面的相互传递、交流、反馈和共享的过程。

作为一种组织行为,学校管理中的沟通既有与一般人际沟通相似的方面,也有其特殊性。就其特点而言,主要表现在以下几个方面:① 目的更为明确。学校管理沟通是围绕着特定的(如教师教学管理、学生学习、纪律管理等)管理活动进行的沟通,目的性十分明确。上行下达、下行上传、横向交流等都是出于教学的管理目的的考虑,而不仅仅是为沟通而沟通。② 渠道更加健全。学校组织内部都设有正式的信息沟通渠道。沟通网络纵横交错,十分正规、健全。③ 活动更有计划。因为学校管理沟通的活动更富计划性,一般都有周密的考虑和精心的准备。[②]

(三) 沟通的类型

沟通的类型多样,依据不同的标准,可将沟通作如下的分类:

1. 正式沟通与非正式沟通

按照组织系统,沟通可分为正式沟通与非正式沟通。一般而言,正式沟通是以正式组织系统为渠道的信息沟通;非正式沟通是以非正式组织系统或个人为渠道的沟通。学校管理沟通主要是一种正式沟通,但也不排斥非正式沟通。

---

① 王建民.管理沟通理论与实务[M].北京:中国人民大学出版社,2005:30.
② 荆在京,杨继承.人际理论与学校管理研究[M].太原:三晋出版社,2009:233—234.

2. 下行沟通、上行沟通、平行沟通和网状沟通

按照信息传递的方向,可将沟通分为下行沟通、上行沟通、平行沟通和网状沟通。下行沟通是指上级将信息传达给下级;上行沟通是指下级将信息上传给上级;平行沟通是指同级之间横向的信息传递;网状沟通是指上下左右不同方向的信息交换。

在学校管理沟通中,上述沟通类型均会使用到。比如:校长向教导主任布置任务,属于下行沟通;教研组长向教导主任请示汇报,属于上行沟通;教导主任与政教主任协商"艺术节"的课务与人员安排,属于平行沟通;在商讨学校的绩效工资方案时,往往需要进行网状沟通。

3. 单向沟通与双向沟通

按照是否进行反馈,沟通可分为单向沟通和双向沟通。单向沟通指没有反馈的信息传递,适用于问题简单、时间紧迫等情况;双向沟通指有反馈的信息传递,是发送者和接收者相互之间进行信息交流的沟通。在学校中,管理者应视情况灵活运用单向沟通和双向沟通,但可考虑多用双向沟通。

4. 口头沟通、书面沟通、非言语沟通与电子媒介沟通

按照方法,沟通可分为口头沟通、书面沟通、非言语沟通与电子媒介沟通等。口头沟通包括个别交谈、座谈会、电话等,优点是传递快速、反馈及时,但不宜保存与核查。书面沟通通常采用备忘录、信函、文件、布告等形式,长处是持久、有形,便于核实,但信息传递效率低、反馈困难。非言语沟通包括手势、肢体动作、语调等的运用,优点在于内涵丰富、含义隐含灵活,缺点是界限模糊、可能引起歧义。电子媒介沟通是依靠传真机、闭路电视、互联网等媒介进行的沟通,它效率高且廉价,能够实现远程传递,但沟通过程中的"噪声"不易控制。

在学校中,口头沟通运用广泛,但在遇到重要事项时(如教职员工的聘任)必须采用书面沟通的方法。在不便使用口头沟通和书面沟通的情况下(如,在公众场合需要提醒某位教师的不当言行时),可运用非言语沟通。近年来,电子媒介发展迅猛,尤其是互联网已经成为人们工作与生活中不可或缺的组成部分,因此,管理者要善用电子媒介沟通。

5. 工具式沟通与感情式沟通

按照功能,沟通可分为工具式沟通和感情式沟通。前者是指发送者将信息、知识、想法、要求传达给接收者,其目的是影响和改变接收者的行为,最终达到组织的标准;后者是指沟通双方表达情感,获得对方精神上的同情和理解,最终改善相互间的关系。

学校的管理沟通需要大量运用工具式沟通,但也离不开感情式沟通。否则,会让学校变得冷漠无情。

二、沟通观的演变

沟通可以看作是一个组织的生命线,人们对于沟通的认识是不断深化的。从古典管理理论到人际关系理论再到开放系统理论,沟通观随着历史的进程而发展。

（一）沟通等于信息的传递

在古典管理理论看来，组织主要通过自上而下的合理程序指向精确的目标，依靠综合的规章制度和网络划分职能，使各项工作达成最高效率，以实现对各层级结构的控制。基于这样的认识，古典管理理论把沟通看作是：通过纵向的、正规的渠道，推进领导者对组织的指挥和控制。

罗杰斯等人在《组织沟通》一书中分析了古典管理理论的沟通观，"沟通将是正规的、逐级下达的、有计划的；其目的在于完成工作、提高生产能力和生产效率。概言之，泰罗主义将沟通视为单向、纵向的（从上至下），仅仅与任务有关"的过程。[①]总之，古典管理理论认为，沟通就是信息的传递，信息是通过一系列"小报告"逐级上报的，而信息下达则是通过一系列"传声筒"传达的。沟通过程被看作是一只携带信息的由一个人传给另一个人的"水桶"。

不可否认，古典管理理论的学者们是高度关注沟通问题的，他们将沟通视为建立组织、保障其运行的重要手段，旨在通过沟通提高工作效率。但是，古典管理理论时期的沟通观也存在着明显的缺陷，比如，片面地强调正式沟通，注重单向和自上而下的命令，仅仅将沟通当作是工具。

（二）沟通就是意义的交换

到了人际关系理论时期，沟通观发生了重要的变化。人际关系理论的学者们认为，最令人满意的组织才是最有效的组织。因此，他们不像泰罗那样反对非正式组织的存在，相反，他们主张应承认非正式组织的基本需要，使之与组织的目标协调起来，通过实行民主管理的原则，倡导员工参与建构工作环境，建立开放式的沟通和管理渠道，使人们能在友善和合作的氛围中解决分歧。

在这个意义上，人际关系理论把沟通看作是意义的交换。信息接收者和信息发送者一样，都是由希望、期望、倾向性、价值观和偏见构成的复杂综合体，用以交换的语词其实是代表某种事物的符号。为了有效地沟通，沟通双方必须对某一事物形成印象，赋予它一个名称，并形成有关的情感，拥有共同的理解。有鉴于此，人际关系理论认为，有效的沟通是双向的，可以通过正式的沟通渠道，也可以通过非正式的沟通渠道，沟通是信息发送者与接收者之间达成理解信息含义的过程。

与古典管理理论相比，人际关系理论的沟通观趋于复杂化，不再把沟通视为简单的，甚至是单向的信息传递过程，意识到了信息存在着如何解读的问题；对沟通的认知趋于全面，不再把沟通仅仅作为提升工作效率的工具，意识到了感情式沟通的重要价值；对沟通双方的定位趋于平等，不再把沟通理解为自上而下的指令，意识到了双向互动的必要性。尽管有了重大的进步，但人际关系理论时期的沟通基本是封闭在组织内部进行的。

---

① 转引自[美]E·马克·汉森.教育管理与组织行为[M].冯大鸣等译.上海：上海教育出版社，1993：275.

（三）沟通意味着人们相互间的交流

开放系统理论着眼于组织与外部环境的依存关系，以及这两者之间物质、能量和信息的交换。组织是一个通过与环境的输入和输出来调节其生存状态的自我维持系统。在这个意义上，开放系统理论把沟通定义为组织与其环境之间及组织网络内部相互独立的各子系统之间信息和意义的交换。正如卡兹和卡恩（D. Katz & R. Kann）所指出的：沟通不能仅仅被理解为是信息发送者与接收者之间传递信息的过程，沟通只能从它所发生的社会体系的关系中去理解。

由此可见，开放系统理论的沟通观把沟通看作是人们相互间的交流，而不是语词的沟通，不同社会阶层的人不仅有不同的价值观、不同的语言，而且有不同的生活方式、教育方式及道德标准，这些无不影响着沟通。信息发送者与接收者之间的沟通过程渗透着社会阶级差异、文化价值观念和时空观念等社会心理因素的影响，沟通的作用既在于把一个组织的子系统统合为一个整体，又在于使组织行为与环境的需要紧密结合起来。①

三、沟通在学校管理中的作用

正如霍伊和米斯格尔所指出的，沟通无处不在、不可或缺，它渗透在学校生活的方方面面。具体而言，其作用主要表现在以下几个方面：

（一）沟通是学校管理者最重要的工作内容之一

学校管理者在组织层级当中占据着核心位置，在这种位置上就必须要和各色人等就各种情况、问题和议题进行沟通。有调查表明，组织的领导者花在沟通上的时间占其工作时间的 80%，一般管理者大约也要花 50% 的时间用于沟通。从时间分配上就可以看出，沟通是各级学校管理人员最重要的工作内容之一。

从根本上说，学校管理是双边互动的活动，单靠管理者或被管理者都无法完成管理活动。要在管理者与被管理者之间建立联系，唯有依靠沟通。通过沟通，才能使学校管理者有机会向师生员工传达自己的管理理念，布置学校的工作安排，从而让师生员工明确自身应该做什么，不该做什么。同时，沟通可以使学校管理者有机会了解师生员工的所思所想，从中汲取有益的信息，增强管理的针对性。即使学校管理者与师生员工的意见不一致，也有助于管理方看清问题的矛盾之处，以便有效地解决问题。

总之，沟通有助于减少管理的模糊性，有助于使学校管理者和师生员工对学校问题的看法和理解达成一致或有所共识，以便更快更好地作出决策，推动学校各项工作的开展。

（二）沟通居于学校管理活动的瓶颈位置

学校管理活动是由计划、组织、指挥、协调等诸多环节所构成的，这些环节的有

---

① 黄志成，程晋宽.现代教育管理论[M].上海：上海教育出版社，1999：342.

效开展都离不开沟通。不仅如此,联结这些环节的纽带也是沟通。因此,有研究人员提出了沟通的瓶颈模型(见图 5-1):①

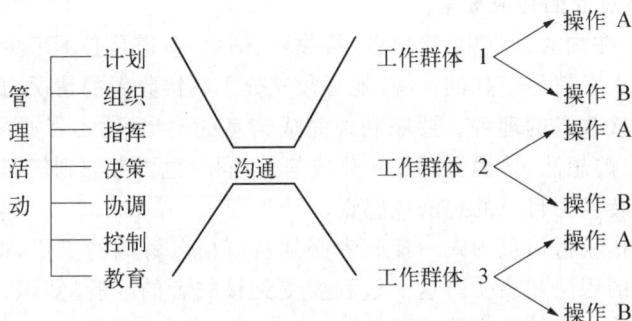

图 5-1　沟通的瓶颈模型

　　试想,如果没有与校内外各方的广泛沟通,计划如何能够应对社会进步带来的挑战和学校自身发展的需求? 如果缺乏与学校成员的有效交流,学校对人员的组织调度就很难实现适人适岗。如果不能及时获取各方面的反馈信息,学校对各项工作的协调与控制怎能达成呢? 可见,学校管理活动的各个环节都要以沟通为前提。另一方面,只有依靠沟通,才能将学校管理的各个环节粘合为一个整体,最终实现学校的目标。因此,沟通制约着学校管理各个环节乃至全过程的质量。

(三) 沟通有助于满足师生员工的感情需求

　　人际关系理论发现,职工并非单纯的"经济人",而更主要是"社会人"。物质条件和经济手段对工作积极性的作用是有限的,职工情感归属等社会性需要的满足有助于提升劳动效率。对职工社会性需要的了解与满足,必须借助沟通这一手段。

　　相较于企业的职工,学校的成员有着更为强烈的情感需求,因此,沟通在学校中就更凸显出其重要性。从某种意义上说,学校管理者关注与师生员工的沟通,这本身是对师生员工的重视,是把师生员工的发展放在学校整体发展中非常重要的位置上。这种沟通行为本身会让师生员工体会到更充分的价值感,使他们感到自己对学校发展是重要的,自己能够为学校的发展发挥作用。

第二节　学校管理沟通的影响因素

一、学校管理沟通的基本过程

　　在学校管理活动中,沟通是一个复杂的过程,其影响因素众多。任何一个环节

---

　　① 姜法奎,刘银花. 领导科学[M].大连:东北财经大学出版社,2002:206.

的差错,都可能导致沟通的失败。

(一)沟通过程的构成要素

一般认为,在沟通过程中,输出者、接收者、信息、渠道是必不可少的要素。

信息的输出者就是信息的来源,他必须充分了解接收者的情况,选择合适的沟通渠道以利于接收者的理解。要顺利地完成信息的输出,输出者必须做好编码工作,能够将自己的想法、认识及感觉转化成信息;同时也要考虑到解码问题,即便于接收者将信息转换为自己的想法或感觉。

接收者是指获得信息的人。接收者必须从事信息解码的工作,即将信息转化为他所能了解的想法和感受。这一过程要受到接收者的经验、知识、才能、个人素质以及对信息输出者的期望等因素的影响。

信息是指在沟通过程中传给接收者(包括口语和非口语)的消息。同样的信息,输出者和接收者可能有着不同的理解,这可能是输出者和接收者的差异造成的,也可能是由于输出者传送了过多的不必要的信息。

沟通渠道是信息得以传送的载体,可分为正式或非正式的沟通渠道、向下沟通渠道、向上沟通渠道、水平沟通渠道。

(二)沟通过程的主要环节

沟通自信息的输出者开始,他将信息进行编码后,选择一定的沟通渠道传输给接收者。接收者通过解码后,就能理解信息的含义(见图5-2)。从这一过程可以看出,信息本身的清晰度、输出者的编码能力、沟通渠道的顺畅性、接收者的解码能力等都会对沟通的效果产生影响,并且在各环节之间会有干扰和扭曲信息传递的因素(即噪声)。

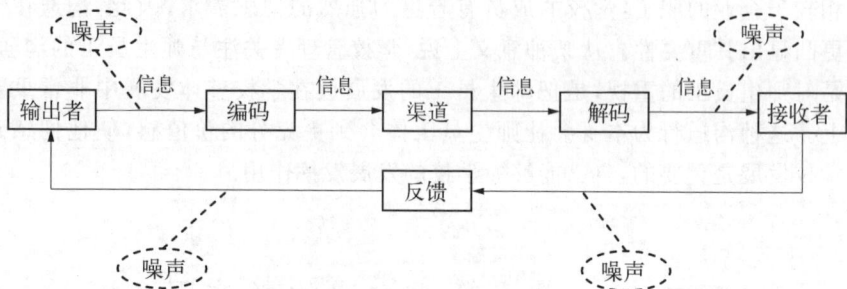

图5-2 沟通的过程

二、人的因素对学校管理沟通的影响

从沟通的构成要素可以看出,人的因素在其中占据了重要的位置,而且信息和渠道也受制于人。

（一）个人因素

个人因素首先体现在沟通的选择性上，即沟通的双方都不会毫无保留地传输和接受信息，输出者会选择性地输出，接收方会选择性地接收。学校管理者通常不会将他所掌握的信息和盘托出，而是挑选出他想让下属知道的情况传递下去，从而形成"信息链"现象；教职员工只会将他希望上级了解的信息上传上去，而这往往会出现"报喜不报忧"的情况。在接收信息时，无论是学校管理者还是教职员工，都会对信息进行过滤，留下有利于自己的信息，剔除不利于自身的信息。

必须承认，人们的沟通技巧是有差异的。从传输者的角度看，有人善于对信息进行加工编码，能够选择合适的沟通渠道与时机，并且把握接收者的特点；有人则措辞不当，影响信息传递的有效性和准确度。从接收者的角度看，有人能够对信息作出正确的解码，理解输出者所要表达的意思；有人则可能解码不力，对信息产生误解或无法理解。

由于各种因素的作用，同一所学校中的师生员工会有着各异的人格特征。这种差异也会影响学校的管理沟通。人格特征的不同，往往影响到人们对来自不同渠道信息的态度。比如：品德高尚的人倾向于相信正式沟通的信息，他所发布的信息也容易被他人所接受与信服；而品行不良的人则往往津津乐道于"小道消息"，听不得反面意见，不能准确、全面地搜集、整理、传递信息。

（二）人际因素

沟通是发生在输出者与接收者之间的"给"与"受"的活动，因此，信息传递不是单方的而是双方的事情。有鉴于此，沟通双方的彼此信任度、信息来源的可靠度、输出者与接收者之间的相似度等因素，会影响沟通的成效。①

沟通双方的诚意与相互信任是至关重要的，如果彼此猜疑，就很难进行有效的沟通。有研究表明，管理者常常想当然地认为自己听到的信息是片面的，为此会根据自己的想法进行"纠偏"。比如：教导主任可能会认为教研组长向他汇报的好消息有夸大的成分，需要挤掉其中的水分。

与可靠的人打交道，沟通会显得很顺畅。信息来源的可靠性由以下四个因素决定：诚实、能力、热情、客观。值得注意的是，信息来源可能并不同时具有这四个因素，但只要接收者认为发送者具有即可。这就意味着信息来源的可靠性，实际上是由接收者的主观感觉决定的。在实际的学校管理活动中，人们获得的信息可能是有差异，甚至是矛盾的，在这种局面下，教职员工更愿意相信他们认为诚实、有能力、热情、客观的管理者的信息。

经验证明，沟通的准确性与沟通双方的相似性有着直接的关系。沟通双方特征（如：性别、年龄、智力、种族、社会地位、兴趣、价值观、能力等）的相似性，影响着沟通的难易程度和坦率性。沟通一方如果认为对方与自己很相近，那么他将比较容易接受对方的意见，并且达成共识。相反，如果沟通一方视对方为异己，那么信

① 周三多等.管理学——原理与方法［M］.上海：复旦大学出版社,2009：453.

息的传递将很难进行下去。例如:年轻教师往往与学生交流得很愉快,但与校领导沟通起来就会有一些小障碍。

(三) 结构因素

学校是一个组织,管理沟通并不是人际沟通的简单相加,它要受到地位差别、团体规模等组织结构性因素的影响。

职位的高低决定着个体在学校组织中的实际地位,而地位的差异决定着沟通的方向与频率。一般而言,人们通常愿意与地位高的人沟通,地位高的人则更喜欢与同层次乃至更高层次的人交流,信息一般由地位高的流向地位低的,地位高的人常常居于沟通的中心位置。有调查发现,近一半的教师认为校长最看重的是与上级的沟通,虽然校长自认为在各种沟通中最看重的是与教师的沟通。有近四成的教师认为,地位差别是影响校长与教师沟通的主要原因。[①]

案例 5-1 尴尬的校长[②]

在德国,学校变得越来越大,所以许多校长坚持认为记住曾在学校读过书的学生的名字是十分光荣的。

在一次聚会上.一位校长认出了一个他从前的学生:"哦,你是勒威尔·米乐,1964 年你读六年级,对吗?"

"正是,校长先生。"这个年轻人说。

"你看,我从不忘掉我的学生。"校长骄傲地说,"那么,你现在在哪儿工作呢?"

年轻人脸红了:"我现在是你学校的一名教师,校长先生。"

校长尴尬的经历告诉我们,当团体规模扩大时,人与人之间的相识会变得不易,进一步的沟通就会更加困难。因为人数增加了,就必须对应地增加沟通的渠道,两者的关系为 $n(n-1)/2$,即一个 5 人的团体就需要有 10 条沟通渠道。如果考虑到沟通形式的多样化,那么,人数增加对沟通渠道的影响就不是算术级数的,而是 $(3^n-2^{n+1})/2$。据此,5 人的团体就存在 90 条左右的渠道。此外,人多了,沟通过程中信息失真的概率也会上升。

三、沟通渠道对学校管理沟通的影响

信息必须借助一定的渠道才能得以传递,从而将输出者与接收者联结起来。沟通渠道的性质、数量、长度、畅通程度等,都会影响到学校管理沟通的效果。

---

① 林捷,吴志宏. 中小学校长与教师人际沟通行为的调查[J]. 中小学管理.1999(11).
② 佚名.尴尬的校长[J]. 中小学心理健康教育. 2004(11).

（一）正式沟通渠道

所谓正式沟通渠道,是指以学校正式的组织系统为依托的信息传递通道。在学校中,行政系统基本是科层结构的,等级制度的集权化、组织形态和信息技术水平等科层结构的特征,对正式沟通渠道有着重要的影响。

当学校采取集权化管理方式时,高层管理者就会成为权力中心,他们可以依靠行政系统收集大量的信息,从而掌握学校中的大部分信息,并由他们决定哪些信息发送给哪些人。如果学校实行分权化管理,那么,不同职位的人或多或少都拥有获取信息的可能性。阿高特(L. Argote)等人研究发现,当问题与任务相对简单并且直截了当时,集权化结构对沟通更有效;反之,分权制等级结构似乎更有效率。[①]

管理层次(即纵向的等级数量)和管理幅度(即横向的控制跨度),决定着学校的组织形态。管理层次多、管理幅度小的学校,就形成了高耸型的组织形态;管理层次少、管理幅度大的学校,就形成了扁平型的组织形态。通常情况下,高耸型的学校中,信息沟通渠道的距离长、环节多,信息失真的几率大,师生员工对沟通数量与质量的满意度低。此外,学校的规模与沟通的质量呈负相关。无论是高耸型还是扁平型的组织形态,随着学校规模的扩大,沟通质量随之下降。

许多学者都认为学校是一个松散的结合系统,技术水平相对较低。然而,在科技迅猛发展的推动下,学校中的沟通技术正在变得更加复杂,从而改变着正式渠道中的沟通活动。互联网、电子邮件、音频视频处理软件的出现,使得学校管理者收集与传播信息的效能大为提升。从技术层面看,沟通趋于更加便捷与准确。对于师生员工而言,可用于沟通的渠道增加了,这会激发他们获取更多信息的渴求,从而对管理者提出更高的信息透明化的诉求。

（二）非正式沟通渠道

任何一所学校中都会有非正式组织的存在,非正式组织成员之间的信息传递(主要指"小道消息")不能进入正式渠道,有其特定的路径(即非正式沟通渠道)。研究者发现,非正式组织内的沟通渠道主要有单向传递、闲谈传递、几率传递和群体传递四种类型(见图5-3)。[②]

在传递非正式信息(即"小道消息")时,主要会运用单向传递渠道,即由非正式组织的成员前一人向后一人传递,依次进行。这一渠道传递的信息最容易失真,但最适宜传递那些不宜公开的信息。

非正式组织常常会有一些非正式的聚会,在聚会过程中往往通过闲谈来沟通,这就提供了一个闲谈传递渠道。在这一渠道中,有一个信息发送者和多个接收者,信息发送者会向他遇到的每一个人发送信息。

① [美]韦恩·K·霍伊,塞西尔·G·米斯格尔.教育管理学:理论·研究·实践[M].范国睿主译.北京:教育科学出版社,2007:349.

② 芮明杰.管理学:现代的观点[M].上海:上海人民出版社,1999:357.

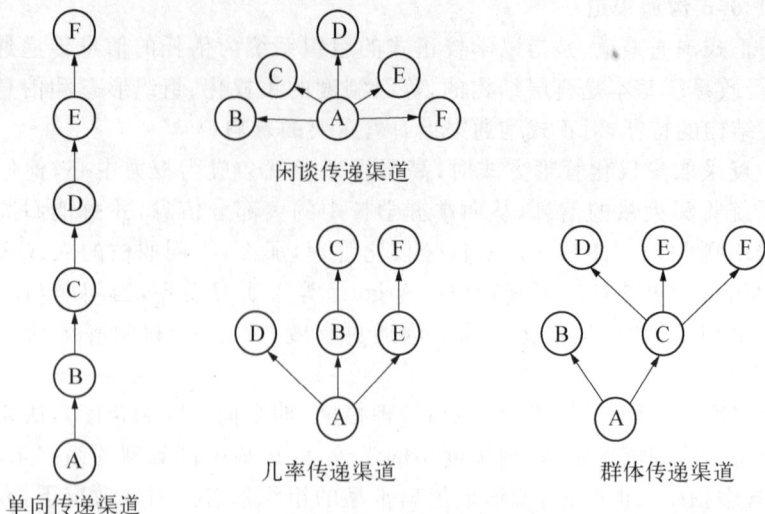

图5-3 非正式沟通网络

几率沟通渠道是非正式组织在沟通时最常用的一种渠道，不同于闲谈沟通渠道，在几率沟通渠道中，沟通完全没有经过预先的安排，完全是随机进行的。随意碰到一个人，便将信息传递给对方，完成沟通行为。

在群体沟通渠道中，一个人会将信息告知两三个人，这些人或是保密、不再外传，或是告诉另外两三个人，结果一传十、十传百，最后组织内外许多人都知道了该信息。群体沟通渠道的特点有二：一是其信息传递速度极快；二是由联络员掌控信息的传递。在图5-3所示的"群体传递渠道"中，C就是联络员，他起着连接有消息的人和无消息的人的作用，挑选某些人进行信息传递而对另一些人实行"屏蔽"。

第三节 改善沟通的策略

一、建立顺畅的学校沟通网络

沟通的改善不是一时一事的工作，要从基础做起，持续改进。健全的网络渠道是开展有效沟通的硬件条件，学校管理者必须重视沟通网络的建设。

（一）健全正式的沟通渠道

正式沟通渠道是学校沟通网络中的主体部分，学校管理者要建立起、维护好正式沟通渠道。为此，学校管理者应当做好以下几方面的工作：

其一，建立通达每一位师生员工的沟通渠道。学校的组织成员类型多样、层级不同，有居于高端的管理者，有居于基层的工作人员；有处于一线的教学工作者，有处于二线的后勤保障者;有属于教育者的教师,有属于教育对象的学生。正式沟通渠道必须覆盖全体成员,每个人都应明确了解学校正式的沟通渠道和路线,不能存在任何"死角"与"盲区"。

其二,沟通渠道应尽可能短而直接。学校的组织机构如果过于庞大,中间层次就会太多,信息在传递过程中被层层过滤,不但容易造成失真,而且浪费时间,影响信息传递的准确性和及时性。有研究表明,当信息连续通过五个人时,多达80%的信息会在沟通过程中丢失。因此,正式沟通渠道不能有过多的中间环节。

其三,沟通渠道要经常使用,防止中断。学校应当建立例会制度(如行政例会、教研组长例会、班主任例会、教职员工例会)和信息发布栏,将正式的沟通渠道固定下来,并且定期使用。这样,师生员工就能够清楚地知道到哪里去了解情况、何时可以获取相关的信息。有的学校建立了"校长信箱"之类的沟通平台,但长期不去开启,慢慢就会被废弃。这比没有这样的渠道更糟,因为师生员工会认为此举完全是形式主义。

其四,积极尝试新媒体沟通渠道。随着科技的进步,新媒体得到了迅猛的发展,在人们的工作和生活中占据了越来越重要的位置。学校管理者应当与时俱进,积极尝试校园网、手机短信、微博等沟通平台,这更容易获得新时代师生员工的认可,从而提高沟通的效果。

(二)善用非正式沟通渠道

由于在非正式沟通渠道中传播着各种小道消息(包括谣言),不少学校管理者感到谣言破坏团结、影响其工作的开展,因而希望堵塞乃至消灭非正式沟通渠道。其实,不管正式沟通渠道多么周密,学校中仍然会有非正式沟通渠道的存在。学校管理者要做的不是消灭非正式沟通渠道,而是善用它,使之成为正式沟通渠道的必要补充。

对于学校管理者来说,可以通过非正式沟通渠道来监控正式沟通渠道的运行状态。当教职员工无法从正式沟通渠道获取必要的信息时,就只能动用非正式沟通渠道了。因此,如果非正式沟通渠道中充斥着谣言,那么,意味着正式沟通渠道必然出现了问题,学校管理者应该及时查找、尽快修复。

教职员工的情绪、态度并不会完全在正式沟通渠道中表露,尤其是对学校管理措施有反对意见和不满情绪时。这就是说,单纯依赖正式沟通渠道所获得的信息可能是不完整的,真实程度是有所欠缺的。为此,学校管理者需要借助非正式沟通渠道来验证来自正式沟通渠道的信息,从而更加全面、真实地掌握情况。

当教职员工工作表现欠佳时,学校管理者可以先行通过非正式沟通渠道给他提个醒,这样可以避免直接动用正式沟通渠道给教职员工带来自尊心的挫伤。在正式推出改革举措之前,学校管理者不妨通过非正式渠道了解一下教职员工的反应。当改革举措不够完善时,在非正式渠道中听到的各种意见可以为管理者修改方案提供参考;当改革超出了教职员工的承受范围时,学校管理者可以非正式渠道的信息为依据,暂停改革举措,待时机成熟再推行。

(三) 拓展对外沟通渠道

学校是一个开放系统,单纯地依靠其自身的力量是很难完成育人任务的,在办学过程中学校需要得到上级教育行政部门、学生家长和社会各界的支持与配合。因此,学校管理者在建设好内部沟通渠道的同时,必须拓展对外沟通渠道。

纽奎斯特(C. Newquist)提出,学校管理者要善于利用媒体这样的对外沟通渠道。不过,在与媒体打交道时,对于关涉学校理念、事件或人员等可能会出现问题的方面要谨慎应对。平时,学校管理者可以邀请记者参与学校的某些活动,告知他们学校的新计划,向他们说明学校工作与国家教育政策之间的一致性。另外,也可引导媒体关注教师或学生在学校生活以外的某些良好表现。[①] 在这一过程中,准备宣传单或是宣传资料袋是一个不错的做法。

当今社会,网络在沟通方面正扮演着越来越重要的角色。学校应当建设并维护好自己的网站,让它成为宣传学校办学业绩、发布学校运行信息、加强校内外联系的纽带。学校要随时更新网站的内容,让外界在第一时间了解学校的各种动态;学校应在网站上开辟问答栏目,及时回应来自外界的各种问题;学校还可建立调查平台,在出台涉及学生利益的政策前征求外界(尤其是学生家长)的意见。

此外,家访、家长会、社区教育委员会等传统沟通渠道的作用也不能忽视。学校应作出这些渠道要定期开展活动的规定,以保证对外沟通的制度化、常规化。当有重大事项急需讨论时,可以在定期活动的基础上临时增加活动,从而使这些渠道在沟通方面发挥实质性的效用。

二、提高学校管理者的沟通技能

学校管理者在沟通中扮演着多重角色——信息的发送者、信息的接收者、沟通过程的监控者和反馈意见的征询者,因此,提高其沟通技能必然有助于沟通质量的改善。

(一) 学会倾听

在沟通时,一些管理者往往没有耐心听取对方的想法,尤其是在面对教职员工时更是急于表达自己的意见。这种现象看似提高了沟通的效率,但实际上极大地影响了沟通的效果。倾听,是有效沟通的基础。只有专心地倾听,才能从教职员工那里获取丰富的信息;只有虚心地倾听,才能了解对方的真实想法;只有诚心地倾听,才能帮助教职员工宣泄消极情绪,激发其工作积极性。

从表 5-1 可以看出,倾听并非易事。在现实情境中,学校管理者在倾听的过

---

① [美]P·斯诺登,P·戈顿. 学校领导与管理:重要概念、个案研究与模拟练习[M]. 李敏,杨全印译. 上海:华东师范大学出版社,2008:63.

程中常常会不自觉地出现各种问题,如:觉得对方所说的没有意义,显得不耐烦;随意地打断教职员工的叙述,转移话题;认为自己已经听懂了,急于表态、下结论;轻率地对教职员工的表现作道德判断,用自己的价值观评论对方的言行。

表 5-1　聆听习惯和建议行为[①]

要避免的	要培养的
假装注意(假装在听); 只听事实,不思考深层含义; 关注外表现象和讲话方式而忽略讲话内容; 受到干扰; 不感兴趣的内容便不予理睬; 因为内容难以理解而终止聆听。	排除无关的、影响注意的事物; 全身心地关注于另一个人在说什么; "用第三只耳朵倾听"——敏锐察觉对方正在说的似乎是什么……或者不是什么; 询问问题诱导对方说出实情,并阐明想法; 不以判断的方式回应对方; 对对方所说的话作一阶段性的总结,并听取对方的反应,看看是否准确理解了对方的意思。
建议应答方式	例子
表示注意; 搜寻更多信息; 解释; 表现情绪; 总结。	"是的"、"啊……啊"、"我理解",时不时地轻微点头。 "那很有趣。你能否进一步说明一下?" "我不敢保证自己完全理解了。你能否说得详细一点儿或者给我举一个例子?" "你好像干扰到了我。你难道不这样认为吗?" "让我来试着总结一下你所要表明的主要观点,如果我遗漏了什么请你告诉我。"

要想真正地学会倾听,必须明了与掌握倾听的特点。从本质上讲,倾听不是一种被动的行为,而是一种主动的行为。因为倾听虽然没有说话,但是它可以传递丰富的信息。学校管理者应积极向教职员工传达有助于沟通的信息,借助言语或非言语行为让沟通得以顺畅地延续。作为学校管理者,倾听时要注意设身处地地去感受对方。不但要听懂教职员工的言语,更要听出其背后的含义。在倾听中要体察教职员工的话外之音,分析言外之意,捕捉其真实意思。

(二)因人而异

学校中的人员性格各异,不同性格的人在沟通过程中呈现出不同的特征。对于学校管理者而言,需要依据不同人员的情况开展有针对性的沟通。国外学者根据人在对待他人及接受他人方面的开放性和给予反馈的倾向性这两个维度,将沟通的风格划分为五种类型(见图 5-4):[②]

自我克制型的人往往孤立于他人之外,离群索居。这种人善于克制自己的感

---

①　[美]P·斯诺登,P·戈顿.学校领导与管理:重要概念、个案研究与模拟练习[M].李敏,杨全印译.上海:华东师范大学出版社,2008:67.

②　黄志成,程晋宽.现代教育管理论[M].上海:上海教育出版社,1999:351—352.

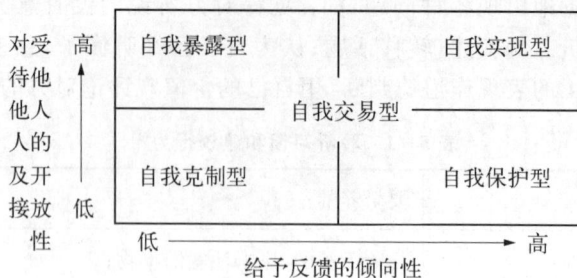

図5-4　沟通风格的类型

情,较少向他人提供信息和接受他人提供的信息,也很少给予他人信息反馈,处于一种封闭状态。对于学校管理者而言,与这种类型的教职员工要保持长期的接触,逐步深化沟通的程度,慢慢地打开其心扉。

自我保护型的人喜欢探究别人、评论别人,自身比较敏感,善于保护自己。他们很少向外界提供自身的情况,也很少从内心接受他人所反映的情况,但出于防御的动机,他们会对信息作出积极反馈。与这类教职员工交往时,学校管理者要坦诚相待,并且注意保护对方的自尊心,用真情打消其顾虑。

自我暴露型的人不善伪装,乐于向别人提供自己的情况,也容易接受别人提供的信息,喜欢吸引别人的注意。这种人性格外露,但他们的感受性不强,进行信息反馈的程度低。与之沟通时,学校管理者可加重语气,提醒其与对方形成有效的互动,真正理解对方的意图,并作出必要的回应。

自我交易型的人属于中间类型,他们愿意给予反馈,而且当与之沟通的人具有相同的风格时,他们是开放的。这种人较为稳重,明哲保身,万事求平安。单纯从沟通顺畅性的角度看,与这类教职员工打交道并不困难,但学校管理者应引导其从全局出发而不是仅考虑自身的需求。

自我实现型的人反应灵敏,积极主动,视信息沟通为自我实现的根本途径。这种人能自发地提供适量的有关自己的情况,要求别人给予反馈,同时,他们也能以一种建设性的、非防御性的态度向别人提供反馈。

在理想的状态下,人们总希望自己具有自我实现型的沟通风格,但环境的限制和个人价值观的差异,总是迫使人们形成某种特定的沟通风格。面对不同类型的教职员工,学校管理者必须因人而异地开展沟通。

(三) 善用非言语行为

非言语行为包括体态语言(如面部表情、姿势、手臂动作等)、非言语符号(如语调、重音、音高、声音的强度和语速)、具有象征性价值的物品(如办公室的装饰品、服装、珠宝)和空间等,它也能够传递信息。有研究表明,信息中大约55%是由面部表情和身体姿势传达的,还有38%来自接触和语调;语句本身只占所要传达信息的7%。因此,学校管理者不仅要组织好自己的言语,也要注意非言语行为的影响。

学校组织与管理

100

美国教育管理研究人员利普汉姆和弗兰克(J. Lipham & D. Franke)对教育管理中的非言语信息沟通进行了研究。他们把非言语行为分为三个方面，并以此把校长分为促进型校长和非促进型校长两类。这三个方面分别是：① 自我结构，包括形象、服饰、生理运动方式和姿势等；② 相互作用的结构，如打招呼、让座、交往的距离和交往的中止等；③ 环境结构，如环境布置、空间安排、干扰因素及象征性地位标志的使用等。利普汉姆和弗兰克发现，促进型校长和非促进型校长在非言语信息沟通方面存在显著差异。例如，促进型校长招呼客人的方式倾向于从办公桌后面走出来，让来访者坐在同侧的桌边，而非促进型校长则倾向于让来访者坐在自己或办公桌的对面；在布置工作环境时，促进型校长的办公室比非促进型校长的办公室拥有更多的私人物品，诸如照片、小摆设等。①

三、遵循沟通的 RULE 法则

沟通的改善不能仅仅依赖技巧，更重要的是心与心的交流。只有真正地发自内心，沟通才会是顺利、深入、有效的。为此，有人提出了 RULE 法则：②

(一) 尊重(respect)

每个人都有被尊重的需要，教师更是一个尊重需要特别强烈的群体。学校管理者与教职员工的沟通必须以尊重为前提，而尊重的本质含义是对他人的接纳，这种接纳必须是覆盖全体的、包含全部的。这就意味着学校管理者要接纳每一位教职员工，哪怕是业务能力不强、同事关系不好、与管理者意见对立的；要接纳教职员工的方方面面，包括其优点与缺陷。

对教职员工的尊重，必须是无条件的。学校管理者不能要求教职员工先尊重自己，然后自己才去尊重对方。哪怕是面对一名不尊重自己的教职员工，管理者也要以尊重的姿态去应对。这首先是因为学校管理者是无法仅凭一己之力去推动学校发展的，他必须依靠每一位教职员工。另一方面，要让教师理解管理者是有难度的，他们并没有从事学校管理工作的经验，无法体会其中的不易；而学校管理者往往是教师出身，更清楚教师的所思所想。

需要注意的是，尊重并不意味着盲目的赞同。尊重教职员工、接纳每一个人，不等同于无原则地迁就、听之任之。当教职员工出现差错时，学校管理者理应严肃地指出，帮助其纠正。

(二) 理解(understand)

所谓理解，就是能够换位思考、通情达理。学校管理者要真正地理解教职员工，就意味着能够站在对方的角度去体验其情感与想法，能够充分把握对方的体验并且明确这些体验与其经历、性格的联系，能够把关心与期待传递给对方，从而感

---

① 黄志成，程晋宽. 现代教育管理论[M]. 上海：上海教育出版社，1999：354.

② 姚计海. 校长与教师的心理沟通[M]. 北京：北京师范大学出版社，2010：101.

染教职员工并引导其作出积极反馈。为此,在沟通时学校管理者应该做到:以了解对方为前提、以换位思考为关键、以互动交流为手段。

学校管理者既要积极了解教职员工的教学能力、工作绩效、个人特长等与学校工作相关的特点,也要了解其生活背景、家庭环境等学校工作以外的特点,这样可以降低误解对方的可能性,并且为换位思考奠定基础。

由于各自在学校工作中的职责不同,在看待教学决策、评价机制、晋级提升、课务安排、学生管理等问题时,学校管理者和教职员工的视角难免会不尽相同。在这种情况下,更应该进行换位思考的是学校管理者。把自己摆在教职员工的位置上,体会他们的难处与困难,才能使沟通得以延续。

要实现有效的沟通,不能单纯靠管理者去揣测教职员工的想法。在沟通的过程中,学校管理者应尽量避免采用单向沟通的方式,要给予教职员工表达自己观点的机会。通过互动交流的方式,能使彼此真正地理解对方;而给予教职员工对话机会的本身,也能够让对方产生被理解的感觉。

(三)倾听(listen attentively)

关于倾听,前文已有论述,此处不再赘述。

(四)表达(express)

在沟通中,需要学校管理者向教职员工表达其想法。此时,管理者一方面要梳理清楚想表达的内容,另一方面要注意自己的表达方式。为此,应避免消极评价的方式。有研究人员指出:否定指责,是使教师消沉的最好武器;冷淡拒绝,是使教师对学校事务失去热情的良方;讽刺抱怨,是疏离与教师情感的催化剂;轻视贬低,是毁掉教师自信心的有效途径。[1]

学校管理者应多采用积极评价的方式与教职员工沟通,而真心赞扬和真诚鼓励是简单而实用的两种方法。当教职员工工作努力且业绩出色时,学校管理者应给予充分的赞美与表扬。当然,这种赞扬应与其表现相当,否则,赞扬就会沦为虚假而廉价的好话。鼓励是对教职员工将要面临或从事的教育教学行为的一种正面评价或积极暗示,它能让教职员工感受到来自学校管理者的期待,激发其做好工作的热情。当教职员工的工作出现问题与差错时,上述的方法不再合适,有效的方法是"表达内心的感受"。

案例 5-2　你不要狡辩

张老师有一次上课迟到了,尽管她自己也为此深感内疚,但校长还是在大会小会上三番五次地批评她。张老师认为自己事出有因,并非故意,而受到校长这样的对待令她感到十分委屈。为此,她去找校长当面沟通。

---

① 姚计海.校长与教师的心理沟通[M].北京:北京师范大学出版社,2010:98.

"李校长,我想和您沟通一下关于上课迟到的事情。上课迟到的确是我的错,不过当天确实有一些特殊情况。"张老师刚说到这儿,李校长就不耐烦地打断了她:"上课迟到就是不对,学校决不允许发生这种事情。"张老师还想再申辩几句:"李校长,请听我解释一下。"不料,校长根本不给她说下去的机会:"你不要狡辩!"

校长的话深深地刺痛了张老师,她默默地退出了校长室。此后很长一段时间里张老师都走不出这件事情的阴影,工作干得无精打采。

当发现教职员工的偏差时,管理者应积极主动地与之沟通。沟通时,不要将解决问题的焦点放在他人的言行如何错误上面,而要把焦点放在内心的感受上面。案例中李校长的处理方式显然极大地刺痛了张老师,他不妨听一听张老师的解释以表达对她的理解,但必须说明无论什么原因都不应迟到,迟到让校长感到痛心,觉得对不起学生。最后,可以建议张老师在估计要迟到时尽快与学校联系,以便做好应急处理。

课后练习

1. 下文是一位校长给教师所写的寄语,你喜欢这种沟通方式吗?为什么?

"你的爱心、你的耐心、你的真心,换来了家长对你的无限信任!这份信任,犹如盛开的花朵,让那么多不曾相识的朋友走进、了解、喜欢了学校!孩子们有你,是他们的幸运;学校有你,是我们的福气!"

"这次考试你班不太理想,主要责任不在你,而是学校领导对你的指导帮助太少了。其实一个新教师能摸索着教出这个成绩也不错了。不要背上包袱,下学期我们共同努力!相信一定能有很大进步!"

"这学期你做得很辛苦,并且很有成效,谢谢你为学校争得了荣誉!但也不要忘了保重身体,它可是革命的本钱啊!"①

2. 运用本章的理论知识,观察你所在学校的正式沟通渠道与非正式沟通渠道,分析其中存在的问题,提出改善建议。

① 赵其坤.学校"事件"与管理策略:学校管理案例评析[M].北京:学苑出版社,2008:159.

第六章
学校中的激励

> 一个主管人员如果不知道怎样激励人,便不能胜任这个工作。
> ——Harold Koontz

情景导入

小章和小王是一所师范大学的同学,两人都对教育事业情有独钟,立志要当优秀的教师。大学毕业后,两人怀揣梦想分别回到家乡当起了中学老师。数年后,小章和小王相遇了,聊起工作以来的经历,两人的情况却大相径庭。

小章所在学校的校长对工作的要求很高,但他在管理上也很注重人性关怀,总是想方设法帮教师解除后顾之忧,指点教师改进工作,创造机会让教师展现风采。因此,尽管工作很忙、很累,但小章依然充满了干劲,感觉找到了实现自己理想的舞台。

小王所在的学校则显得暮气沉沉,教师们工作起来也是无精打采的,校长对此似乎也无可奈何。刚开始小王的积极性还很高,但慢慢地也变得怠惰了。当初的激情已不复存在,小王为此也很苦恼。

带着同样的理想与热情,小章与小王分赴不同的学校从教,多年后迥异的境遇表明:能否得到有效的激励,将在相当程度上决定教师的工作状态与业绩水平。

第一节 激励与激励理论

一、激励的含义与意义

常言道:水不激不跃,人不激不奋。激励,是学校管理中的一项重要工作。厘清激励的含义、明确其意义,有助于管理者更为自觉、有效地开展激励工作。

(一)激励的含义

在汉语中,激励有两层含义。《汉语大辞典》的解释为:一是激发、鼓励的意思,二是斥责、训导之意。在英语中,激励一词源于拉丁语 movere,是"引发"或"推动"的意思。《韦氏第 3 版新国际英语足本词典》指出,作为动词的 motivate 包含两层意思：一是提供一种行为的动机，即诱导、驱使之意；二是通过特别的设计来激发学习者的兴趣。作为名词的 motivation 则有三层含义：一是指被激励（motivated）的过程；二是指一种驱动力、诱因或外部的奖酬（incentive）；三是指受激励的状态。

从上述释义中可以看出，激励既包含激发、鼓励、以利益来诱导之意，也包含约束与归化之意。许多人都将激励狭隘地理解为正面的鼓励，其实，通俗地说，激励就是"胡萝卜加大棒"，这种说法本身就意味着激励是"运用奖励和惩罚两手以诱发人们的要求的行为"。[①] 激励的两方面含义是对立统一的，激发导致一种行为的发生，约束则是对所激发的行为加以规范，使其符合一定的方向，并限制在一定的时空范围内。

人们对于"激励"概念的理解是逐步深化的。古典管理理论时期，激励通常被定义为"A 使 B 做 A 希望 B 做的事情"，带有明显的使役性质。行为科学兴起后，在激励的定义中考虑到了激励对象的反应，如麦格雷戈认为，所谓激励，就是利用情绪的力量。此后，学者们进一步注意到了激励对象的合理要求、自身利益和自我选择。例如，麦格金森（L. Megginson）等人认为，激励就是引导有各自需要和个性的个人或群体，为实现组织的目标而工作，同时也要达到他们自己的目标。

综上所述，我们可以将"激励"定义为：组织通过设计适当的外部奖酬形式和工作环境，以一定的行为规范和惩罚性措施，借助信息沟通来激发、引导、保持和归化组织成员的行为，以有效地实现组织及其成员个人目标的系统活动。[②] 这一定义包含了以下几方面的内容：一是激励的出发点是满足人的需要，组织要通过各种途径来满足其成员外在与内在的需要；二是科学的激励需要奖励与惩罚并举；三是激励贯穿于人们工作的全过程，包括对组织成员个人需要的了解、个性的把握、行为过程的控制和行为结果的评价等；四是信息沟通贯穿于激励活动的始终；五是激励的最终目的在于实现组织目标的同时，也能让组织成员实现其个人目标。

（二）激励的意义

管理的对象涉及人、财、物等各种资源，而人力资源无疑是其中的核心。正如著名管理学家德鲁克（P. Drucker）所指出的："能够增大的资源只能是人力资源，所有其他的资源都受力学定理的制约。人们可以更好地利用这些资源，或者较差地利用这些资源，但是这些资源决不会产生出比投入的总量更大的产出。……在人类所有能够运用的资源中，只有人才能生长和发展。"[③]

可见，人的绩效是可变的。美国心理学家詹姆士（W. James）研究发现，按时计酬的职工仅能发挥其能力的 20%—30%，而受到充分激励的职工其能力可发挥至 80%—90%。通常，个体的绩效通常由三项因素决定：激励（愿意完成工作）、能

① ［美］哈罗德·孔茨，海因茨·韦里克.管理学［M］.郝国华等译.北京：经济科学出版社，1993：469.

② 刘正周.管理激励［M］.上海：上海财经大学出版社，1998：17.

③ ［美］彼得·德鲁克.管理实践［M］.毛忠明等译.上海：上海译文出版社，1999：14—16.

力(有能力完成工作)和工作环境(有资源用于完成工作)。① 如果雇员缺乏能力,管理者可以进行培训或替换员工。如果资源有问题,管理者可以进行纠正。但是,如果问题出在激励上,那么管理者面临的困难就会大得多。个体行为是一个复杂的现象,管理者可能很难发现问题的准确性质和解决方案。一方面,激励是无形的。另一方面,它又是绩效的决定因素,这两者都增加了它在工作场所的重要性。

学校是一个典型的"人—人"系统,教师的绩效波动幅度要远大于普通工人,因此,激励就显得尤为重要。通过有效的激励,才能吸引优秀的人才担任教职,并安心于教育事业;通过有效的激励,才能将不同背景的人凝聚在一起,为共同的目标而努力工作;通过有效的激励,才能创设一种良性的竞争机制,充分激发出每个人的潜能;通过有效的激励,才能使学校组织充满活力,让师生员工的革新精神与创造能力得到最大限度的发挥。总之,激励是学校管理工作的重中之重。

二、激励的人性假设基础

诚如麦格雷戈(D. McGregor)所言:在每一项管理措施的背后,都必有某些关于人性本质及人性行为的假定。可以说,人性假设是激励理论的基础。

(一) XY 理论、超 Y 理论和 Z 理论

麦格雷戈是较早将人性假设与管理联系起来的学者,他于 1957 年提出了 X 理论和 Y 理论,1960 年在《企业的人的方面》一文中更为系统地阐述了其观点。麦格雷戈指出,X 理论认为人的本性是坏的,一般人都有好逸恶劳的特性。由于这种特性的存在,因而对大多数人而言,仅用奖赏的办法不足以战胜其厌恶工作的倾向,必须通过强制、监督、指挥、惩罚等措施进行威胁,才能使他们付出足够的努力去完成给定的工作目标。一般人往往是胸无大志的,他们通常满足于平稳地完成工作,不喜欢具有"压迫感"的创造性的困难工作。Y 理论的观点刚好与之相反,麦格雷戈则倾向于 Y 理论。

以 XY 理论为基础,洛尔施和莫尔斯(J. Lorsch & J. Morse)展开了实验研究,结果表明:采用 X 理论和采用 Y 理论的单位都有效率高和效率低的,Y 理论不一定都比 X 理论好。为此,洛尔施等人提出了超 Y 理论,认为不同的人对管理方式的要求不同。有人希望有正规化的组织与规章条例来要求自己的工作,不愿参与问题的决策与承担责任,这种人欢迎以 X 理论指导管理工作;有人则需要更多的自治责任和发挥个人创造性的机会,他们欢迎以 Y 理论为指导的管理方式。

Z 理论是由日裔美籍教授威廉·大内(W. Ouchi)提出的,他在研究了日本企业的管理经验后认为,企业管理者与职工的利益是一致的,两者的积极性可融为一体。在他看来,无论何种组织中的员工,都是"社会的人"。"如果缺少上述三点,没

① [美]里基·W·格里芬.管理学[M].刘伟译.北京:中国市场出版社,2008:376.

有哪一个'社会的人'能够获得成功。"①为此,大内提出了一系列管理上的策略,如：企业对职工的雇佣应是长期的而不是短期的;要上下结合制订决策;应建立相对缓慢的评价与稳步提拔的机制;要对职工进行全面的培训,帮助他们积累多方面的工作经验;应融洽上下级的关系;控制机制要含蓄而不正规,但检测手段必须正规。

(二) 人性假设四分法

1965 年,美国学者薛恩(E. Schein)在《组织心理学》一书中对人性假设作了类型划分,提出了"经济人"、"社会人"、"自我实现人"和"复杂人"的四分法。

"经济人"假设产生于 20 世纪 30 至 50 年代,起源于"享乐主义"哲学观和亚当·斯密(A. Smith)关于劳动交换的经济理论,其要点包括：① 人的工作动机是由经济性的刺激物来诱发的,人总是追求最大的经济利益的;② 经济诱因是在组织的控制之下的,因此,人会被动地受组织的控制、驱使和操纵;③ 感情是非理性的,组织对于个人情感要严加防范与控制;④ 在进行组织设计时,要考虑严控人的感情及其他无法预计的品质。

"社会人"假设来源于梅奥的人际关系理论,他在 1933 年发表的《工业文明的人性问题》中归纳了"社会人"的特点,薛恩则进一步概括为：① 社交需要是人类行为的基本激励因素,而人际关系则是形成身份感的基本要素;② 工业革命延续下来的机械化削弱了工作本身的意义,这些丧失的意义必须从工作中的社会关系里找回来;③ 人们对其所在群体的社会力的反应,远比对经济刺激物的诱因反应要强烈;④ 职工对管理的反应程度,取决于主管者对下属的归属需要、被人接受的需要的满足程度。

"自我实现人"假设产生于 20 世纪 50 年代,由马斯洛(A. Maslow)提出。薛恩将其要点归纳为：① 人的动机是由多种层次的动机组成的一个系统;② 个人总是追求在工作中变得成熟起来;③ 人主要是由自己来激励和控制的,外部施加的刺激物和控制很可能成为对人的一种威胁,并把人降低到一种较不成熟的状态去;④ 自我实现和组织绩效的提升并没有与生俱来的矛盾。

薛恩认为,前三种人性假设在一定程度上是正确的,他们都为"认识组织是怎样发挥其功能的以及怎样管理组织等问题,提供了某种见解。可是,正如新出现的领域中常见的那样,每一种理论都会把复杂的现实过分简单化和过分一般化了"。② 为此,他提出了"复杂人"假设：① 人的需要是多样的,并随发展阶段和生活境遇而变化;② 在同一时间人有各种需要与动机,它们会相互作用形成错综复杂的动机模式;③ 工作和生活条件是不断变化的,因此人会产生新的需要和动机;④ 一个人在不同单位或同一单位的不同部门工作,会产生不同的需要;⑤ 由于需

① 大内所说的"上述三点",是指信任、微妙性和亲密性。[美]威廉·大内.Z 理论——美国企业怎样迎接日本的挑战[M].孙耀君译.北京：中国社会科学出版社,1984：3.
② [美]爱德加·薛恩.组织心理学[M].余凯成等译.北京：经济管理出版社,1987：90.

要的不同,人们对于管理方式会有不同的反应,因而不存在普适性的有效的管理方法。

三、激励理论概览

"霍桑实验"引发了人们对于激励问题的兴趣,行为科学催生了大量重要的激励理论。时至今日,激励理论已经形成了三大类型:

(一)内容型激励理论

内容型激励理论着力于找出能够发挥激励作用的因素,其代表理论有马斯洛的需要层次理论、赫茨伯格(F. Herzberg)的双因素理论、奥尔德弗(C. Alderfer)的生存—关系—成长理论、麦克利兰(D. McClelland)的成就动机理论等。

马斯洛认为,人是有各种不同需要的,这些需要由低到高排列依次为生理需要、安全需要、爱与归属需要、尊重需要、自我实现需要。那些未满足的需要会成为激励因素,一旦得到了满足,这一层次的需要就不再具有激励的作用,而会产生更高一层次的需要。根据需要层次理论,学校管理者应当了解教职员工的需要,通过满足其合理需要来激发他们的工作积极性。

赫茨伯格指出,有一类事物当它存在时可以引起很大的满足感,但当它缺乏时不会造成很大的不满足感;另一类事物当它存在时人们并不觉得满足,而当它缺失时会引起很大的不满足感。前者称为激励因素,后者称为保健因素。通过调查发现,促使员工在工作中产生满意或良好感觉的因素与产生不满或厌恶感觉的因素是不同的。保健因素往往与工作环境和工作条件有关,如公司的政策与行政管理、技术监督系统、监督者个人之间的关系、工资、工作的安全性等;激励因素多与工作本身有关,如工作富有成就感、工作业绩能够得到认可、工作本身具有挑战性、个人发展的可能性等。这一理论告诉学校管理者,一味地加薪或改善工作环境并不能真正地激励教师,学校应当在工作本身方面多下工夫。

(二)过程型激励理论

过程型激励理论旨在厘清人们从动机到采取具体行为的心理过程,其代表理论有弗洛姆(V. Vroom)的期望理论、亚当斯(J. Adams)的公平理论、洛克(E. Locke)的目标设置理论等。

期望理论认为,并非有何种需要就会出现相应的行为,人们只有在预期的行为有助于实现某个具有吸引力的目标时,才会被激励起来去做某些事情,以实现其目标。人们的行为受到激励水平高低的影响,而激励水平(motivation,M)取决于期望值(expectance,E)与目标效价(value,V)的乘积,即 $M = E \times V$。因此,学校管理者要注意同时提升目标的吸引力与实现的可能性,并对教职员工的工作绩效给予及时、适当的奖赏。

亚当斯认为,人们不仅关心通过劳动所获得的报酬的绝对数额,而且关注该数额与他人的比较。通常,个体会找一个和自己条件相当的人,将自己的报酬与贡献和对方进行比照。如果 $O_P/I_P = O_O/I_O$，则为公平状态，个体的积极性就能得以维持。[1] 否则，就是不公平状态，当个体感觉到不公平时，就会采取行动来改变它。通常，人们会觉得自己的报酬与贡献之比小于别人，为此会减少自己的付出或要求降低对方的收入。公平理论告诫学校管理者必须审慎制订学校的各项规则与政策，以免因不公而挫伤教职员工的积极性。学校管理者要周密思考，更要发扬民主，因为公平与否不仅是自我比较的结果，更是社会比较的产物。

（三）行为改造型激励理论

行为改造型激励理论的重点是研究如何改造与转化人的行为，以利于组织的运作与发展，其代表理论有斯金纳（B. Skinner）的强化理论、班杜拉（A. Bandura）的社会学习理论、海德（F. Heider）和韦纳（B. Weiner）的归因理论等。

斯金纳认为，人类行为之所以会发生变化，是由于强化的作用，强化是塑造行为和保持行为的关键。斯金纳将强化分为两种：当一个刺激物投入到某一情境之中，加强了某一操作性反应出现的概率，这个刺激物就是正强化物，这一过程就是正强化；当一个刺激物从某一情境中被排除时，也可加强某一操作性反应出现的概率，这一刺激物就是负强化物，这一过程就是负强化。需要注意的是，负强化与惩罚是不同的。负强化是指排除负强化物以加强某种反应，惩罚则是通过呈现负强化物或排除正强化物以削弱某种反应。

在班杜拉看来，人的许多行为都是通过观察、模仿习得的，强化在观察学习中起着重要的调控和促进作用。班杜拉把强化分为：① 外部强化，即以自己直接体验到的结果为基础来调节自身的行为。② 替代强化，指通过观察他人行为受到奖惩而相应调整自身行为的过程。③ 自我强化，人的行为不仅受到外部奖惩的影响，更重要的是还受到自我奖惩的调节。④ 自我效能感，指人对自己能够实施某一行为的能力的判断。当确信自己有能力从事某项活动时，就会产生高度的自我效能感，并积极付诸行动。社会学习理论启发学校管理者，应当树立典型和榜样来强化教职员工的行为，使人们通过观察学习形成良好的组织气氛和工作态度。

第二节　激励的常用方法

一、内滋激励与外附激励

教职员工的工作积极性可能是发自内心的，也可能是在外界刺激作用下产生的。麦格雷戈根据路径的不同，将激励分为内滋激励与外附激励。

---

[1] O_P 代表一个人对他自己所获得报酬的感觉，I_P 代表一个人对他自己所作贡献的感觉，O_O 代表一个人对他人所获得报酬的感觉，I_O 代表一个人对他人所作贡献的感觉。

（一）内滋激励

所谓内滋激励,是指管理者通过引导组织成员的内发性需求,达到调动其积极行为动机的激励方法。每个人都有需要,这种需要会激发起一种驱力,推动他为寻求能够满足自身需要的东西而采取行动。当追求的东西得到后,需要就获得了满足,但随即会产生新的需要,开始又一轮循环。使内滋激励发挥效力的关键,在于发现、引导与满足教职员工的内在需求。为此,学校在制订政策和进行人事安排时,应善于引发教职员工的潜在需求,善于利用他们内心渴望实现的愿望,并使之与学校目标相符合。

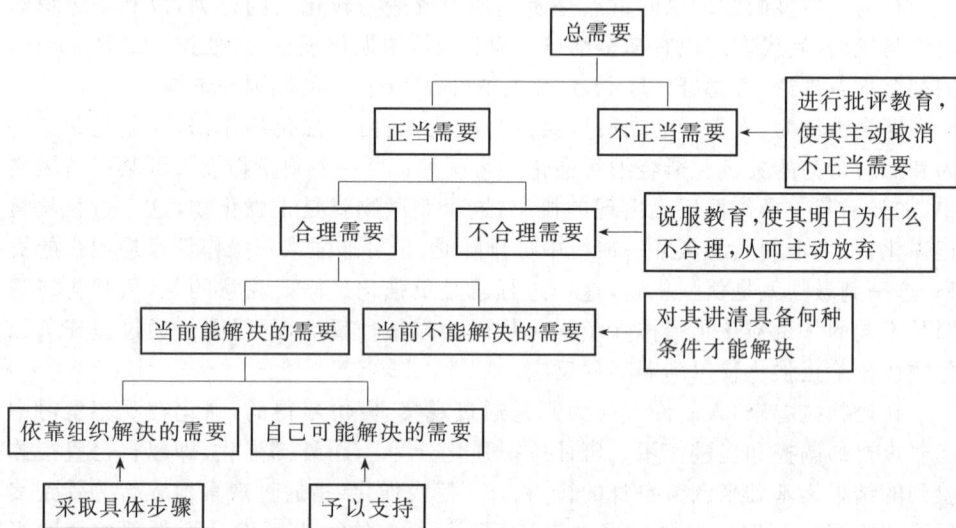

图 6-1 需要满足的操作法①

（二）外附激励

所谓外附激励,是指管理者通过借助外在刺激,达到激发组织成员的积极行为动机的激励方法。外在的刺激因素有许多,比较重要的是:① 物质待遇。学校一般难以给教师提供丰厚的工资和优越的福利,但应做到多劳多得、优质优价,保证分配的公平性。② 工作条件。管理者要努力改善教职员工的工作条件,这种工作条件既包括刚性的物质条件,也包括柔性的心理环境。③ 晋升前景。有希望,才会有动力。学校要给教职员工更多的机会锻炼才干、展示风采,让他们看到不断向上发展的可能性。

激励的路径有两条,我们认为应两者兼顾并以内滋激励为主。因为学校能够提供给教职员工的外部条件总是有限的,但当他们发现了自己工作的内在尊严和快乐时,就会迸发出巨大的能量,能够不讲任何附加条件地自觉自愿去奋斗,从而产生强大而持久的动力。

---

① 赵振宇,田立延.激励论——发掘人力资源的奥秘[M].北京:华夏出版社,1995:100.

学校组织与管理

二、物质激励与精神激励

教职员工既有物质层面的需要，又有精神层面的追求。因此，根据激励的内容，我们可以把激励分为物质激励和精神激励。

（一）物质激励

所谓物质激励，是指管理者运用物质的手段使组织成员得到物质上的满足，从而进一步调动其积极性、主动性和创造性的激励方法。物质激励可以通过工资、福利等货币形式进行，也可以通过奖品、实物等非货币形式展开。当然，通常情况下会以货币形式为主。

在我国，教师工资长期处于较低水平。有调查表明，教师的物质需求没有得到充分的满足。尽管教师往往有着更强的精神需求，但他们并非不食人间烟火，经济待遇低下会影响他们的安心工作、倾情付出。2009年，全国义务教育学校开始实施绩效工资，在总体上提高了教师的收入水平，但也对学校的分配制度提出了更高的要求。

按照《关于义务教育学校实施绩效工资的指导意见》的规定，绩效工资分为基础性和奖励性两部分。基础性绩效工资主要体现地区经济发展水平、物价水平、岗位职责等因素，占绩效工资总量的70％。奖励性绩效工资主要体现工作量和实际贡献等因素，在考核的基础上，由学校确定分配方式和办法。根据实际情况，在绩效工资中设立班主任津贴、岗位津贴、农村学校教师补贴、超课时津贴、教育教学成果奖励等项目。在分配中坚持多劳多得，优绩优酬，重点向一线教师、骨干教师和作出突出成绩的工作人员倾斜。

为此，学校要改善薪酬体系的激励效果，保证工作努力、业绩突出的教职员工获得合理的回报，而工作不认真、业绩平庸的人不能"搭便车"，从而用薪酬这一杠杆撬动教职员工的积极性。就像胡佛研究所的一位资深成员所说的："如果你想要好的教师，而且你想留住好的教师，不支付他们多于差的教师的报酬是极愚蠢的。"[①]这就意味着学校管理者必须处理好各种奖励性因素的关系，一方面要平衡工作量与实际贡献之间的比重，既要杜绝求"量"不求"质"的现象，也要防止只求"质"而推诿"量"的倾向；另一方面，在对实际贡献的奖励中，要进一步考虑综合奖与单项奖、个人奖与集体奖的问题，发挥各种奖项的积极效用。

（二）精神激励

所谓精神激励，是指管理者针对组织成员在精神方面的需求采取各种措施，使其产生工作积极性的激励方法，包括向员工授权，对他们的工作绩效表示认可，公平、公开的晋升制度，提供学习、发展，以及进一步提升自己的机会，实行灵活多样

① Elizabeth Weiss Green. More Apples for the Very Best Teachers[N]. U. S. News & World Report, 2006,141(10)：40.

的弹性工作时间制度,制订适合每个人特点的职业生涯发展道路等。精神激励的具体措施有许多,如工作激励、感情激励、榜样激励、目标激励、参与激励、校园文化激励等,在此择要简述如下:

1. 工作激励

日本著名企业家稻山嘉宽有一句名言:"工作的报酬就是工作本身。"叶澜也指出:"功利、物质的刺激可以焕发教师一时的积极性,但不是永久的,这只是第一层面的唤醒。关键是要在第二层面上,即唤醒教师内在的激情。"[①]工作激励就是学校从工作本身(工作对象、工作内容、工作过程和工作成就等)出发,使工作对教职员工更具吸引力,并使教师感觉到工作的意义和乐趣,从而调动工作积极性。

为此,学校管理者要做到:① 知人善任。管理者要了解教职员工的个人特长、兴趣爱好、目标定位,把每个人都安排到合适的岗位上,做到专业对口、职能相称、人尽其才,并在工作的过程中完善自我。② 使工作具有挑战性。富有挑战性的工作能给教师的职业生涯增添一些新鲜感,使教师进入一种工作的兴奋状态。当前,教育改革如火如荼,这就为教师提供了一展身手的舞台,学校管理者要支持教师的尝试与探索。③ 给予工作自由度。教师从事的是特殊的脑力劳动,在教学与科研中需要有一定的自由空间。因此,学校管理者应减少不必要的纪律约束和规范限制,相信教师的自我管理能力,赋予其决定工作方法、程序、手段的自主权。④ 工作扩大化和丰富化。工作扩大化是扩大工作的水平负荷,即增加同类工作的数量;工作丰富化则是从纵向扩大工作范围,即增加工作的垂直负荷。学校管理者可以增加教师所教的班级数、让教师在不同岗位进行轮岗等,以消除由专业分工所造成的职业倦怠。[②]

2. 感情激励

人都是有感情的,管理者不应低估感情因素对工作积极性的影响。所谓感情激励,就是通过加强与教职员工的感情沟通,尊重与关心他们,与教职员工建立平等和亲密的感情,让他们体会到领导的关心、组织的温暖,从而产生强大的工作动力。

实行聘任制后,一些教师认为自己与学校只是一种雇佣关系,对学校缺乏认同感与归属感,对工作只求合格不求更好。面对这种情况,学校更要在感情激励方面下工夫。比如:有的学校推出了"六必访"制度,即教职员工生病必访、教职员工婚丧事必访、教职员工家庭不和必访、教职员工情绪反常必访、教职员工家属下岗必访、教职员工直系亲属重病必访。这样的制度拉近了教职员工与学校的心理距离,让他们体味了学校的人情温暖,能够促使其全身心地投入到自己的工作中去。

3. 榜样激励

好的榜样就像一面旗帜,它给人们提供了学习的楷模和赶超的标杆。在运用榜样激励策略时,应当注重发挥两种榜样的激励作用:一是学校领导的榜样激励

① 叶澜.学校文化的关键:唤醒教师内在的创造激情[J].教书育人.2008(3).

② 戴健林等.校本激励:原理与策略[M].广州:广东高等教育出版社,2008:85—87.

作用,二是教师的榜样激励作用。

由于中小学的规模一般都不大,领导班子成员的一举一动都在教师的视线之中。再宏伟的目标、再响亮的口号,都没有学校领导的实际行动有分量,有感召力。因此,凡是要求教师做到的,学校领导必须首先做到。领导要以身作则、言行一致、表里如一,用自己的模范言行来影响和激励教师。

学校要组织教师学习各个层级优秀教师的事迹,开展广泛而深入的讨论,引导教师对照先进人物的言行反省自身的工作,使广大教师在学习与讨论中教育自己、完善自己。学校更要注重发掘身边教师的闪光点,树立一批校内教师中的先进典型。由于这样的榜样更真实、亲切、具体化,因而激励的效果往往更好。

4. 参与激励

所谓参与激励,是指鼓励教职员工参与学校的各项管理工作,激发他们的主人翁意识,使教职员工的个人利益与学校组织的利益趋向于一致,以此激发他们的工作积极性。

教职员工都是关心自己所在的学校的,也乐意为学校发展出谋划策、承担工作,关键在于学校管理者要为教职员工的参与管理创设条件。校长述职制度、校务公开制度、教职员工代表大会制度、参与决策制度等,为教职员工以学校主人的身份来参与学校的管理活动提供了制度保障。

除了建立与健全参与管理的一系列制度以外,学校管理者还应注意随时随地加强与教职员工的沟通,倾听他们的意见,将他们的合理建议转化为学校的管理措施,让教职员工感受到学校领导对他们的尊重。平时,学校领导不应将自己关在办公室里,而要实行"走动式管理",经常深入教师的办公室和职工的工作现场,主动向他们征询对学校各方面工作的看法。这种方式能够更快捷、更真实地了解教职员工的内心想法,为管理者进行决策提供最准确的依据。

三、自我激励与他人激励

从激励的主体看,既有教职员工的自我激励,也有其他人给予的激励,如领导激励、同伴激励和学生激励。

(一) 自我激励

所谓自我激励,是指个体不依靠外界的奖励和惩罚措施,而依靠自身力量调动积极性的激励方法。在自我激励中,教职员工既是激励的客体又是激励的主体。自我激励的机制在于:教职员工通过反思认识到自己的成绩与不足,以取得的成绩鼓励自己,以弥补存在的不足作为新的奋斗目标。由于教职员工是具有自觉行为的生命体,有很强的自我意识,因此,他们完全可以自己激励自己。

在现实中,学校管理比较倚重组织对教职员工的"上对下"授受式的激励,把激励看成是管理者的"特权",轻视教职员工本人的自我激励的作用。其实,自我激励有着不同于其他激励的独特之处,突出地表现为:① 内隐性。自我激励是发生在内心深处的活动,不易被人觉察,也不涉及公平问题。② 精神性。自我激励一般只涉及精神层面,不需要动用物质等其他激励手段。③ 随意性。自我激励可随时发生,不过主要发生在人们面临困难或确定新目标的时候。[①] 可见,与其他激励方法相比,自我激励更为灵活便捷、持久有效、成本低廉,具有不可替代的作用。

自我激励的基础是教职员工对某一目标的认同,由此唤起义务感、责任感,萌发参与意识,并为之努力行动。对于教职员工而言,设定的目标应与自身的需要相吻合,具有一定的挑战性,并且具体明确。对于学校而言,在教职员工的自我激励中可以通过以下策略来发挥引导作用:① 通过教育引导,提高教职员工的思想觉悟,增进其教书育人的责任感与使命感。② 给教职员工施展才华的舞台和取得成功的机会,增强他们的自我效能感,激起教职员工获得更好业绩的期望,并在实践中不断提升才干。③ 建立科学的绩效评价和信息反馈机制,让教职员工及时了解自己的工作状况,看到自己的工作成果,坚信"辛勤付出,必有所获"。

(二) 他人激励

所谓他人激励,是指自身以外的其他人员运用各种奖励和惩罚措施,调动个体工作积极性的激励方法。在他人激励中,教职员工只是激励的客体,而激励的主体可以是多元的,如学校领导、同伴、学生等。

1. 领导激励

一般认为,领导激励是指领导者激发、鼓励和调动人的热情和动机,使人潜在的工作动机尽可能充分地发挥和维持,从而更好地实现组织目标的激励方法。对于教职员工来说,领导激励是一种自上而下的激励,意味着自身的表现得到了上级的肯定,具有权威性。

首先,领导激励可以借助领导者的自身素养来进行。一位出色的领导者往往具有战略眼光、创新意识和改革勇气,能够脚踏实地、以身作则和言传身教,善于学习、知人善任和敬业爱岗。领导者的这些优良品质可以使教职员工产生敬佩感,对其形成强烈的感召力,因而引发其追随意愿,使其努力工作。

其次,领导激励可以通过给予工作支持来实施。工作支持激励包括:为教职员工创建良好的工作环境,提供必要的工作条件设施,营造宽松和谐的组织氛围。在教职员工遇到困难时,领导者要及时伸出援手,提供帮助,给予指点;当工作出现差错时,领导者要主动承担相应的责任,宽容教职员工的失误,增加其安全感和信任度;在教师进行教学改革探索时,领导者要予以保驾护航,消除其后顾之忧。

最后,领导激励可以依托管理方式来推行。不同的管理方式有着不同的管理成效和激励效应,有研究人员根据卡曼(A. Karman)的领导生命周期理论提出了不同的策略:① 对于不成熟的教师,在管理行为上采取指示式为宜,要在工作态度上加以督促、在业务技能上给予指导,让教师得到成长。② 对于初步成熟的教师,宜用说服式管理,劝导他们在工作态度和业务技能上都努力奋进,进一步提升自己的素养。③ 比较成熟的教师工作态度与业务水平都较高,在教师群体中拥有一定

① 熊川武,江玲.学校管理心理学[M].上海:华东师范大学出版社,2011:34.

的威信,也有参与学校事务的愿望与能力。因此,参与式管理能够激发他们的工作积极性。④ 成熟型的教师把教书育人当作自己毕生的事业,其业务能力与敬业精神得到各方面的公认,因而宜实行放手式管理,即充分授权其进行自我管理,让他们更多地体验到工作的乐趣,心情舒畅地投身于自己钟爱的事业中。[①]

2. 同伴激励

所谓同伴激励,是指工作伙伴对组织成员施加影响,调动其工作积极性的一种激励方法。作为专业人员的教师,是一个典型的同行参照群体,他们非常在乎同行对自己的评议,关注工作伙伴的动向。由于同伴倾向于从专业角度看问题,因而获得同行的认可有时比得到领导的肯定更能起到激励的效果。

同伴激励是建立在相互比较的基础之上的,因此,要摒弃文人相轻的旧习,学会用欣赏的眼光看待工作伙伴,从对方身上找到值得自己学习的品质,并且真诚地表达出来。例如:有的学校举办"夸夸我身边的好老师"、"寻找自己身边的闪光点"等征文与演讲活动,让教师中的优秀事迹得到颂扬,对受褒奖的教师是一种激励,同时也为其他教师树立了学习的典范。当然,同伴激励不等于一味的表扬,中肯地指出对方的缺陷其实也是一种激励。

3. 学生激励

在现代学校,学生是教师激励的重要主体。学生对教师的评价尤其是欣赏式的评价能够使教师体验到教师职业的价值与幸福,大大地满足教师自我实现的需要。上海市向明中学"学生让教师感受成功"的探索为我们提供了一个范例。

案例 6-1 学生让教师感受成功[②]

向明中学在办学过程中认识到,调动教师在教学过程中的积极性十分重要。为此,学校推出了"学生向教师推荐一堂成功课"的活动。活动的主题是通过发现教师的闪光点,让教师感受成功,激励教师根据学生发展需求进行创造性教学的积极性,享受教师职业的价值与幸福。具体做法如下:

每周推荐:每周五,每班的学习委员在征求同学意见的基础上填写"课堂教学情况反馈表",向教导处推荐"本周最成功的一堂课",并在推荐表上说明理由。教导处汇总后,填写一份"向明中学课堂教学情况反馈汇总表"。

每月小结:每个月,由教导处对四周以来的汇总表进行分析,并在教研组长会上做总结,对比较突出的成功课进行介绍、表扬。

学期总评:每学期末,要求每名学生至少填写一份"向明中学课堂实施创造教育成功事例推荐表"。学生可以推荐某教师的整体教学理念,也可以推荐某学科的教学架构、某一堂课的教学方法、某种成功的教学形式等。

这一活动不仅被教师所接受,还大大增强了教师的成功感,许多教师还把

① 胡永新.教师人力资源管理[M].杭州:浙江大学出版社,2008:256—257.

② 张民生,朱怡华.现代学校发展创意设计[M].上海:上海远东出版社,2005:478.

学生的推荐表珍藏了起来。

四、奖赏性激励与惩戒性激励

激励,实际上是由正向诱导与负向制约构成的对立统一体。从激励的方向看,我们可以将它分为奖赏性激励和惩戒性激励。

(一)奖赏性激励

所谓奖赏性激励,是指对个体符合组织目标期望的行为给予奖赏,以使这种行为更多地出现的一种激励方法。它通常表现为对教职员工的肯定、承认、赞扬、奖赏、信任等,其功能在于调动人的积极情感,增强人们克服困难的意志,通过满足需要来持续性地调动人的积极性。

在实施奖赏性激励时,首先要确立激励标准,以便选对需要奖励,并且令人信服的人。为此,激励标准应当注意:① 奖赏出色的工作,而不是忙忙碌碌的行为。学校管理者要讲求效率,关注成果。② 奖赏探索者,而不是守旧者。在教育转型的今天,管理者应倡导教师的创新行为。③ 奖赏成功者,也要鼓励受挫者。对于探索出新路的人,校方要热情鼓励;对于摸索过程中的失败者,更要宽容并鼓励其进一步尝试。

其次,奖赏性激励要把握时机,注意时效性。行为修正理论强调即时反馈,就是要让人们及时知道自己行为活动的结果。只有这样,才能给教职员工以鼓励和信心,鞭策他们继续努力。理论和实践都告诉我们,延时反馈(即相隔很长时间后再告知行为的结果)的激励力量会明显衰退。因此,在发现有好的行为表现后,学校管理者要及时给予奖励。

第三,奖赏性激励要注意创设有利的心理氛围,营造人人学习先进的组织环境。在学校中,能够受到奖赏的总是少数,如果处理不当,就有可能使激励对象遭到孤立和冷遇,根本不能起到激励的作用。因此,学校管理者要注重对教职员工的价值观引领,长期着力于良性组织氛围的建设,并且注意正激励的公平性与发展性。

(二)惩戒性激励

所谓惩戒性激励,是指当组织成员的行为不符合组织目标时,管理者采取一定的措施,使之减弱和消退,从而达到组织预期的激励方法。常见的惩戒性激励方法是批评和经济处罚,严重的要给予行政处分。不过,在学校中最常用的还是批评。

有学者指出,人们对于批评等惩罚性措施有着本能的抗拒心理,这就要求学校管理者针对不同的对象选择不同的批评方式:① 直接批评。对于能够虚心听取意见的教职员工,可以直截了当地提出批评。② 间接批评。通过对其他人或事的批评,旁敲侧击地批评特定的某位教职员工。③ 暗示批评。不具体明说,而是暗指不当行为是某人所为,让其意会。④ 对比批评。通过表扬好的,实际上也就批评

学校组织与管理

了做得不到位的。⑤ 强制批评。对于原则性的错误（如体罚学生）要严令禁止，责成其立即改正错误。⑥ 商讨批评。对于一般性的差错可以用对话的方式，用商量的口吻指出缺点，让对方心悦诚服。⑦ 分段批评。如果批评对象不易接受别人的意见，可逐步提出问题，待对方态度有所转变时，再加重批评的分量。①

奖赏性激励和惩戒性激励可以从正反两方面调整人们的行为动机，起到双管齐下的作用。学校在建立激励机制时，要让奖励措施与必要的惩罚手段对应出现。一般而言，奖赏性激励更能激发教师的主人翁意识和积极的工作行为。但没有惩戒性措施，就会失去管理规范的"底线"，影响激励的整体效能。在具体的学校实践中，奖赏性激励与惩戒性激励是一种互补关系，而不是固定的"比例"关系。要坚持辩证法的"两点论"与"重点论"观点，可根据不同时期和情景，动态对待，灵活运用。在特定的背景条件下、特殊的事件中，暂时地加重惩戒的力度也未尝不可。但在通常情况下，当以奖赏为主、惩罚为辅。②

第三节　有效激励的策略

一、把握激励对象的特质

不同的激励对象有着不一样的特点，在激励时应有针对性地采取不同的办法，这样，激励才会奏效。

（一）教师的劳动特点

首先，教师的劳动具有高度责任心和复杂创造性。教师劳动的对象是学生，其责任是把他们培养成人。由于学生是活生生的人，他们有着不同的家庭背景、天赋秉性、兴趣爱好、思想行为，并且所有这一切都还处在不断地变化发展之中。这就要求教师发挥更大的灵活性、创造性，因材施教。从激励的角度看，学校管理者要尊重教师的创新举动，鼓励他们在教学内容、方法、手段等方面有自己的处理方式，容许教学改革可能带来的成绩波动，倡导教师形成自己的风格。

其次，教师的劳动具有示范性。以身作则、为人师表，是社会对教师的要求。教师要影响学生的精神、塑造学生的心灵，只能靠自己的言传身教潜移默化地感染学生，也就是通过主体自身以示范的方式实现的。这就凸现了教师激励的重要性，因为一个没有得到充分激励的教师，是不会在工作中倾情投入的；一个缺乏工作激情的教师，是无法给学生提供可资效仿的榜样的；一个对待工作敷衍了事的教师，是不可能让学生充满收获的。

再次，教师的劳动是个体劳动与整体协调相结合的。从表象上看，教师从事的

①　俞文钊.中国的激励理论及其模式［M］.上海：华东师范大学出版社，1993：237.

②　胡永新.教师激励的偏失与匡正［J］.全球教育展望.2009(10).

是一种个体化的劳动,但事实上,在分工的基础上需要彼此的合作。这是由人的素质的多面性、教育要求的全面性、教育影响的广泛性、教育工作的专业性,以及教师劳动成果的集体性、综合性等决定的。离开了教师的群体协作,是不可能完成教育任务和提升学生综合素养的。这就要求在激励时既要关注每一位教师的个人表现,鼓励彼此之间的竞争,又要重视团队的力量,关注教师之间的合作。

最后,教师劳动具有长期连续性。[①] 一种知识的掌握、一种观念的内化、一种技能的训练、一种习惯的形成,无不需要一个长期复杂的过程。而人的身心素质还具有多层次性,具有发展可能的多向性,没有教师劳动的一贯性、连续性,受教育者的素质就难以形成系统。这就决定了教育劳动效果的模糊性、内涵性、迟效性,因此,学校管理者要有长远的眼光,不能孤立地只看一时一科的分数或成绩。

(二) 教师的需要特征

需要,是教师激励的基石。只有把握住了教师需要的特点,才能有效地激励教师。围绕着教师的需要,人们做了大量的研究,主要结论如下:

表 6 - 1　教师的需要

提出者	主　要　观　点
孙　萍	精神文化的优先性;创造、成就需要的强烈性;自尊、荣誉需要的关切性
张丽娟	物质需要的朴实性;发展需要的稳定性;自尊需要的迫切性;成就需要的强烈性。此外,教师需要结构中社会性需要会不断地进行变化
石晓春 马晓发	物质需要仍然是教师的主导需要;教师有着强烈的精神文化需要;教师注重高层次的自我发展和尊重的需要
毕铁居	发展需要的突出性;创造、成就需要的强烈性;自尊、荣誉需要的关切性;物质需要的朴实性

可见,与物质需求相比,教师具有强烈的精神需要。其中,自我发展需要、尊重和荣誉需要、成就需要等非常强烈。国外的研究也表明,一般教师对于低层次的安全和交往的需要都已得到满足,他们希望得到满足的是自尊、自主和自我实现方面的需要,尊重似乎是这些专业人员感到最缺乏的一种需要等级。[②]

上述研究基本套用了马斯洛的需要层次理论,但由于工作性质的差异,教师的需要与其他行业员工有所不同,因而要在充分考虑教师的实际情况的基础上,对其需要及激励策略进行分析。基于这样的思路,有研究人员将教师的需要因素归纳为:① 薪酬福利,包括固定的工资、津贴和不固定的奖金、物质奖励;② 工作环境,包括由建筑、设施构成的硬环境和由工作氛围、校园文化构成的软环境;③ 人性关怀,指学校管理者体谅教师在生活或工作中的困难,在管理过程中以教师为中心;

① 陈永明.现代教师论[M].上海:上海教育出版社,1999:143—146.
② 金含芬.学校教育管理系统分析[M].西安:陕西人民教育出版社,1993:30.

④ 获得尊重,指来自社会、学校领导、同事和学生等不同方面的认可;⑤ 信息共享,包括对教学经验的交流、教育问题的探讨、学校运作情况的沟通;⑥ 创新求变,指对教育教学问题寻求新的思路与解决方法;⑦ 得到权力,包括教学管理权、教学资源控制权、行政管理权、民主参与权、决策权等;⑧ 获得发展,如晋升职称和提升岗位、参加培训、出国进修、读研或读博等;⑨ 工作本身,指工作带给教师的满足感和成就感。[①]

调查表明,教师的薪酬福利需要依然强烈,业务成就、个人成长发展、人文关怀需求、尊重和认可等方面的需求十分强烈。而实际情况是:教师在业务方面获得的成就感及交流机会不够,成长发展机会在覆盖面上还需扩大化,在形式上还需多样化。不少教师不能"经常"感受到学校对自己的人文关怀或人性化服务,尊重与认可的来源较为单一。这些都会影响教师的工作积极性,应当引起学校管理者的重视。

(三) 教师的职业特性

由于教师接受过系统、专业的教育及训练,在教学领域内拥有一定的特长,对如何开展教学工作、解决教学过程中的问题有自己的见解,因此他们有很强的自主性,表现在教学任务上,要求教学任务有一定的挑战性,不愿按部就班,被动地适应学校管理及教学工作;表现在工作氛围上,要求具有宽松自由的教学环境,排斥刻板的、受监督的教学环境,希望在教学中能够自我引导、自我发展;在工作安排上,希望具备一定的灵活性,体现出宽松、和谐的人文关怀。

教师的创造性工作特点要求其必须具备独立、聪慧的教学思维,而不是随波逐流、人云亦云。此外,由于教师掌握着专业知识和技能,可以对学校领导、其他教师及学生产生影响,因此,传统组织层级中的职位权威对他们往往不具有绝对的控制力和约束力。他们有展示自我的强烈欲望,希望能够在学校中发挥自己的专长,成就一番事业,实现自身价值,并得到社会认可。

教师职业的专业性和社会对教师职业的高期待,使教师的自我价值感很高,这导致教师对自己有一定的预期,希望能获得自我实现。为此,他们很难满足于单一、机械的教学方式,而青睐于具有挑战性、创造性的教学方式,并尽力追求完美的结果,渴望通过这一过程充分展现个人才智,实现自我价值。

在教师激励的过程中,只有关注教师对工作需求的心理特点,才能全面地考虑到教师的需要,有针对性地进行教师激励。比如:实行弹性工作制,加大环境支持力度;提供自主性较高的教学环境;给予教师更多的教学主动权;支持教师参与学校的民主管理;提高教学工作给教师带来的成就感等。

二、构建完备的激励体系

激励不是一时的工作,它涉及学校的各个条块、不同的人群,为此,学校管理者

① 蒋旭.基于需要分析的中学教师激励机制研究[D].上海:华东师范大学硕士学位论文,2009:33—34.

要注重激励体系的构建,使之长期有效地运作,以防止激励中的顾此失彼。

(一) 激励体系的基本构架

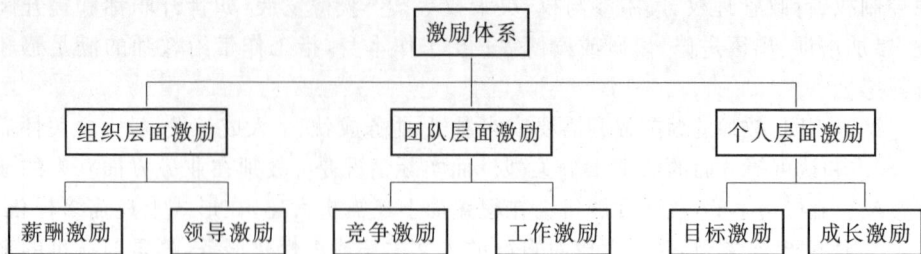

图 6-2　激励体系示意图

需要说明的是:① 此处激励体系的构建采用的是举例式的分析方法,事实上,对于第二层还可以设计出更多的模块,各学校也可以根据自己的需要设计不同的体系结构。② 第三层的模块仍然可以,并且有必要进行再分解,比如,"成长激励"模块可以细分为职业生涯规划、进修学习、培训提高、职务晋升、实现自我价值等。③ 这一激励体系的划分是理论化的,具有相对性,实践中各个模块往往会产生交叉现象。[①] 当然,该体系的具体构成模块应根据发展情况作出动态的调整。

(二) 激励体系的相容机制

激励相容的命题最早是由美国经济学教授哈维茨(L. Hurwiez)提出来的。激励相容就是使人们在追求个人利益的同时,也能使组织既定的目标达成的一种机制。在市场经济中,每个"理性人"都会有自利的一面,其个人行为会按自利的规则行动。如果不能建立起激励相容机制,就会使个人利益与集体利益之间产生矛盾,导致个人的利己行为影响组织的整体效能,或者因组织的利益而损害个人应有的权益。

学校组织目标与教师个人目标始终是对立统一的辩证关系。两者有时并不一致,甚至相矛盾。比如:学校考虑更多的是长远发展,教师可能想得到较多的是眼前实惠;学校更多地考虑整体利益与品牌形象,教师可能较多地在意个人的得失。但是,学校与教师又是相互依存、相互统一的"同舟共济"关系。学校组织目标的实现,离不开教师的努力;教师的个人目标又是在组织框架中定位和实现的,没有学校组织的支持,教师不可能有所作为。学校与教师的发展是可以同步协调的,江苏省栟茶中学就进行了成功的尝试。

案例 6-2　捆绑式激励带来了双赢

许多学校都有师徒结对制度,但在实际运作中,一些老教师往往不愿倾囊

---

① 胡永新.教师人力资源管理[M].杭州:浙江大学出版社,2008:252—253.

相授,担心青年教师超过自己。这种情况显然不利于青年教师的成长,也不利于学校整体教学质量的提升。

在栟茶中学,师徒结对后,徒弟每上一堂课,都要先备课、后听课、再改教案,经师傅认可后再上课。而师傅的每一堂课都要向徒弟开放。同时,实行"师徒捆绑"考核激励,只有师徒皆佳者才能被评为优秀。在这样一套激励机制下,徒弟的进步自然很快,从而有力地保证和促进了学校教学质量的提高与优化。

建立激励相容机制可从以下几方面入手:① 将学校工作目标系统化。学校工作与发展方向必须有目标设定,在纵向发展上,要长期目标、中期目标、短期目标环环衔接;在横向建构方面,要对目标进行分解与整合,形成目标系统。将学校总体目标分解为部门目标(包括年级目标、学科目标)、个人工作目标,使目标本身形成相互包容的关系。② 职、责、权、利相统一。学校要明确各部门、个人的岗位职务、责任、权限、利益,做到四者相统一。确保各部门和个人都有章可循、有法可依、各司其职,能够用其权、负其责、获其利,而无须彼此之间争权夺利。③ 帮助教师制订个人的职业生涯发展目标。学校要建立组织目标与教师个人目标相"对接"的配套制度,保证教师在努力工作中达到职业生涯发展的理想彼岸,实现自己的人生价值。

(三) 激励体系的运作过程

建立架构是运作激励体系的第一步,在此基础上要形成制度规范,开展信息交流与互动。静态的激励体系构架只有通过制度化和执行,才能转化为推动力,从而发挥激励的作用。分配制度、评优制度、研修制度等可以促使教师努力工作,从而完成任务,达到目标,最终取得良好的业绩。制度可以用来引导教师的工作,也可以保证教师努力付出取得成效后得到实惠,同时还可以让教师检验自己的工作状况及对学校的贡献程度。因此,学校的制度应具有科学合理性、系统连贯性和可操作性。

学校的规范是广义制度的组成部分。制度是文本化的,具有法规性质。规范既有见诸文字的,也有无形的、约定俗成的规矩。无论是否是有形的,规范始终对教师具有约束力,它是用来维护纪律,保证行为有效性的。学校管理者既要重视有形规范的制订,更要关注无形规范的塑造,它有时比看得见的文字更有影响力。

与学校中的任何管理活动一样,激励体系的运作也必须以信息交流为中介。激励体系的基本构架不应是学校管理者闭门造车的产物,应当通过调查研究了解教师的实际需求,在此基础上制订奖惩方案、确定奖惩形式。对教师工作绩效的考评及对考评结果的反馈,实际上也是一种信息的获得与交换的过程。教师对激励体系基本构架的看法、对考评过程与结果的态度、对激励体系运作情况的意见,都离不开及时的信息反馈与处理。充分的交流、有效的互动,才能使激励体系运行顺畅。

三、改进激励的操作方式

有效的激励不仅取决于宏观层面的体系构建,而且取决于微观层面的操作方式。好的操作方式可以让激励显现实效,不良的操作则可能使管理者的前期努力付诸流水。

(一)分类化激励

同处一所学校的教师会有一些共性特征,但也会有差异化的方面。因此,学校管理者一方面要提供基础性的、共同的激励因素,另一方面要针对不同群体实行分类化激励。调查发现,不同性别、职称、岗位的教师在需求层次上具有明显差异,学校管理者应有针对性地推出不同的激励举措。

从性别上看,男女教师在工作环境需求、信息共享需求、发展需求、工作需求的强烈程度上有显著差异。一般而言,女教师希望获得稳定感和安全感,男教师则更注重个人发展和事业上的成就等。因此,学校管理者可以让男教师承担更多的富有挑战性的工作,而在女教师的工作安排上则要更多地考虑稳定性。

从时间上看,工作年限越短的教师在发展需求方面要求越强烈,工作年限越长的教师在尊重需求方面要求越强烈。新教师希望能够有学习和培训的机会,不断更新知识和技能,尽快适应教师角色等。因此,有效的激励措施是为他们配备合适的指导教师,帮助他们在专业上迅速提升。对于具备一定教学经验和教学能力的教师来说,他们希望能够发挥自己的专长,取得被人认可和尊重的工作成果,获得更大的发展和更高的地位。为此,学校管理者应该给他们创造机会,让他们充分展现自己的才干。

从职称上看,低职称的教师发展需求的强烈程度最高,而高职称的教师在薪酬福利需求和受尊重需求方面的强烈程度最高。这就意味着要让低职称的教师置身于一个互助合作的教师团队中,让他们得到同事的帮助和领导的关心,不断增强自身的实力,为职称晋升打好基础。对于高职称的教师要给予相应的待遇,给他们提供带教青年教师的机会,让他们能够参与学校的管理事务。

(二)组合式激励

教师的需要不是单一的,在同一时刻会并存着多种需要。因此,试图凭借一种手段完成对教师的激励是不现实的。有效的策略是:把握占据主导地位的优势需要,兼顾其他需要;采取多种激励措施,实现组合激励。

随着年龄的增长,教师的需要类型及其侧重点会发生变化,学校管理者应据此选择合适的激励组合。一般而言,青年教师的物质需求和成就需要强烈;中年教师物质需要、尊重需要、成就需要较强烈,而且随着家庭负担的增大,他们对物质财富的追求是三个年龄层次教师中最明显的;老年教师体力和精力有所下降,他们处于其职业生涯的定型期,此时的物质需要相对淡漠,尊重的需要和自我实现的需要较

强烈。为此,有研究人员提出了以下的组合式激励方案:①

表 6-2　教师的组合激励

年龄阶段	需求特点因素	激　励　措　施
青年教师	外在性因素	薪资、福利等
	内在性因素	赋予挑战性、培养性的工作,兼顾晋升
中年教师	外在性因素	薪资、福利等
		对工作的认可、尊重、给予荣誉等
	内在性因素	赋予挑战性、培养性的工作,兼顾晋升
老年教师	外在性因素	对工作的认可、尊重、给予荣誉等
	内在性因素	满足抱负或人生目标

(三) 选择性激励

一个完备的激励体系不仅要涵盖学校的各个层面,形成激励相容的机制,而且应当具有选择性。这种选择性表现在两个方面:一是作为激励主体的学校对激励客体——教师的选择,二是作为激励客体的教师对激励方案的选择。

学校应根据处于同一考核组织的教师的不同业绩表现,采取有选择性的激励。对于为学校组织目标作出贡献的教师,给予其既得利益之外额外的物质上或者精神上的奖赏;对于无助于或有损于学校集体利益的教师,给予物质上或精神上的惩罚。在这方面,学校关键要做到公平合理。

另一方面,获得额外奖励的教师作为激励主体,可以依据自身在某一特定阶段的现实需要为标准,对"菜单"中的激励因素进行"自助餐"式的选择。这样,既可以做到奖惩有度,又可以避免因大家在奖励物品上进行比较而引起的不满和争论。②选择性激励打破了学校管理者对激励的单方垄断,使激励成为管理者与教师之间的互动行为,教师不仅能够受到奖品的刺激,还能享受到在激励过程中自己作主的快乐。

> **课后练习**

1. 运用本章知识,分析你所在学校在激励方面的成功之处,找出存在的问题,思考解决的方案。

2. 完成以下测试,了解你自己的激励倾向。

(1) 员工干得好,应特地增加工资。

---

① 唐凯欣.我国城市中小学教师激励研究[D].长沙:湖南师范大学硕士学位论文,2003:38.
② 王丹.学校管理中选择性激励机制之构建[D].上海:华东师范大学硕士学位论文,2011:50.

（2）工作说明（职务与责任）写得好些很有用处，员工将确切知道他们要做什么。

（3）要提醒员工：他们的工作岗位取决于他们的竞争能力。

（4）管理者应多多关心员工的物质工作条件。

（5）管理者应在员工中努力营造友好的工作气氛。

（6）工作绩效超过标准的员工应予以认可或表扬。

（7）管理者对员工漠不关心，会挫伤员工情绪。

（8）让员工感觉到，他的技能和能力都在工作上发挥出来了。

（9）单位的退休福利是使员工安心工作的重要因素。

（10）几乎每一种工作都能弄得更有刺激性和挑战性。

（11）多数员工在工作时都能发挥他们的长处。

（12）管理方可在业余时间举办社会性活动以表示对员工的关心。

（13）在工作上感到自豪，这实际上是一种重要的报酬。

（14）员工要在所做工作上使自己成为一个佼佼者。

（15）非正式群体中相互关系的质量是十分重要的。

（16）鼓励性的个人奖金会改进员工的绩效。

（17）对员工来说，他们能看得见上层管理者，这一点是重要的。

（18）一般来说，员工喜欢自己安排工作，自己作出与工作有关的决定，不要有太多的监督。

（19）能做到工作有保障，这是很重要的。

（20）有良好的设备来进行工作，员工会感到满意。

阅读上述每一题，"完全同意"的，得 3 分；"同意"的，得 2 分；"有点同意"的，得 1 分；"不知道"的，得 0 分；"有点不同意"的，得 -1 分；"不同意"的，得 -2 分；"完全不同意"的，得 -3 分。第 1、4、16、20 题的得分之和，反映的是"生理需要"的情况；第 2、3、9、19 题的得分之和，反映的是"安全需要"的情况；第 5、7、12、15 题的得分之和，反映的是"归属需要"的情况；第 6、8、14、17 题的得分之和，反映的是"尊重需要"的情况；第 10、11、13、18 题的得分之和，反映的是"自我实现需要"的情况。得分的高低，意味着你对某种需要的重视程度，代表了你使用某种激励的频率。[①]

---

① 吴玉.管理行为的调查与量度——行为科学的研究方法［M］.北京：中国经济出版社，1987：67—71.

第七章
学校领导

缺乏有效领导（leadership）的组织是岌岌可危的。

——F. Fiedler & M. Chemers

情景导入

刘校长对学校的工作事必躬亲，方方面面的事务都亲手抓。例如：他每天总是很早到校检查教职员工的出勤情况，晚上学校值班也常常自己承担。学校要给予教职员工奖励，刘校长会亲自把奖金或奖品发放到每个人手上，而奖励的额度也由他一个人说了算。甚至总务处要添置拖把、扫帚，刘校长也会自己开车出去购买。

在这种情况下，一旦刘校长生病在家或外出开会几天，马上就会有教职员工提早下班，个别部门的领导甚至把一些自己能够处理的事情也搁置下来。教师们在私底下议论纷纷，有人说刘校长是一位尽职的校长，虽然领导的方式有些传统，但适合本地区的现实状况；也有人说，在学校中不能采用"家长制"的领导作风，校长应该做学校的决策等领导工作。事无巨细都亲自操劳的校长，怎么能领导好一所学校？怎么能提升本地区的教育质量？①

刘校长对待工作认真负责，但他的领导方式却引发了争议，有人认同他的风格，有人反对他的做法。你认为刘校长是一位好领导吗？

第一节　领导与领导理论

一、领导的含义

无论是在汉语还是在英语中，"领导"一词都有着多重含义，可以作不同的理解。因此，有必要梳理各种定义，明确领导的内涵与外延。

---

① 改编自赵其坤.学校事件与管理策略：学校管理案例评析[M].北京：学苑出版社，2008：5.

（一）领导定义种种

在汉语中，"领导"可作名词解，即"领导者"；也可作动词解，即"领导活动"。在英语中，有三个词与"领导"有关：① leader，领导者，作名词；② lead，领导，作动词；③ leadship，在译为汉语时在不同的场合有不同的译法，可指领导权、领导力、领导意识，也可指领导能力、领导行为、领导过程。在本章中，我们将"领导"对应于 leadship。

在西方，以"领导"为主题的研究集中出现于 20 世纪初期，研究者从各自的角度对领导作出了阐释，几乎有多少个研究者就有多少个对领导的不同定义。到了 70 年代，斯多格迪尔（R. Stogdill）归纳了 10 种有关领导定义的主题句：① 领导是团体过程的核心；② 领导是个性及其影响的重合；③ 领导是一门引导服从的艺术；④ 领导即施加影响；⑤ 领导是一种行动或行为；⑥ 领导是一种说服的形式；⑦ 领导是达成目标的手段；⑧ 领导是相互作用的结果；⑨ 领导是特别的角色；⑩ 领导是结构的创新。[①]

综上所述，"领导"必须具备三个要素：其一，领导是一个过程，不是可以一蹴而就的活动；其二，领导者要有下属，没有追随者的领导者谈不上领导；其三，领导的目的是通过影响部下来实现组织目标，影响力是领导成败的关键。

（二）领导与管理的关系

当我们探讨"领导"的含义时，必定绕不开它与"管理"的关系这个问题。的确，"领导"与"管理"的联系较为紧密，有许多相似之处：其一，领导是从管理中分化出来的。通常，领导被视为管理中较高层次的活动。其二，在现实生活中，领导活动与管理活动具有较强的相容性与复合性。管理者在从事管理活动时，也承担了一定的领导工作；领导活动的目标，只有在有效的管理之下才能得以实现。当然，两者毕竟是不同的概念，其区别如表 7-1 所示：

表 7-1　领导和管理的区别[②]

项　目	领　　导	管　　理
主体	组织内最高层的管理者，如学校的校长，主任	既包括组织内的最高层管理者，也包括处理一般具体事务的管理人员，学校中，除校长外，教务员等都可以称作管理者
对象	领导的主要对象是人，指人与人之间的双边活动	管理的核心是事，但也包括财务、物资、时间、信息等
任务	决策、指挥、创新	除领导的职能外，还包括大量的具体的技术性工作
活动方式	间接的实践活动，主要是通过计划、决策、指挥、协调、检查等方式，影响他人工作	既有间接的实践活动，也有直接的实践活动，一般管理人员的活动主要是直接的实践活动
活动状态	促进组织创新与变革	维持组织程序的顺利运行

---

① R. Stogdill (1974). Handbook of Leadship. New York: Free Press, pp. 7-16.

② 范国睿. 学校管理的理论与实务[M]. 上海：华东师范大学出版社，2003：160.

二、领导的权力来源

领导过程中影响他人的基础是权力,弗兰奇和雷文(J. French & B. Raven)提出了著名的"五种权力来源说",即奖赏权、强制权、法定权、感召权和专长权。[①]在此基础上,人们将权力分为来自职位和来自非职位两大类。

(一)职位权力

职位权力是源于在组织中担任一定的职务而获得的权力,因此会伴随着职位的更动而变化,它主要包括合法权、奖赏权和惩罚权。

合法权是组织中等级制度所规定的正式权力,被组织、法律、传统习惯甚至常识所认可。它与合法的职位联系在一起,只有获得合法的职位才能拥有合法权。合法权源于被影响者内在化的价值观,部属认为领导者有合法的权力影响他,他必须接受领导者的影响。

奖赏权是决定提供还是取消奖励、报酬的权力,比如校长有权对某位教师给予表扬。奖赏权源于被领导者期望奖励的心理,即被领导者服从于领导者的愿望和指示是因为这种服从能带给他们所期望的利益,这能满足他们的某种需要。因此,实现奖赏权的关键在于领导者所提供的奖赏是否是被领导者所期望的。在学校中,奖赏可以是人们认为有价值的任何东西,例如货币、公正的绩效评估、晋升机会、有趣的工作、友好和睦的工作环境、信息分享、有利的工作转换等。

惩罚权是指领导者通过精神、感情和物质上的威胁,强迫下属服从的一种权力。这是领导者对下属不服从其领导所给予的一种强制性的剥夺。惩罚权源于被领导者的恐惧,即被领导者感到领导者有能力将自己不愿意接受的事实强加于自己,使自己的某些需求得不到满足。惩罚权在使用时往往会引起愤恨、不满,甚至极端的报复行动,因此领导者必须谨慎对待。

(二)非职位权力

非职位权力是指与组织的职位无关的权力,这种权力的取得不是依赖于领导者在组织中依法获取的职位,而是与领导者个人的特质直接相关。非职位权力包括专长权、个人魅力、背景权和感情权等。

专长权是指因领导者所拥有的专长、技能和知识而获得的一种影响力。当一位领导者具备超越他人的学识和能力时,他会使人们产生信赖感,愿意听从其安排。在学校这样一个知识密集、专业人员聚集的组织中,专长权的影响力较其他组织更为明显。

个人魅力是一种无形的很难用语言来描述和概括的权力,它是建立在领导者

① J. French & B. Raven (1968), Bases of Social Power. In D. Cartwright and A. Zander(eds), Group Dynamics: Research and Theory, New York: Harper & Row, pp. 259 - 270.

第七章　学校领导

个人素质之上的,这种素质吸引了欣赏它、希望拥有它的追随者,从而激起人们的忠诚和极大的热忱。人们对于领导者往往有着相似的角色要求,而优秀的领导者则能够在满足共同期待的基础上演绎出个人的风采。

背景权是指领导者个人由以往的经历而获得的权力。有背景权的领导者往往有着辉煌的经历、特殊的人际关系背景、血缘关系背景等,这种显著的地位会让其下属产生敬佩感、亲近感,希望与领导者建立和保持关系。

感情权是指个体由于和被影响者感情较融洽而获得的权力。长期共事所积累起来的感情基础是一股不可忽视的影响力量,领导者在晓之以理的同时动之以情的话,往往能够取得意想不到的效果。

三、领导理论述要

如何才能实现有效的领导,研究者提出了众多的理论。从历史发展的脉络看,领导理论经历了特质理论、行为理论、权变理论等阶段。

(一) 领导特质理论

领导特质理论认为,领导有效与否取决于领导者个人的性格特质。因此,研究者试图找出领导者与非领导者的区别,用以挑选和培养领导者。领导者应当具备哪些特质,这方面的研究成果可谓汗牛充栋,而美国的全国中学校长委员会(NASSP)则提出了校长的 12 种技能维度(见表 7 - 2):[1]

表 7 - 2　NASSP 的 12 种技能维度

管理技能:

1. 分析问题的能力。寻找相关数据的能力;分析复杂的信息并从中判断问题的重要组成部分有哪些的能力;搜集信息的能力

2. 判断能力。推断结论的能力;根据有用的信息作出高质量决策的能力;根据教育需求设置优先权的能力;对书面材料进行评价的能力

3. 组织能力。制订计划、安排时间、调控别人工作的能力;在最理想的状态下利用资源的能力;在一定的时间内处理一堆急需文件的能力

4. 决策能力。判断决策时机并迅速实施决策的能力

人际交往技能:

5. 领导能力。吸收下属参与解决问题的能力;判断群体决策时机的能力;与群体进行有效互动的能力

6. 敏感度。感受下属的需要、忧虑和个人问题的能力;解决问题的能力;与具有不同背景的人相处的能力;与下属进行有效情感交流的能力;对交流内容和交流对象的把握能力

7. 对压力的承受能力。在遭受巨大压力和众人反对的情况下进行工作的能力;独立思考的能力

---

① [美] F·伦恩伯格,A·奥斯坦.教育管理学——理论与实践[M].孙志军等译.北京:中国轻工业出版社,2003:108.

沟通技巧：
8. 口头沟通能力。能够清楚地表达事实和想法的能力
9. 书面沟通能力。清楚表达想法的写作能力；根据不同的阅读对象——学生、教师、父母和其他人等进行写作的能力

其他维度：
10. 兴趣的范围。讨论各种主题的能力——教育、政治、时事、经济等；对事务积极参与的态度
11. 个人动机。对成就感的需要；在个人满意度中工作的重要性；自我管理的能力
12. 教育价值观。合理的教育哲学；对新思想和变革的接受性

（二）领导行为理论

领导行为理论认为，领导的成败并非由领导者的个人特性所决定，而是取决于领导者采取何种行为。在各种领导行为理论中，勒温的领导方式理论和俄亥俄四分图理论无疑是具有代表性的。

勒温将领导方式分为民主型、专制型和放任型。研究发现：采用放任型领导方式，组织成员几乎不能完成工作任务；采用专制型领导方式，虽能完成工作任务，但组织成员的创造力受到压制，对工作的满意感不高；采用民主型领导方式能够激发组织成员的积极性，发挥其创造才能，提高工作绩效。勒温的理论影响深远，在坦南鲍姆和施密特（R. Tannenbaum & W. Schmidt）的领导方式连续体理论、利克特（R. Likert）的领导方式四体制学说中均能看到其影子。

俄亥俄四分图是由俄亥俄州立大学领导行为研究组提出的，该小组通过"领导行为描述调查表"寻找到了刻画领导行为的两大因素——"抓组织"和"关心人"。"抓组织"是指以工作为中心，强调组织的需要，通过给下属提供条件来促使其完成任务；"关心人"是指以人际关系为中心，注重下属的需求，努力为下属创设和谐的组织氛围。以上两个因素可以组合成四种不同的领导行为类型，研究表明"抓组织"和"关心人"并非不可兼顾，高效能的领导者能够做到两者并行不悖。四分图理论对后继的研究具有启示意义，布莱克和莫顿（R. Blake & J. Mouton）的管理方格图理论正是在此基础上提出的。

在学校管理领域，许多研究人员将领导行为理论运用到了对教育领导者的研究中，尤其是聚焦于校长的领导行为。有研究者指出，校长的领导行为从总体上看属于"任务型"，也有少数属于"人际型"。也有人认为，杰出的校长在工作和人际两方面都会有出色的表现。从性别对比看，女性校长往往比男性校长更具民主性和参与性，而较少专断或发号施令。[1]

---

[1] A. Eagly, Gender and leadership style among school principals: A meta analysis. Educational Administration Quarterly, 1982, 28(2).

(三) 领导权变理论

领导权变理论认为,领导的有效性既不完全取决于领导者的个人特性,也不完全取决于某种领导行为,而是取决于领导行为与特定的情境是否相适应。普遍适用、永恒不变的领导方式是不存在的。

在领导权变理论中,比较有代表性的包括卡曼的领导生命周期理论、豪斯(R. House)的路径—目标理论、坦南鲍姆和施密特的领导方式连续体理论、弗洛姆和耶顿(P. Yeton)的领导—参与模式、雷定(W. Reddin)的三维领导理论等,而最有影响力的无疑是菲德勒(F. Fiedler)的权变模式。

菲德勒认为,领导的绩效取决于三种情境因素:① 领导者与下属的关系。主要指双方是否信任,被领导者是否乐于接受领导。② 任务的结构。指工作任务的常规化、程序化程度。③ 职位权力。包括领导者地位所固有的法定权力,以及实际拥有的权力(即下属对领导者的支持程度)。领导者应根据情境因素的不同特点,选择不同的领导行为。菲德勒的研究结论可以用表7-3来表示:

表7-3 菲德勒的权变模型

情境	领导者与被领导者的关系	任务结构	职位权力	有效的领导方式
1	良好	明确	强	任务导向型
2	良好	明确	弱	任务导向型
3	良好	不明确	强	任务导向型
4	良好	不明确	弱	人际关系型
5	不良	明确	强	人际关系型
6	不良	明确	弱	人际关系型
7	不良	不明确	强	人际关系型
8	不良	不明确	弱	任务导向型

第二节 学校领导理论的新发展

一、转化式领导

1978年,伯恩斯(B. Burns)在《领导论》一书中首次提出了转化式领导的概念,到20世纪90年代,其理论受到了学校管理的理论研究者与实践工作者的重视。

(一) 转化式领导的含义

转化式领导(transformational leadership)也译为变革型领导、转型领导、转换型领导、超越型领导。伯恩斯认为,转化式领导是指领导者通过较高的理念与道德价值,激发、鼓舞员工的动机,使下属能全力投入工作,进而提升下属成为领导者,而领导者则成为推动改革的原动力。它是领导者和下属之间相互提升到较高的需要层次及动机的过程。

继伯恩斯之后,不少学者都给转化式领导下过定义,如:巴斯(B. Bass)指出,转化式领导通过让员工意识到所承担任务的重要意义,激发下属的高层次需要,建立互相信任的氛围,促使下属为了组织的利益牺牲自己的利益,并达到超过原来期望的结果。萨乔万尼认为,转化式领导通过激发下属较高层次的需要,促进组织的信任关系,使下属将组织利益建构在自身利益之上,以促进下属能有超越预期的表现。

尽管表述各有不同,但不难发现其中的共通之处:强调领导实践分析的组织层面,而非个人层面;强调情感、价值等在领导中的重要地位,而非传统中的技术和理性;强调领导实践怎样(how)进行,而不只是说明领导是什么(what)。综上所述,转化式领导已经不再只是局限于将领导看成是控制、协调等管理过程与技巧的使用,它更注重领导哲学的提升和领导理念的创新。转化式领导是通过领导者个人的人格力量与魅力的特质来影响下属,通过提升下属的需要层次和内在动机水平,为追求更高的目标而努力的过程。

(二)转化式领导与交易式领导的关系

在伯恩斯看来,领导具有交易式领导和转化式领导两种基本形式,而且大多数领导者和追随者的关系是交易式的。萨乔万尼把交易式领导和转化式领导视为一个连续统的两端,并以"为奖赏而做"、"为正在得到的奖赏而做"、"为美好的东西而做"三种激励规则,对两种领导模式进行了分析(见表7-4)。

表7-4 交易式领导与转化式领导的比较[①]

领导类型	所强调的规则	动 机	投 入
交易式 ⇩ 转化式	为奖赏而做 为正在得到的奖赏而做 为美好的东西而做	外在的动机 内在的动机 责任或义务	计算自我得失 ⇩ 道德的

在某些情况下,人们为自利而投入工作;在另一些情况下,人们为道德因素而投入工作。萨乔万尼指出,虽然不同的选择无可厚非,但就学校的性质和任务而言,学校应当是一种为道德因素而投入的场所。需要注意的是,交易式领导与转化式领导并非水火不容。交易型领导可以转化为变革型领导,变革型领导者也可采用交易型领导来实现其领导目标。事实上,在领导行为中要完全否定和排斥交易型成分是很难的,也是不现实的。转化式领导虽为人们所向往和追求,但不能因此

---

① 冯大鸣.沟通与交流——中西教育领衔学者世纪汇谈[M].上海:上海教育出版社,2002:93.

将之神化，它只有在条件许可的情况下才能有效实施。因此，学校领导者要学会平衡，将交易式领导与转化式领导统合起来，灵活运用。

（三）转化式领导的技能

伯恩斯提出了转化式领导的概念和一系列重要的理念，而其后继者巴斯和阿维奥利奥则提出了转化式领导的"4I"技能，使转化式领导从理论走向实践。

第一，个别关怀（individualized consideration）。领导者要关心每一位下属的发展需求，校长必须了解教职员工的内心想法，必须为每个人（尤其是教师）提供针对个人的关心，包括那些平时容易被遗漏的成员。

第二，智力激发（intellectual stimulation）。领导者藉由提出问题假设、建构问题，并用新方法解决旧问题的方式，来激发下属的创新意识及创造能力。有效的学校管理者必须帮助人们以新的方式思考老问题，避免思维僵化。

第三，鼓舞动机（inspirational motivation）。领导者要建构出伟大的理想或愿景，激励下属超越个人的私利，共同为完成伟大事业而奋斗。成功的校长往往善于向教师和学生等传达较高的期望，从而激发其热情。

第四，偶像影响（idealized influence）。领导者应以自信、自尊树立良好形象，成为下属的模范与榜样。校长必须通过个人的成绩和优秀的品质，为教师的行为提供榜样。

莱昂陶斯（L. Liontos）结合学校工作的实际情况，提出了学校领导者在日常工作中可以采取的十种转型措施：

一是每天视察每间教室，将援助活动延展到教室现场，鼓励教师间彼此听课和交换意见；二是开学之初，组织全体教职员工深入研讨学校目标、信念及其愿景；三是促使教师从全校的角度思考和处理个人问题，引导教师在反思、深思各种观点的过程中学会有效的工作；四是所有学校人员都要切实担负起相应的责任，将行动小组或者学校改进小组视为权力共享的重要方式；五是高度重视那些效果良好的事件，广泛宣传那些为学校发展作出了贡献的师生的事迹；六是尊重和接纳教师的意见，让他们感受到学校领导者是真心实意地关心他们的；七是提供教师实践自己新理念的机会，并与教师共同研讨和分享实验的成果；八是设立学校工作坊，教师广泛参与讨论，共同提高；九是应该让新员工知道学校决策离不开他们的支持和参与，每位教师都肩负着合作的义务；十是对师生抱有高的期望，相信他们均能成为优秀的教师。

二、道德领导

20世纪90年代，美国学者萨乔万尼提出了道德领导理论的一系列主张，引起了教育管理界的关注，许多研究者纷纷加入其中，使之成为了一种极具影响力的领导理论。

（一）道德领导理论的兴起与发展

道德领导理论兴起于20世纪90年代，但其萌芽在伯恩斯的《领导论》中已经显露。伯恩斯认为,就领导是领导者与追随者在共同的动机、价值观念和目标的基础之上结为一体而言,领导是一个道德过程。萨乔万尼敏锐地捕捉到了转化式领导中的道德意蕴,并进行了更为深入的开掘。

对于道德领导理论而言,萨乔万尼 1992 年发表的《道德领导:抵及学校改善的核心》是具有里程碑意义的。此后,萨乔万尼连续发表了诸多著作与论文,构建起了道德领导理论的框架。萨乔万尼的理论之所以令人关注并形成影响,主要在于其揭露了以往理论在学校领导关键问题上的一系列误判,并以一种更为接近学校领导真实世界的立场,对诸如学校的本质是什么、校长拥有哪些领导权威、校长的第一要务是什么、校长应作怎样的角色定位等等问题,重新作了回答。

除了萨乔万尼之外,不少学者都对道德领导理论作出了自己的贡献。有研究人员总结认为,在道德领导理论的研究中存在着三种取向,即理论与知识论取向、量化和质性研究的描述取向、实践取向。不同的学者关注的层面也各不相同,大体可分为以下四种情况,即从个体的道德层面、从群体或组织的层面、从社会的层面、从跨文化的角度进行研究。[①] 由此,道德领导理论体系趋于完善。

(二) 道德领导的核心思想

根据《道德领导:抵及学校改善的核心》等著作和一系列相关论文,我国学者对道德领导理论作出了如下的归纳:[②]

第一,探寻真正适合于学校组织的领导理论。萨乔万尼坚信学校实在不同于一般的工业组织,在本质上它是一种学习共同体。因此,自然就需要重新构筑一种真正适合于学校的领导理论。

第二,鉴别出更为丰富的领导来源。萨乔万尼认为领导的权威来源有五种,即科层权威、心理权威、技术—理性权威、专业权威和道德权威。前三种权威构成了现有的领导工作维度,而后两种权威是对传统领导权威来源的扩展,也正是道德领导的工作维度。

第三,将道德领导置于首位。每一种领导权威来源都是必要与合理的,但究竟把哪一种来源放在领导的首位,则反映了不同的领导理念。在萨乔万尼看来,将科层权威、心理权威、技术—理性权威置于首位,那么效率就会成为组织的最高价值。只有将道德领导置于首位,才能让忠诚、和谐、道义、美、真理等价值在学校中得以彰显。

第四,把树立目的作为领导的一项重要职能。值得注意的是,道德领导的"树立目的"与传统领导的"确立目标"是不同的。"确立目标"主要依靠领导者的个人才智,往往与技术层面的元素(如绩效指标)联系在一起,容易出现教育功能与内容倒置的现象,并且目标是静止不动的。

第五,领导角色的重新定位。萨乔万尼指出,领导者的一项重要职责是把员工

---

① 彭虹斌.英、美、加三国学校道德领导研究进展[J].外国教育研究.2011(4).
② 冯大鸣.美、英、澳教育管理前沿图景[M].北京:教育科学出版社,2004:58—67.

培养成为各自工作领域内的领导者。届时，领导者就无须扮演单打独斗的英雄，而是一批领导者的领导者。

(三) 道德领导的行动准则

道德领导理论呼唤道德的力量。如何让这种看似虚幻的东西能够激励人心，需要一些具体的策略。在学校管理的实践中，领导者应当遵循以下的行动准则：

其一，要甄别和澄清作为共同体的学校的核心价值观和信念，如"共同为学生的成长和福利奋斗"等，然后努力把这种核心价值观转化为驾驭员工行为的不成文的规范和处世的方法。

其二，在贯彻过程中，一方面领导要由权力掌控的意识转换成权力分享的意识，让每一个教师为达到工作标准而相互问责，另一方面领导也要给教师提供帮助、支持及专业发展的机会。

其三，先信奉，再领导。通过树立目标进行领导，但这种目标不是领导个人决定的，而是大家共享的；目标不仅仅是技术层面的，更多的是文化要素，如价值观、信仰、承诺等。

其四，创造一种向上的工作态度。这种态度是建立在内在的激励机制之上的，即不是"为了奖赏而做"，而是"为了美好的东西而做"。这些美好的东西包括：工作的挑战性、事业心、成功的体验、胜任感、幸福感、才华的施展等。

其五，建设一支具有专业献身精神的团队。团队精神是领导的一个有力的替身，是专业美德的体现。有了具有这种专业美德的团队精神，教师就能日益变得会自我管理和自我领导，甚至使得校长的指挥式领导变得不那么重要。

其六，重新定位领导的角色。校长要善于开发员工的情感，呼唤他们的价值观念，带领教师挖掘学校共同体的行事理由，如"我们是干什么的？""我们为什么这么干？""学生正在得到服务吗？"[①]

三、教学领导

受美国教育管理理论运动的影响，西方教育管理学界长期未关注学校的教育教学方面，但这种情况在过去 20 年里发生了改变，教学领导成为这一时期最流行的主题。

(一) 教学领导的含义

对于教学领导的研究，起源于 20 世纪 80 年代美国学者对有效学校的探讨。海林杰(P. Hallinger)和墨菲(P. Murphy)等人提出教学领导概念后，引起了美国教育界的极大重视。不过，早期人们对教学领导的内涵和角色的认识局限于一些传统的教学任务。正如迪博拉·金(D. King)所指出的，当初的教学领导一般都是指设置清晰的目标，分配教学资源，管理学校课程和教学计划，监督教师的教案，评

① 吴志宏.教育管理学[M].北京：人民教育出版社,2006：60—61.

价教师等内容。20世纪90年代后期,教学领导研究再度兴起后,其内涵更加丰富和广泛起来。

在当前关于教学领导内涵的众多界定中,海林杰从三个维度框定了教学领导的模型,并延伸出教学领导的十大功能。其他的学者进行了不同程度的丰富,形成了当前关于教学领导的内涵和角色的较全面的认识:① 形成建立与沟通传达学校目标。该维度包含两大功能,即确立学校目标和交流学校目标。② 课程与教学管理。该维度包含三大功能,即监控与评价教学、协调课程、监督学生的进步。③ 提升学校的学习氛围。该维度包含保证教学时间、促进教师专业发展、保持学校的透明度、提升教师和学生的学习动机等功能。[①]

我国研究人员认为,教学领导不仅仅是一种领导行为,更重要的意义在于校长在表现出领导行为和开展领导活动时能够对教师的教学和学生的学习产生影响力,这种影响力能够促进教师教学和学生学习品质的提高。为此,教学领导是指校长根据自身的教育理想和信念,通过引领教师开展教学改革,制订学校教育目标和教学愿景,促进教师专业成长,鼓励教师参与各种教学活动,创造良好的教学氛围和文化以及提供教学支持等领导行为,以对教师的教学和学生的学习产生影响力,从而提升学校的教学品质,促进学生的发展。

(二)教学领导者的角色

作为教学领导者,学校管理者要扮演好思想引领者、教学支持者、沟通协调者和学习引领者的角色。[②] 首先,学校管理者不能盲从别人的观点,而要有自己的教育教学思想,用思想引领教师。其次,教学领导者要时刻准备为教师服务,支持教师进行教学改革实验,调动校内外的各种力量来帮助教师改进教学,如案例7-1中P.M.校长做的那样。第三,学校管理者需要教师、家长、社区等方方面面开展有效的沟通。第四,学校管理者要成为首席学习者,并为教师的学习提供便利。

案例7-1　校长要做一名教学支持者[③]

不必作正式评估,P.M.校长就意识到一位新教师在教学上遇到了麻烦。学年初,校长每次走过她的教室都发现,在那些表现得毫无生气的高年级学生面前,新教师一副受挫难受的表情,而且这种情况愈演愈烈,最后学生们向校长抱怨了。之前,他也听过学生其他的抱怨,但却从来没听过抱怨该教师不敬业,家长也在抱怨说孩子觉得还未作好升学准备。P.M.是一位教学高手,但是他明白不该由他来教导这位教师如何教学。毕竟,像大多数高中校长一样,

① 孟卫青,黄崴.教学领导研究的新进展:理念与技能[J].外国教育研究.2008(6).
② 杜芳芳.校长教学领导:内涵、特征与培养策略[J].基础教育.2011(3).
③ [美]霍伊.教学领导——基于研究、通向学习成功的指南[M].徐辉等译.北京:中国轻工业出版社,2006:155—156.

他欠缺能有效教好该课程实际的必要知识。但是,他也知道作为主管教学的领导,他有责任去帮助她。

P. M. 马上行动起来,每周安排一次时间,与这位教师心平气和地交谈。交谈中,他们一起预览下周的教学计划,反思上周的教学,讨论她的评价策略,笼统地找出潜在的问题。虽然学校给那位女教师指定了指导教师,但他又多请了一位指导教师,这是一位教学专家,他可以针对她上的课提出具体的教学策略。正是多方面的个人指导结合带有个性化发展计划的研讨,使得该教师的知识、自信心和办事效率都有了明显的进步和提高。

(三) 教学领导的关键技能

在发展教学领导的技能方面,麦克尤恩(E. McEwan)的研究最具有代表性。他强调校长要具有带领教师实现最高的教学目标的勇气和愿景,并提出了有效教学领导的 7 个步骤(或称 7 项关键技术):

第一,建立、实施和达成学术标准。促使所有学生成功,是教学领导的主要职责。

第二,成为教师的教学资源。教学领导者要为教师进行有效的教学提供支持,包括提供各种教学物质资源,保证充足的教学时间,提供机会促使教师在专业上不断进步,肯定成功的教学等。

第三,创造一种学习导向的学校氛围和文化。校长在构建学习共同体中应发挥关键作用,要倡导、培育和维持有助于学生学习和教师专业发展的学校文化。对校长行为的调查表明,要发展促进学生学习和积极控制学生行为的有效学校环境,必须考虑四个因素:① 教师与管理者表达明确、坚定的高期望;② 制订连续性的规章制度和明确的惩戒措施;③ 保护所有学生的自尊心;④ 公开或非公开地肯定和奖励学生的积极行为。

第四,与教师、学生沟通学校的愿景和任务。教学领导要提出、表达、实施和保持整个学校团体共享和支持学校愿景,促使所有学生成功。

第五,对自身和教师提出高期望。

第六,发展教师领导者。基于领导的分布式特质,对教育教学活动和课程计划的领导并非只是校长的职务范围,只有鼓励所有的学校利益相关者——教师、学生和社区——拥有领导能力和领导行为才可能出现高绩效。校长必须平衡命令和授权的关系,平衡教学控制与教师专业自主的关系,在建构学校课程和教学计划时鼓励教师参与,通过对话而不是命令进行关键的教学决策。

第七,发展并维持与学生、教师、家长的积极关系。有效的教学领导要处理一系列复杂的关系,要与家庭、社区成员进行合作,对社区的多样化兴趣和需要作出有效的反应,调动社区资源,促使所有学生成功。

四、分布式领导

分布式领导的概念出现在 20 世纪 90 年代后期,但当时并没有引起学者的关注。进入新世纪后，随着教育管理和学校领导研究的深入，分布式领导的思想逐步受到重视。

（一）分布式领导的内涵与特征

对分布式领导的内涵，学界并没有一个比较严格的界定，研究者从不同的角度作了不同的阐释，比较有代表性的主要有以下几种：

斯皮兰(J. Spillance)从系统论的角度，认为"分布式领导内含领导者相加和领导实践两个层面，是在特定情境和实践领域中，多个组织层面的领导者交互影响，以增加组织领导的厚度，同时吸收广大员工智慧的过程"。

哈里斯(A. Harris)从权力分配的角度，认为"分布式领导是发生在组织层面而不是发生在个体层面或小团体层面的活动，不是分析占据领导职位的单个人或少数几个人，而是整个学校组织。具体到学校就是让教职员工有一定的决策权，并承担相应的责任"。

莱克姆斯基(G. Lakomski)把分布式领导概括为"领导及领导的影响分布于有结构的组织关系之中，是以组织中种种联合力量的形式表现出来的"。

尽管分布式领导的定义尚难统一，但它已显现出有别于其他领导的特征：① 领导的角色不再限于个体，而是整个教育共同体的成员（包括校长、教师、学生、社区人员等）；不再是正式职位上的单一点，而是分布于组织各层面的立体网。② 领导的方式从单向度、线性的控制、命令，转为多向的、交互式的合作、共享。③ 领导的形态从固定的变成流动的、瞬时的，领导与被领导者的界线从清晰走向了模糊。

（二）分布式领导的构成要素

斯皮兰认为，实践、交互作用和情境是构成分布式领导的核心因素。用一个三角形来代表领导实践，每一个角代表三个基本因素中的一个，每一个三角形代表领导者、追随者和其情境在一个特定时刻的交互作用，领导实践的实现在于多个交互活动，时间的推移在三者的交互作用中具有重要作用，各三角形断开的边线意味着随着时间的推移，前后相联的交互活动或多或少连接在一起，并互相影响（见图7-1）。[①]

从图7-1中可以看到，处于三角形三个角上的三种力量是构成分布式领导不可或缺的三个因素。情境和追随者不仅影响领导者能够做什么，而且是领导实践的限定因素。从分布式领导的视角审视，领导实践是在三个因素的交互作用所形成的网络中实现的，是三个因素共同作用的结果，它明显地超越了传统领导研究对个人行为的强调。

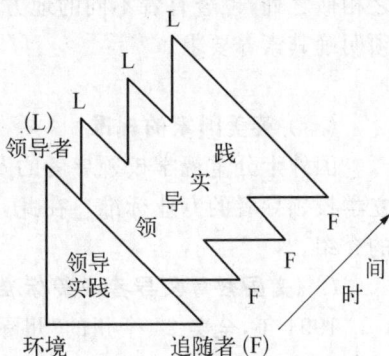

图7-1 分布视角的领导实践图

---

① 梁东荣，张艳敏. 英美澳分布式领导研究透视及其启示[J]. 比较教育研究. 2007(7).

（三）分布式领导的实践策略

首先，要转变领导者的理念。分布式领导的基本理念是赋权、协作、分享，在这种领导理念的指导下，每个个体在组织中都能发挥各自的智慧，形成一个共同体，以实现组织的目标。这与原有正统领导理论强调集权、控制、个人主义等有着根本性的区别，需要领导者进行一次彻底的理念变革。否则，无法践行分布式领导。

其次，要打造学校的领导团队。分布式领导反对个人英雄式的领导方式，但并不否认学校领导者的作用。其作用不在于依靠一己之力单打独斗，而在于培育领导团队，并且成为其中的核心。学校的教研组长、年级组长、课题组负责人等和广大教师一样工作在第一线，又是不同组织的代表，应当与学校领导层共同组成领导团队。学校领导者要把他们培育成为各自领域的领导者，而自己扮演"领导者的领导者"的角色。

最后，要根据情况采取不同的领导方式。研究者指出，分布式领导有三种方式：① 合作式分布，是指几个领导者一起工作，执行一项特定的领导任务，其中一位领导的实践活动结果将成为另一位领导实践活动的基础，反之亦然。② 集体式分布，是指两个或多个独立，且相互依赖的领导者，在追求引起共同行动的共享性目标时的一种领导实践。③ 协同式分布，意味着为了完成某些领导功能，在不同的领导实践中，不同的领导任务必须有一个特定的顺序——任务之间、为完成任务领导所担负的责任之间的依赖性是有先后顺序的。三种方式各有侧重，需要学校领导者依据具体情境作出灵活的选择。

第三节 学校领导者的专业成长

一、学校领导者的素养要求

与普通教职员工相比，由于职位的特殊性，学校领导者在素养要求方面既有与之相似之处，也会有着不同的地方。要想成长为合格的乃至优秀的学校领导者，必须明确其素养要求。

（一）英美国家的标准

国外十分重视学校领导者的专业素养，并且往往以理论研究的成果为基础，订立学校领导者的专业标准。在此，对英美主要国家的学校领导者标准进行概要性的介绍。[①]

1.《美国教育领导者政策标准(2008)》

1994 年，全美 24 个州的"州际首席学校官员委员会"和 11 个专业协会组成了美国"州际学校领导者资格认证协会"，该协会于 1996 年推出了一套学校领导者专

---

① 详见魏志春,高耀明.中小学校长专业标准研究[M].北京：北京大学出版社,2010：55—62.

业标准,2008 年进行了修订。

《美国教育领导者政策标准(2008)》指出,教育领导者要促进每一位学生的成功,应从六个方面入手:① 建立为所有利益相关者共享和支持的学习愿景,并使这种学习愿景得到不断完善,清晰表达,推动实施和明确职责(共享愿景);② 倡导、培育和维持有益的学校文化和教学项目,引导学生的学习和教师的专业发展(学校文化);③ 确保对组织、运行和资源的管理,从而创设安全的、高效能的、有效果的学习环境(管理);④ 与教师和社区成员合作,对多种社区的利益和需要作出回应,并争取各种社区资源(家庭和社区);⑤ 行为要诚实、公正、有道德(道德规范);⑥ 理解、回应并影响政治、社会、经济、法律和文化环境(社会环境)。在每一个方面,该政策标准都进一步细分出了一些衡量的指标。

2. 英格兰《国家校长标准(2004)》

"国家学校领导学院"的主要职能是为校长提供培训和专业发展的支持,该机构于 1998 年出台了英格兰《国家校长标准》,并于 2004 年修订和正式颁布。在编制的过程中遵循了三个原则,即校长的工作应以学习为中心、聚焦领导和专业取向。

英格兰《国家校长标准(2004)》分为两个部分:校长的核心目标和领导的六个重要领域。核心目标描述了校长要为学校提供专业领导和管理。六个重要领域分别是:① 创造未来;② 领导教学;③ 自我发展和团队合作;④ 组织管理;⑤ 保障问责制的实施;⑥ 通过合作,强化与社区的关系。在英格兰《国家校长标准(2004)》中,每一领域分为三个维度,即校长所需的知识、个人素养和应有的行为。每一维度又设有具体的指标,由此形成了 49 项知识指标、52 项个人品质指标和 48 项行动指标。

3. 西澳大利亚《学校领导者绩效标准(2003)》

2003 年,经过历时 10 年的研究,"西澳大利亚领导者中心"所属的校长标准研究小组推出了《学校领导者绩效标准(2003)》。

该标准分为学校领导者特征和能力两部分。学校领导者特征分为品质、价值观和知识三个维度。品质包含公正、支持、合作等八个指标,价值观包括学习、关爱、卓越和平等四项内容,知识包含教育学、课程、法律等七个方面。能力分为:① 政策和方向,包括共享愿景、协作、促进变革等;② 教与学,包括咨询利益相关者、改进学习、分析数据等;③ 教职员工,包括与教职员工沟通、促进专业发展、委派责任等;④ 合作,包括构建联系网、建立理解、确保具有包容性等;⑤ 资源,包括规划资源、设定结果指标、确保问责制等。

(二) 国内的研究

在我国,国家教委于 1991 年颁发了《全国中小学校长任职条件和岗位要求(试行)》,对作为学校领导者的中小学校长从基本政治素养、岗位知识和岗位能力等三个方面提出了要求。

在基本政治素养方面,学校领导者应当坚持四项基本原则与改革开放,把坚定正确的政治方向放在首位;具有一定的马克思主义理论修养,能运用马克思主义的立场、观点和方法指导学校工作;热爱社会主义教育事业,热爱学校,热爱学生。在岗位知识方面,学校领导者应当掌握政治理论、国情知识,具备教育政策法规知识、学校管理知识、教育学科知识和其他相关知识(如与中小学教育有关的自然科学、社会科学基础知识),并能够在实践中加以运用。在岗位能力方面,学校领导者应当具备制订学校发展规划和工作计划的能力;善于做教职员工和学生的思想政治工作及开展品德教育;能从实际出发,采取有效措施,促进学生全面发展;具有听课、评课及指导教学、教研、课外活动等工作的能力。

1998 年,《21 世纪中小学校长素质研究报告》提出了学校领导者的素质结构,即四大基础素质(政治思想道德素质、专业知识素质、自我发展能力素质、身心健康素质)、六大现代管理意识(民主法制意识、竞争与合作意识、改革创新意识、科研兴校意识、校本管理意识、效能意识)和八大现代管理能力(科学决策能力、统筹教育资源能力、领导教学工作能力、协调公共关系能力、创建校园文化能力、获取并利用信息能力、教育科研能力、依法治校能力)。

2010 年,中国中小学校长专业标准研究成果发布,研究者提出学校领导者的素养包括个人素养和职业素养两个部分。前者是指学校领导者应该具备的教育思想、管理理念和价值追求;后者是指围绕着规划学校发展、保障德育实施、领导课程教学、引领教师成长、提升组织效能、协调公共关系等领域,学校领导者所应拥有的学校管理方面的知识与能力。

二、学校领导者的成长规律

从个体的角度看,每一位学校领导者的成长道路都是不可复制的;从群体的角度看,学校领导者的发展经历则是有规律可循的。

(一) 学校领导者的发展阶段

学校领导者并非是天生的,他需要经历一段较长的专业发展道路。这种发展不是直线式、匀速化、单向性的,往往会呈现出阶段性的特征。为此,不少学者致力于对学校领导者发展阶段的理论划分。

表 7-5　学校领导者的发展阶段理论[①]

提出者	阶　段　划　分
哈特(A. Hart),1993	① 遭遇、期望、直面;② 调整、融合、定位;③ 稳定
帕克和豪(F. Parkay & G. Hall),1992	① 生存;② 控制;③ 稳定;④ 教育领导;⑤ 专业自我实现
戴和巴基格鲁(C. Day & A. Bakioglu),1996	① 初始期(1—3 年);② 发展期(4—8 年);③ 自治期(8 年以上);④ 倦怠期

① 整理自张俊华.教育领导学[M].上海:华东师范大学出版社,2008:133—140.

提出者	阶　段　划　分
温德林(D. Weindling)，1999	① 入职准备；② 任职和遭遇(1—2 个月)；③ 控制(3—12 个月)；④ 重建(第 2 年)；⑤ 加强(3—4 年)；⑥ 巩固(5—7 年)；⑦ 高原期(8 年及以上)
格荣(P. Gronn)，1993、1999	① 养成；② 预备；③ 任职；④ 离职
帕什阿迪斯和雷宾斯(P. Pashiardis & P. Ribbins)，2003	模式Ⅰ(消极和倦怠的发展)：① 养成；② 预备；③ 任职(初始期、发展期、自治期、倦怠期)；④ 重生(离职) 模式Ⅱ(积极和创造的发展)：① 养成；② 预备；③ 任职(初始期、发展期、自治期、提升期)；④ 重生(升华)

　　我国的研究人员发现,学校领导者的成长发展大致要经历四个相对独立、相互衔接、发展水平由低到高依次递进的阶段。[①] 这四个阶段是：① 职前预备期(约需 5—7 年)。这一时期的教师经过自身努力和组织培养,逐渐成为教职员工群体中的佼佼者,积累了局部管理的经验,得到了各方的认可并被寄予更高的期望。② 适应期(约需 2—4 年)。走上更高的领导职位后,需要尽快树立领导者的角色意识,了解学校发展中的各种情况,调适校内外各种关系,适应新岗位的要求。③ 称职期(约需 3—5 年)。经过几年的努力,工作开始步入正轨,能够从全局出发,全面考虑学校管理工作,并在常规管理的基础上有意识地探索办学规律。④ 成熟期(从职前预备期起约需 10—15 年)。这一阶段学校领导者注意将自己的管理经验上升到理论高度,形成了清晰明确的教育理念与办学思想,其宏观决策能力、组织管理能力、教育理论水平、科学研究水平等都达到了较高的层次。

(二) 学校领导者的成长特点

　　从时间维度看,学校领导者具有任职起点晚、成长周期长的特点。一般而言,学校领导者要从一般教师起步,逐步经历优秀教师、教研组长或年级组长、学校中层干部、副校长等阶段。有调查表明,担任正职校长的平均年龄在 41.59 岁。在担任校长职务后,仍有一个角色调适、不断学习、持续发展的过程。其间,10 年左右是一个专业发展上的突破期。

　　从发展动力看,学校领导者的动力明显具有内在性和价值性的特点。有 69.4％的学校领导者认为其专业发展的动力是实现教育理想,43.5％的校长认为是自己的专业发展,30.6％的校长认为是得到社会的认可,而认为动力是来自职务职称晋升或生存竞争的比例较少,依次为 14.5％、9.7％。可见,学校领导者的发

① 北京教育行政学院.普通学校校长成长、培训、管理[M].北京：文化艺术出版社,1992：114—118.

展动力集中在自我价值的实现和教育理想的追求上。① 通常,内在的动力往往会更为强烈和持久,这在调查中也得到了印证。

从知识的角度看,学校领导者的专业发展过程是一个持续不断学习和学历不断提高的过程。据调查,有80%以上学校领导者的学历自从教以来提高了1个层次以上,最多的提高了3个层次。这一方面反映了知识经济社会对人才学历水平在教育领域的高要求,另一方面也说明学校领导者要胜任管理工作,必须不断提高理论素养和知识水平。学校领导者的专业理论知识水平不仅要在纵向层次上提高,而且须在横向领域上拓展。调查发现,有67.7%的学校领导者修过2个及以上的专业,25.8%的人修过3个专业。在所修的专业类别中,其中有一个为教育专业或教育管理专业。这也说明拓展学科专业领域、构建复合型的知识结构,是成为学校领导者,并且不断提升自身专业水平的必需。

从个人风格看,学校领导者的行为、气质和管理类型具有丰富性和差异性。从调查中可知,学校领导者的行为是多样化的,相对集中在"博采众长,善于学习,广泛吸纳各种先进思想和经验"、"踏实肯干、勤奋工作"和"改革创新、开拓进取,不因循守旧"等方面,而"重科学管理,也重人文关怀"、"善于反思,不断总结"等类型也有较大比例。在气质类型上,调查对象中属于粘液质(安静型)的占40%,胆汁质(兴奋型)的占29%,多血质(活泼型)的占24.2%。可见,气质不是成败的决定性因素,不同气质类型的学校领导者可有不同的专业发展路径。在管理类型方面,调查是从3个维度9个类型展开的:一是从工作的重心维度分为教学型、科研型、管理型,二是从管理的理念维度分为操作型、经营型、战略型,三是从管理的风格维度分为质量效率型、开拓创新型、民主参与型。结果表明,属于科研型和管理型的各占38.7%,属于教学型的占16.1%,属于战略型的占29%,属于经营型的占21%,属于操作型的占14.5%,属于民主参与型的占32.3%,属于开拓创新型的占29%,属于质量效率型的占22.6%。

从影响因素看,学校领导者的专业发展受到多种因素的影响。在内因方面,依其影响学校领导者专业发展的重要性程度排序,依次为"执着的追求"、"人格的魅力"、"较强的能力"、"良好的人际关系"、"渊博的知识"。可以看出,明确的方向和执着的追求是学校领导者持续专业发展的根本因素。在外因方面,按重要性程度,依次为"政策制度"、"运行机制"、"领导水平","人际氛围"和"评估方式"影响力较小。

从成长关键看,教育科研是学校领导者专业发展的坚强支撑力,是实现其内涵和超越式发展的推进器。从调查结果看,几乎所有被调查者都认为教育科研对自己的专业发展有帮助。可以说,在学校管理由经验走向科学、由粗放走向集约、由渐进发展走向跨越发展的背景下,教育科研已经成为学校领导者持续专业发展的必由之路。

---

① 程振响.中小学校长专业发展的含义及策略思考——基于江苏省中小学校长的调查研究报告[J].江苏教育学院学报(社会科学版).2004(5).

三、促进学校领导者专业发展的举措

学校领导者的专业发展离不开自身的努力,但也需要相应的制度保障。因此,双管齐下、齐头并进才能加速学校领导者的成长。

(一)学校领导者专业发展的制度保障

为了促进学校领导者的专业发展,有关部门应当建立配套的制度体系,其中的核心是职级制度和培训制度。

长期以来,我国将校长职位与行政级别挂钩。随着形势的发展,这种制度的缺陷暴露了出来。为此,上海市于1994年率先在静安区、卢湾区试点校长职级制,建立了五级十二等的校长职级序列,即特级校长;一级和四级校长,各分二等;二级和三级校长,各分四等("特级校长"不分等,故称"五级十二等")。这种职级设置是品位分类与职位分类相结合的结果,形成了校长职级的"橄榄型"结构。对校长的评审包括一级指标6条:办学思想、学校管理、教育教学、师资建设、个人素养、办学成效,体现了校长办学水平和工作实绩的主要方面;二级指标12条,即每一条一级指标下附两条二级指标,作为专家评定时的打分点。评审完成后,不同职级的校长享受相应的待遇。尽管还存在着有待完善之处,但该制度已经在促进学校领导者专业发展方面显现出了效果。

早在1955年,国务院就转发了《教育部关于训练学校领导干部和教育行政干部计划的指示》,开始了对学校领导者的培训工作,但后因政治因素的干扰而中断。改革开放后,学校领导者的培训工作得以恢复。1989年,国家教委发布了《关于加强全国中小学校长培训工作的意见》,使这项工作走上了正轨。1999年,教育部发布了《中小学校长培训规定》,标志着学校领导者培训的制度化、规范化。此后,我国形成了四级培训网络和培训管理体系,培训模式更为灵活多样,取得了良好的培训效果。

(二)学校领导者专业发展的个人修炼

当前,学校领导者的角色正由附庸角色走向主体角色,由单一角色走向多元角色,由简单角色走向复杂角色,由内部角色走向全域角色。[①] 因此,学校领导者要努力学习,为自身的专业成长奠定基础。

在学习中,要注意理论知识和实践知识并举,并尽可能提炼出实践性理论知识;要制订读书计划,力争养成读书的习惯;要不断改进时间管理的能力,争取每天都有可以读书的时间;读书要分轻重,有选择地读书;读书要有策略,如浏览、粗读、略读、精读、细读、摘读等,选择适合自己的内容细致地钻研。

---

① 郭继东.校长角色把握与办学领导力[M].天津:天津教育出版社,2009:9.

案例 7-2　一位校长的读书经①

　　浙江省奉化市教师进修学校副校长周建国对于读书学习深有体会。他指出,在当今的教育形势下,校长们尤其需要读好以下"四类书":① 多读教育方针政策书,把好管理"方向盘";② 多读经典理论书,积淀理论底蕴;③ 多读管理"秘笈",练好管理"内功";④ 多读实践探索书,自觉跟进办学行为。

　　没有学校管理的实践或缺乏丰富的实践经验,学校领导者的成长是不可能实现的。② 要想通过实践提升自己,学校领导者必须深入教学第一线,走进课堂,亲身感悟课堂,了解课堂,进而把握课程改革的实效,熟知教学体系的运行,成为课堂教学的参与者和设计者;必须大胆进行教育实验,在实验中总结得失,苏霍姆林斯基的教育思想大多来源于他在帕夫雷什中学的种种尝试;必须开展实践研究,边实践边研究,边改进边提升。

　　只有将学习、实践与反思结合起来,才能使学校领导者的专业发展得以提速。然而,在反思时人们往往会遭遇情感、心理、思维和人际等多方面的障碍,这就需要学校领导者做到:① 注意克服反思的"情感障碍"。做一个闻过则喜,具有开放心态的领导者。② 注意克服"归罪于外"的心理障碍。人们习惯于将成功归于自己、失败归于他人,而学校领导者不能回避问题,要多从自身寻找原因。③ 注意克服"概括性"的思维障碍。面对问题时人们往往采用抽象概括的思维方式,将问题略过。学校领导者应将分析过程放慢,仔细回顾问题发生和发展的整个过程。④ 注意克服"自我防卫"的人际障碍。学校领导者要做到坦诚待人,主动征求意见,出现矛盾后主动化解。③ 能否突破反思的障碍,直接影响着领导者成长的速度和发展的高度。

课后练习

1. 认真琢磨文中的每一条建议,体会里面蕴含的要义。
2. 对照文中的 20 条建议,思考一下,自己做到了哪几条,还有哪些没有做到。
3. 制订一个行动计划,改进自身存在的不足。

当好校长的 20 条建议
苏霍姆林斯基

1. 要为学校和教师集体确立首要信条,即"要尊重学生"!

---

① 改编自周建国. 读书:校长专业化发展之重要途径[J]. 中小学校长. 2008(7).
② 北京市"十五"期间中小学领导干部培训理论与实践研究课题组. 中小学校长成长与成功培训理论研究[M]. 重庆:重庆大学出版社,2005:103.
③ 刘党桦,李金明. 做一个善于反思的校长[J]. 中小学校长. 2008(2).

学校组织与管理

2．要把教师凝结成为"由热心人组成的友爱集体"。

3．要在师生中营造有创造性思想、好学精神、求知渴望的人文氛围。

4．要用良好的道德经验充实受教育者，创设促进学生的公民积极性、智力积极性、创造积极性发展的环境，使学校成为培养学生具有公民精神、劳动态度、思想道德和审美态度的第一场所。

5．善于作幽默的、生动的、有分析的、鼓励性的讲话，善于进行个别的、亲切友好的、推心置腹的谈话，善于进行工作总结。

6．善于依靠领导集体和教师集体作出民主的、正确的决策，进行新的设计。要始终抓住要领——教育教学，而不是陷入繁忙的事务之中。

7．努力使学校成为先进教育思想的实验室，把教育理论现实化。善于把他人先进的教育教学经验"化为己有"，根据本校实际和发展趋势，创造新的经验，决不照搬或搞形式主义。

8．注重对学生进行集体主义、劳动态度和爱国主义精神的培育，进行社会主义道德、理想、信念和个性的培育。

9．能够制订并采用积极的教育体系。

10．能够按新的方式提出并解决现代教育最重要的某些问题，有科学深度地揭示教师施加教育影响的种种独出心裁的途径和手段。

11．能够引导学校、教师和学生去考察周围世界，教导他们去研究和解释人所能见的事物，积极地认识和改造生活。

12．坚决要求每个教师、教育者不只是做教育知识的"消费者"，还要做一名研究者、创造者和合理化建议者，能够把他们"引上进行研究的幸福之路"。

13．不论教育教学的内容还是方法，都应首先用思想政治标准这面棱镜来考察，再确定加以肯定、纠正或改进的地方。

14．能够把德、智、体、美、劳各育融通起来，以观察、研究和处理学校的一切工作，使道德原则变为师生的道德行为。

15．使普通教育带有一定的职业教育的色彩，以拓宽教育与实践相结合的途径。

16．能够深刻理解教育过程的因果关系，系统地把握教育的任务、内容、组织形式、手段、方法，以及它们的相互依赖性和渗透性。并且致力于建立完整、和谐的施教体系，不使诸多环节中的一个环节遭到破坏，以保持良性运转。

17．要使学校肩负起培训家长、提高父母教育子女素质的任务，从而使学校教育和家庭教育紧密地结合起来。

18．要精通教育学，并使这门科学成为科学地领导教育教学和组织全校师生生活的基础。这意味着，校长要充当好组织者、好教育者和好教师，否则，他就不可能成为师生的优秀且有威信的指导者。

19．校长应是道德和工作的典范，在情操、智力、机智、意志等方面表现出巨大的人格力量。他有爱心、有思想、有极强的事业心和责任感，能深刻地了解人和理解人，并且严格要求。这种严格，不是行政式的压服，而是采取民主的、说服的方法，讲究领导艺术。

20. 校长要和教导主任一道，指导和培训教师，帮助教师总结教育教学和班主任工作经验，不断完善教育技巧，充满他们的"一桶水"。

（本文原载于《校长阅刊》2006 年第 9 期）

第八章
学校的文化建设

领导者需要做的唯一重要的事情就是创设和管理文化。

——E. Schien

情景导入

在虹口区有三所好学校，复兴中学、华东师大一附中、北郊中学。学生们编了顺口溜来归纳这三所学校的特点："吃在复兴，玩在附中，死在北郊。"

复兴中学的生源较好，学生和家长也相对挑剔，因此，校方对学生的需求不敢怠慢，在饮食等各方面都做得很到位。这所学校风格老到而稳健，但比较保守。华东师大一附中的学生往往在学业上有一点儿缺陷，刻苦不够但有小聪明。由于一直稳居第二，因而靠着小聪明放心地玩，玩出了好多全国冠军、世界冠军。他们的教师也教学相长，与学生一起玩，玩出了全国有名的一群特级教师。北郊中学的学生比前两所学校有较大差距，学生也认同自身的缺陷，因此，全校上下都认为要狠抓教学质量。

在家长眼中，也许复兴中学的学生被哄着捧着，华东师大一附中的学生被逗着乐着，北郊的学生被管着苦读着。[1]

虽然同为学校，虽然地处同一个区域范围，但上述三所学校特点迥异。事实上，这种差异并非某位学校校长或教师的心血来潮使然，而是具有相当强的延续性和一致性。说到底，是学校文化差异使然。

第一节　学校文化及其价值

一、文化与学校文化

学校是一个传播与创造文化的场所，因此，它与文化有着不解之缘。学校本身就是一个文化载体，学校管理过程实际上就是一个学校文化的形成、维护与发展的

---

[1]　节选自郑杰. 学校文化建设的作用[A]. 赵中建. 学校文化[C]. 上海：华东师范大学出版社，2004：155—156.

第八章　学校的文化建设

过程。

(一) 文化的含义

"文化"是一个人们耳熟能详的词汇,但要界定清楚其含义并不容易。1871年,英国学者泰勒(E. Tylor)在《原始文化》中首度给"文化"下了定义:文化是"一个复杂的整体,它包括知识、信仰、艺术、道德、法律、风俗以及作为社会成员的人所具有的其他一切能力和习惯"。① 此后,许多学者都提出了他们各自的观点。

1952 年,克鲁伯和克拉克洪(A. Kroeber & C. Kluckhohn)在《文化:关于概念和定义的批判性回顾》一书中罗列的从 1871—1951 年间的文化定义就有 164种;而郑金洲在《教育文化学》一书中指出,关于文化的定义已有 310 余种。至今,人们还远没有得出关于文化一致的概念,以至有人说"企图或者声称给文化概念确定范围是徒然的"。② 但是,去繁就简,我们可以看到文化概念的发展循着两条不同的发展道路——静态的"文化实体"与动态的"文化活动"。

泰勒的定义是从静态的文化实体的角度展开的,而荷兰哲学家皮尔森(C. Peursen)则认为:"'文化'这个术语与其说是名词,不如说是动词。……文化的一个方面是传统,即所有物和规则的传递,然而这种传统是包含在人的活动的变化之中的,是包含在现存文化形式所体现的无数变化和发展的可能性之中的……文化是人的活动,它从不停止在历史或自然过程所既定的东西上,而是坚持寻求增进、变化和改革。"③

(二) 学校文化的含义

"文化"是一个涵盖面很广的概念,"学校文化"是其组成部分之一。最早使用"学校文化"一词的是美国学者华勒(W. Waller),他在 1932 年出版的《教学社会学》中指出:"学校文化形成的来源之一是年轻一代的文化,之二是成人有意安排的文化。前者是由学生群体中的各种习惯传统、价值观念以及受影响而产生的情感心理和表现行为等构成。而后者则代表了教师的成人文化,由教师群体的各种习惯传统、规范准则、价值观念和心态行为等组成。"

普罗瑟(J. Prosser)认为学校文化是复杂和重要的课题,而且看不到,听不到。学校文化使学校成员做事有相同的目标和方向,能够动员,上下齐心。郑金洲认为,学校文化是"学校全体成员或部分成员习得且共同具有的思想观念和行为方式"。赫克曼(P. Heckman)对学校文化的理解常常被引用,在他的理解中,学校文化是教师、学生和校长所持有的行为方式;同时,学校文化和学校本身的传统与历史也有密切的关系。即学校文化应该是学校全体成员所共同具有的和共享的信

① [英]泰勒.原始文化[M].蔡江浓编译.杭州:浙江人民出版社,1988:1.

② [法]维克多·埃尔.文化概念[M].康新文等译.上海:上海人民出版社,1988:8.

③ [荷]C·A·冯·皮尔森.文化战略——对我们的思维和生活方式今天正在发生的变化所持的一种观点[M].刘利圭等译.北京:中国社会科学出版社,1992:2.

念,其形成又是与特定的学校历史传统相联系的。[①]

归纳学者们的见解,我们不妨将"学校文化"界定为:在一定的社会背景下,学校师生员工在教书育人和组织管理中,为追求和实现共同目标而逐步创造和形成的观念形态和物化形式的总和,它包括价值观念、行为准则、道德规范、心理趋向以及规章制度、校风校貌、学生精神和学校形象等。

(三) 校园文化与学校文化的关系

20 世纪 80 年代,我国一度兴起"校园文化热"。毫无疑问,"校园文化"与"学校文化"有着千丝万缕的联系,那么,两者之间存在哪些区别呢?

从表 8-1 中可以看出,学校文化与校园文化并非可以相互替换的同义词,两者之间的区别是原则性的。从关注校园文化到探讨学校文化,反映了人们对于学校这一特定组织的文化在认识上的深化。

表 8-1　学校文化与校园文化的区别

	学 校 文 化	校 园 文 化
内容	强调整体性,用特定的价值统整学校中的一切文化表现形式	体现在校园环境中的特定文化活动,是学校文化的子系统
属性	作为一种学校成员努力适应学校与社会发展的方式,其背后是价值观念	注重在校园中创造具有教育意义的氛围,通过文化活动、学校建筑等呈现
主体	学校全体成员	主要是校园中的学生

二、学校文化的特征与类型

作为一种特定的组织文化,学校文化与其他组织文化一样具有传承性、共享性、动态性等共同之处,但同时又有着不同于其他组织文化的特殊之处。

(一) 学校文化的特征

其一,教育的鲜明性和目标的明确性。学校是一个育人机构,这就决定了学校文化的教育性。学校应该是一个充满文化气息的地方,学校管理者要善于运用文化的力量来感染师生员工,在潜移默化中引导学校向前发展。为此,学校文化应当围绕育人目的来精心设计,使之蕴涵特定的愿景与明确的目标,从而传递对师生员工的期待、引导其言行举止,最终实现文化育人。

其二,内容的综合性和形式的多样性。源于育人的需要,学校文化必须在纵向上具有包容性、在横向上具有统合性,即吸纳古今中外的优秀文化成果,让师生培植根基、丰厚底蕴、放眼世界、开阔视野。因此,学校文化不能只有课堂文化,它必

---

① P. Heckman. School Restructuring in Practice: Reckoning with the Culture of School. International Journal of Educational Reform. 1993(3).

然包含多种多样的文化形式。例如制度文化，包括教师的教育教学行为规则、学生的一日常规、领导者的管理制度等；行为文化，包括学风、教风与校风；物质文化，包括学校的建筑、雕塑等。

其三，吸收的选择性和释放的辐射性。学校文化应该是开放的，但基于学校本身的特殊性，它不可能对一切文化因素照单全收，必然要进行筛选、过滤、升华，以形成自己特有的文化体系。学校文化一旦形成，又需要将它释放出来，以产生文化的影响力。学生是学校文化释放的首要对象，他们身上必然会留下学校文化的深深烙印；教职员工也会受到学校文化的影响，这使他们有别于其他学校的人员；优质的学校文化还将进一步扩散到周边，对社会文化产生辐射作用。[1]

其四，要求的隐蔽性和时效的滞后性。学校文化在育人方面是有明确目标的，但这种要求往往不是直白地呈现出来的，而是隐含在各种活动与环境中，不露痕迹地影响着师生员工，让他们在无意识中慢慢内化，从而获得某些共同的元素。由于学校文化的形成并非一朝一夕的事情，它对人的影响需要经历感知—认同—内化—外显的过程，因而其产生作用在时间维度上必然是滞后的。

(二) 学校文化的类型

每一所学校的文化都是其独有的，都是独特的，但我们还是可以将它归纳为若干种类型。斯坦霍夫和欧文斯（C. Steinhoff & R. Owens）在量化研究的基础上辨别出了四种学校文化类型，并用隐喻性的语言对其进行了描述：[2]

类型一：家庭式文化。这类学校常可用家庭或小组来比喻，校长常被描写成家长（强或弱）、养育人、朋友、兄弟姐妹或教练。在这样的学校中，"相互间的关心与超越自身职责对学生尽心尽责同样重要"。每个人都乐于成为大家庭的一分子，并为之尽自己的力量。既然学校即家庭，那么，无论是对待顺从的学生还是对待具有反叛性的学生，都应该关怀，充满友善和合作精神。

类型二：机械式文化。可以把学校比喻为一架机器：加好油的机器、政治机器、忙碌的蜂房或生锈的机器。在这里，把学校比作机器纯粹是从学校所具有的工具性意义上来说的。机器的驱动力来自组织结构本身，而这类学校的社会结构组织相当严密。对管理者的描述依他们的能力不同而定，如果校长的能力强，他往往会被比喻为工作狂、伐木巨人、将军；如果校长的能力差，他可能会被比作蛞蝓。与家庭式文化的学校不同，这类学校的宗旨是为成员提供保护而非爱心，学校只不过是教师"用来"完成工作的机器。

类型三：表演式文化。这类比喻可把学校比作由深受喜爱的艺术家表演的马戏、百老汇歌舞、宴会或编排精美的芭蕾舞演出，校长被看做司仪、走钢丝的演员、马戏表演的领班。这类学校中的教师所做的与群体有关的社会活动，与他们在家

① 余清臣，卢元凯. 学校文化学[M]. 北京：北京师范大学出版社，2010：21—24.
② [美]伦恩伯格，奥斯坦. 教育管理学：理论与实践[M]. 孙志军等. 北京：中国轻工业出版社，2003：64.

庭式文化学校中的同事相同。本质区别在于这种文化中主要是表演者的表演和观众的反馈间的关系,在教学中对艺术质量和智慧的要求较高,教学处于大师(专家)的关注之下。

类型四:恐怖场所式文化。这类学校被描述成有着战争特征的噩梦,它难以预料和充满紧张。"永远不知道下一个要倒霉的人是谁!"教师把他们的学校称为封闭的盒子或监狱,校长只是随时准备保住自己的位子。一般说来,这类学校中的管理者的主要作用就是有能力摆平各种事情,另外就是像拿破仑似的,有着强烈的支配欲或控制欲,教职员工要像跑龙套一样去适应他们。与家庭式或表演式文化不同,这类学校中的教师过着孤独的生活,社会活动很少。学校组织希望每个人都遵守规则,在适当的时候才有微笑。教职员工之间似乎没有什么亲密的关系,这种文化是冷漠的、敌意的和多疑的。

综上所述,每种学校文化类型都各有利弊。家庭式文化充满了温情,关爱每一个成员,但组织较为松散,对质量的把控不严;机械式文化结构严密,流程清晰,但存在着将人工具化的倾向;表演式文化关注质量,教师对自身的工作富有激情,但对校长的领导能力提出了更高的要求;恐怖场所式文化使得管理者与教职员工处于敌对的位置,但有助于规则的推行。

三、学校文化的功能与价值

无论是作为一种实体存在还是作为一个动态生成过程,学校文化不可避免地会对其成员乃至学校本身产生影响,这种影响可能是正面的,也可能是负面的。

(一)学校文化的正向价值

其一,标识价值。所谓标识价值,是指学校文化能够让每一所学校呈现出某种独特的氛围,使之与其他社会组织乃至其他学校区分开来。受到学校文化长期的熏陶,学校的师生员工对学校文化所蕴含的意义与价值有着较为深入的理解与体会,也会散发出某种特有的气质,从而与其他组织成员区别开来。至于学校的校训、旗帜、口号,甚至校服、建筑等,更是学校文化十分醒目的标识物。

其二,稳定价值。学校是一个人员不断变动的场所,尤其是每年都会有学生毕业离开、有新生招收入校,而办学需要保持一种较为稳定的状态,这时学校文化就能起到"稳定器"的作用。学校文化的核心是价值理念,它会在组织成员中相互影响、代代相传,使之成为维系人员团结与组织稳定的重要力量。它能够确保学校不因人员的变更而陷入混乱与动荡,能够减少内外环境变化所造成的冲击。美国管理学家罗宾斯(S. Robbins)也曾经指出,组织文化有助于提高组织系统的稳定性。

其三,规范价值。学校文化作为学校为处理内部与外部问题所衍生的一种共同享有的基本假定和价值,以及由这套假定与价值衍生出来的行为规范和期望,常常表现为各种显规则和潜规则。这些规则对学校成员的行为有着无形的约束力,从而转化为学校成员共同的思维方式和行为准则。这些组织文化为学校的正常运行提供了有力的规范。比如,每所学校都会要求教师认真备课,但对教案的数量要求、格式规范、详略程度、重点内容等的规定不尽相同,教师必须遵照所在学校的规则备课。

其四,凝聚价值。范国睿认为,从根本上讲,组织文化是一种意义理解的框架,使成员了解组织的历史传统、精神、目标。组织文化也反映成员在认知、情感等方面的共识,满足成员的组织归属感。在共同的学校文化影响下,师生员工拥有共同的价值观念、工作作风和行为方式,这增进了成员对组织的认同感,成员之间的感情会更为融洽,也愿意共同为实现学校组织目标而努力。可见,学校文化为组织成员提供了共同的知觉、思考、理解的模式,是组织整合与成员沟通的重要基础,是联系和协调师生员工思想与行为的纽带。[1]

其五,引导价值。由于理念、利益等方面的差异,不可能所有的师生员工对于学校所倡导的文化从一开始就能够认同与遵循。学校管理者可以通过各种文化活动,把师生员工引导到实现学校目标所确定的方向上来,使之在确定的目标下从事教育教学和管理活动。在这一过程中,学校管理者通常会出台相应的激励措施、树立标杆与典型,促使其组织成员逐渐接受与认同学校的价值理念与组织目标,以更加饱满的热情投身于学校的工作中,自觉地纠正自身工作中出现的偏差,朝着有利于学校发展的方向去努力。

(二) 学校文化的负面功能

不可否认,研究者大多比较重视学校文化的正面价值,而较少关注其负面功能。事实上,如同一枚硬币有两面,学校文化在发挥正面价值的同时,不可避免地会产生负面功能。对此,我国台湾学者作了如下的归纳:[2]

第一,造成内部冲突。必须承认,学校中的文化并不是单一的。从整体上看似一致的学校文化,事实上是由不同的"板块"构成的。以文化在学校中的地位为依据,我们可以将学校文化分为主流文化和亚文化。主流文化是多数成员所共同抱持的,在学校中占据主导地位;亚文化是由一小部分人形成的,在学校中处于边缘位置。主流文化试图同化亚文化,而亚文化则不愿被同化,甚至不甘心被边缘化,因此,这两种文化之间注定会产生矛盾与冲突。从另一个角度看,学校文化是由教师文化、学生文化等不同侧面所组成的。由于师生之间的地位差异、代际鸿沟等,两者之间的矛盾几乎是无法避免的,这就造成了次级文化之间的冲突。

第二,阻碍成员的活力。如前所述,学校文化具有引导和规范的价值,这些正面功能的发挥有助于把学校的全体成员都牵拉到一条规定好了的跑道上,从而使学校文化迅速成型并得以固化。从某种意义上讲,学校文化确立的时候也就是师生员工思维一致、行为趋同的时候。可以说,这一过程往往是以牺牲人们的某些个性为代价的。在学校文化的强势逼迫下,人们通常只能顺从其价值观而逐渐丢失个性。学校文化在取得统一性的同时,可能会慢慢失去听到不同"声音"的机会。

第三,阻碍创新。学校总是将人类文明积淀下来的既有成果传递给下一代,这

---

① 范国睿.学校管理的理论与实务[M].上海:华东师范大学出版社,2003:323—324.
② 谢文全.教育行政学[M].台北:高等教育文化出版社,2004:188—189.

就决定了学校(尤其是中小学)的教育过程主要是一个文化积累与传承的过程,而不是一个文化创新的过程。从这个意义上讲,学校文化天然地具有保守性。另一方面,学校文化在发挥其稳定价值的时候,也容易出现安于现状的惯性与惰性。在面临外部环境的严峻挑战时,学校的原有文化往往已经根深蒂固,会对变革采取抵制与排斥的态度,从而使得学校组织无法作出及时的反应,错失顺应变迁、借助变革、实现重生的机会。

第四,阻碍组织间的合作。正如罗宾斯所指出的,组织文化在组织中扮演着厘清界限的角色,使该组织不同于其他组织。界限的划分保证了学校的独立性与独特性,但也给组织之间的合作带来了麻烦。学校文化所构筑起来的边界是强有力的,其力量远甚于物理边界。这就是说,你或许可以轻松地突破物理边界,走入另一所学校,但你无法迅速地打破心理边界,被对方认为是"自家人"。人们往往注意到了利益会阻碍组织间的合作,而其实文化更是一个不应被忽视的因素。利益冲突常常会在合作的过程中逐渐显露,而文化差异可能从一开始就阻断了合作的开启。

第二节　学校文化的结构分析

一、学校文化的"洋葱"模型

所谓"洋葱"模型,是把学校文化看作一个包含若干个层次的同心球,各层次之间有机联系,构成了学校文化。在"洋葱"模型中,最常见的是"三层次说"和"四层次说"。

(一)精神文化

精神文化处于"洋葱"模型的内核层。它是指学校在长期的办学实践中,受一定的社会文化背景、意识形态影响而形成的为师生员工所认同与遵循的价值理念和精神成果。一般而言,学校的精神文化主要包括学校价值观、组织精神和学校形象,它们集中地体现了学校的整体精神风貌。

学校价值观是学校全体师生对本校发展方向、人才培养规格、教学方式等重要问题所共有的理解与选择,是指导学校日常运作和组织发展的基石和核心。有人把它比喻为学校行为的"基因"。在西方,一些学校会用"价值观声明"的形式来明确与发布学校价值观。

案例 8-1　某校的价值观声明[①]

在这所学校中

---

① 铭刻如斯.学校核心价值观问题[EB/OL]. http://blog. sina. com. cn/s/blog_4ab898c30100pdai. html. 2011-3-17.

我们关心所有的成员,现在的和过去的;

我们相信每个人都不能停止学习,我们需要学习的东西很多,其中一部分是关于我们自己和他人的学习;

我们鼓励每位成员最大化地发挥自己的才能,达到自我价值的实现;

我们努力帮助学生为适应飞速变化的世界做好准备,这包括我们要能够应对生活中的变化,发展独立,接受他人,解决生活中的问题;

我们努力提供涵盖所有学习需要并适应不同能力的学习内容;

我们坚信我们是社区的一部分,我们要与我们周围的人和机构紧密合作;

我们应该为取得的成功而自豪,同时能够从失败中吸取教训;

我们坚信首先要满足学生的基本需要,然后才能产生良好的学习;

我们必须努力使教学方式适应学习者的需要;

我们要对学生的成就保持记录,这可以帮助父母了解孩子的进步,并为父母和教师的交流提供机会;

我们期望所有成员在所有时间都尽其所能;

我们非常愿意看到和帮助从我们这里毕业的学生。

最重要的一点是,每个成员应该在每一天都有一点小的进步与成功。

组织精神是指学校在长期的办学实践过程中,为谋求自身发展而精心培育并与学校个性相结合而形成的一种学校主导意识。它通常借助简洁而富有哲理的语言形式加以概括,并常常借助校歌、校训、校徽等形式加以形象地表达。

学校形象是指社会公众(主要是外部公众)对学校的总体认识和评价,它是学校整体素质与文明程度的综合表现。从学校自身角度看,其表现形式主要是人的形象(领导形象、员工形象、学生形象)、管理形象、服务形象等,集中体现在校风校貌上;从社会、家长等外部评价的角度看,知名度、美誉度、定位度一般可作为学校形象的评价指标。[①]

(二) 规范文化

规范文化是"洋葱"模型中的中间层。它是指由各种规章、条令、程序所组成的条文及其执行系统、行为模式。学校规范文化包括制度文化和行为文化,而在"三层次说"中通常把中间层缩减为制度文化,而不把行为文化单列为一个独立的层次。

制度是学校有序运行的基础,学校需要一系列科学完备的管理制度,如学生的学习生活制度、教职员工的岗位职责制度。学校制度文化是指学校文化中的制度部分,包括学校各种条例化、文本化的规章制度、行为规范、纪律等,以及学校中那些无形的习惯、约定俗成的规范等。一所没有制度的学校或者因执行力不高而导致制度形同虚设的学校,必然会陷入低效与混乱的局面。因此,学校管理者要构建

---

① 张东娇,李桂英.知名度、美誉度、定位度:学校形象的评价指标[J].教育科学,2006(1).

民主化的制度形成机制,建立完善的制度体系,培育遵守规则、严格执行的风气。

学校行为文化是指学校教职员工在教育实践中产生的活动文化,是学校作风、精神风貌、人际关系的动态体现,也是学校精神、学校价值观的折射。其内容包括:一是师生员工的生活方式、行为方式、思维方式以及在此基础上形成的校风、教风、学风等学校气氛;二是多种形式的文化、体育、娱乐活动。

有研究者指出,学校行为文化在很大程度上体现在学校组织气氛上。哈尔平和克罗夫特(A. Halpin & D. Croft)认为,校长的行为特征有四种,分别是冷淡、注重工作、体贴关心和推动力;教师的行为特征也有四种,分别是敷衍了事、障碍、团队精神和亲密。两者联系起来会形成六种由开放到封闭的学校气氛,即开放气氛、自主气氛、控制气氛、随意气氛、家长气氛和封闭气氛。

(三) 物质文化

学校物质文化处于"洋葱"模型的外表层。它是师生员工在教育实践过程中创造的各种物质设施,是学校文化的物态形式。它是占据一定校园空间的有形实体文化形态,是一种满足学校主体实用需要并蕴涵着特定的教育理念、审美旨趣和价值追求的文化形态,是学校文化存在和发展的物质基础和保障,同时也是学校文化的物质载体。但是,学校物质文化并不是泛指学校内的一切物质资料,而是特指具有文化意义的物质设施,例如具有人文意义的雕塑、具有纪念意义的建筑楼、校服、校徽等。

学校物质文化是学校内核精神的外化,折射出了学校所特有的文化底蕴和理想追求,形成了一所学校所独有的校园气息,进而积淀为学校所独有的魅力。它们不仅起到美化校园、点缀校容的作用,同时也以其独特的物质形态陶冶、激励着莘莘学子。而这一过程正是学校物质文化的重要之处:设计者和创造者们依据自己心中的理念,为学校留下了一份份物质文化成果,这些物质文化成果逐渐内化为学校的精神文化,并且在不经意间给每一个学子"烙"上了学校的气息,默默地影响着学生的一生。[①]

二、学校文化的"冰山"模型

"冰山"模型认为,学校文化由两个部分构成:一部分是可以直接观看到的结构,如同冰山露出海面的部分;另一部分是隐藏着的不可见的结构,如同冰山藏于海水之下的部分。

(一) 显性文化

学校显性文化是指学校内看得见、摸得着的外在化的文化形态,是学校文化的外壳,奠定着学校文化存在和发展的基础;同时,它又是学校文化"内核"(精神文化)的载体,体现着一定的价值目标、审美意向等,是富有内涵的人文环境。显性文

① 余清臣,卢元凯.学校文化学[M].北京:北京师范大学出版社,2010:19.

化包括学校的校园环境（生态环境、师生的形象和学校建筑的布局等）、学校的标志符号（包括校徽、校旗、校歌等）、学校的规章制度、学校的组织结构、学校管理的行为模式以及其他可见的具有文化意蕴的客观存在。

按照存在的形态划分，显性文化可分为物理形态、文本形态和行为形态三种类型。学校的地理环境、校园建筑、标志符号等，均属于显性文化的物理形态。一所学校所处的地理位置不同会体现不一样的文化。比如城市与农村的学校，由于地理环境的不同，导致学生所接触的事物不一样，每天所看到、听到、感觉到的都完全不一样，渐渐地这种区别也会在学校的文化中有所体现。校园建筑一般是通过建筑的造型、建筑的空间布局，来表现一定的思想内容和价值追求的。校旗、校徽等标志符号，更是直观地承载着学校的教育信息和观念，对学校教育、教师和学生的行为产生了潜移默化的影响。

文本形态是指学校中一切以书面形式呈现出来的学校文化现象，其中最常见的是校训和学校的各项规章制度。校训是学校价值追求浓缩化的表达方式。如天津南开中学的校训是"允公允能，日新月异"。"允公"指培养学生爱国、敬业、献身的精神；"允能"就是培养学生服务社会所需的知识、技能；"日新月异"就是要求随时代的前进不断革新。学校的规章制度是为了实现学校管理目标而制订的行为准则和工作规程，它通常以条文的形式，对全校师生员工的工作、学习和生活等行为提出具有约束力和一定强制性的准则和规范。值得注意的是，文本形态的显性文化仅仅是纸面上的东西，其执行情况如何往往会在行为形态中表现出来，而有些甚至会深藏于隐性文化之中。

行为形态是指在学校内由师生员工所产生的行为，包括学校的领导行为，教师的教学行为、班级管理行为、科研行为，学生的学习行为、参加活动的行为等等。一般来说，行为是人在一定意识的支配下，按照一定的规范进行并取得结果的客观行为。学者们大多认为，行为具有一定的习惯性定势，它是观念、心理、物质和制度等文化要素的综合显现。因此，人们常常通过对学校中各类人员的行为的考察，来揭示学校文化的真实特质。

（二）隐性文化

在学校文化中，有一部分是隐藏着的、不可见的，我们称之为学校的隐性文化。隐性文化包括学校的管理思想、价值观念、办学理念、学校精神以及隐藏在日常行为中的约定俗成的文化（如学风）。它不是指那些一目了然的文字化了的东西，而是指那些潜藏于文字之下的、被人们所真正接受而形成的观念性存在。

通常，学校的显性文化是隐性文化的物化载体，是隐性文化的外在表现；学校的隐性文化是显性文化的基石，是其内核。不难理解，只有具备一定文化底蕴的物质建筑才能在时间的长河中保存下来，同样的，没有隐性文化支撑的显性文化只是一株无根的花，虽有香味但很快就会枯萎、消逝，经不起时间的考验。

一般而言，显性文化见效快、评价易，而隐性文化难把握、难控制。因此，学校管理者容易偏重显性文化的投入，而忽视隐性文化的建设。如何把握好显性文化和隐性文化建设之间的平衡点,将是对学校发展的一种挑战和机遇。只有处理好这两种建设之间的比重关系,学校才能长远地发展;反之,学校将在时间的长河中逐渐被边缘化,并且走向消亡。当然,有时显性文化与隐性文化也会出现不一致的现象,如何做到表里如一是学校管理者必须思考的问题。

三、学校文化的"拼图"模型

所谓"拼图"模型,是把学校文化视为由若干个"板块"组合而成的一张"拼图"。从人员的角度看,学校文化是由学生文化、教师文化和行政人员文化拼接形成的;从工作的角度看,学校文化是由课程文化、教学文化、德育文化和管理文化构建组成的。

(一)学生文化、教师文化和行政人员文化

我国台湾学者林清江在其《教育社会学新论》中指出,学生是学校教育的对象,他们的价值观念和行为举止一方面会受到学校的影响,另一方面也会受到社会文化的影响。由于学生正处于身心发展的特殊阶段,学生文化往往具有独特的特征与性质。学生在班级和学校生活或活动中,同辈团体相互影响,共同形成特殊的价值与行为,并成为学校文化的重要组成部分。

教师是学校组织体系中的主力军,其价值取向与行为方式对学校文化影响甚大。在学校中,教师文化呈现出三种相互对立的形态,即学术中心(长于研究拙于教学)与教学中心(重视教学忽视科研)、专业取向(将教师工作视为自己一生的专业追求)与职业取向(将教师工作仅看作谋生的职业)、教学者与学习者。哈格里弗斯(A. Hargreaves)则将教师文化分为四种类型:① 个人的文化。教师之间彼此隔离,其精力用于处理自身课堂事务。② 分化的文化。教师的工作彼此分立,有时会因为权力和资源而相互竞争。③ 人为的合作文化。教师被要求围绕行政人员的意图与兴趣进行合作,这种合作没有尊重教师作为专业人员应该享有的自主判断和自我抉择的权利。④ 合作的文化。这种文化建立在教师之间开放、互信和支持的基础上,有助于教师的专业成长,也有助于学校文化的整体发展。在现实中,个人的文化和分化的文化是较为常见的,人为的合作文化是一种虚假的、不可持续的文化,唯有合作的文化是一种理想形态的文化。

在学校中,行政人员的地位与作用不如教师那样明显,因而其文化具有潜在文化和非显著文化的特征。一般而言,行政人员的潜在文化与学校的主流文化存在部分相符、部分不符的现象,有些行政人员对学生的态度或关系不同于教师的专业态度或关系,因而会造成不利于学生发展的负效应。尽管行政人员的影响力不及教师大,但他们对学校事务的处理仍然会间接地影响到学生的健康成长。因此,学校管理者对于行政人员文化不能忽视。

(二)课程文化、教学文化和管理文化

学校课程文化是指按照一定社会对下一代获得社会生存能力的要求,对人类

文化的选择、整理和提炼而形成的一种课程观念与课程活动形态。[①] 课程文化要求我们用文化的眼光去认识课程的思维方式与研究方法,同时去关注课程本身所具有的实体内容和对象化的文化结构。当代课程改革始于对其由来已久的工具性的转换,使其由文化的工具存在转变为文化的主体存在,使课程成为一种以文化批判、反思与生成为机制及品质的建构性文化。

一般而言,课程文化包括课程意识、课程思想、课程价值等内在价值形态,课程制度、课程政策等外显制度化形态,以及教材、课件、教学资源等物质化形态。[②] 当前,在课程目标上,要凸显多元化的价值取向;在课程内容上,要挖掘蕴涵在学科知识中的价值观念、审美情趣、思维方式、行为规范;在课程实施上,要构建一个由教师、学生和学习环境所构成的以参与、合作、理解、体验等为标志的动态生命场;在课程评价上,要树立以学生发展为本的理念,积极探索发展性课程评价。

教学文化是师生基于教与学的接触、交流、对话等活动过程而形成的较持久的师生课堂生活方式,它包括教学传统、思维方式、价值观念和行为习惯的类型或范式,其核心是教学价值观。[③] 在学校中,教师应革除传统教学文化中的弊端,如过分强调师道尊严、师生关系不平等、教学过程中单向灌输等,努力建设以民主性、合作性、开放性、对话性、创生性为特征的新型教学文化。

管理文化是指学校管理领域形成的一种特殊文化倾向,是学校管理人员在管理活动中的共享价值观与行为活动。它是学校管理人员运用现代管理方法与手段,如确立思想观念、认同价值取向、创设文化氛围和强化协作意识等,对学校管理诸要素进行合理组合并形成和谐有序的运行机制,实现优质高效管理目标的实践活动与构成。在这个构成中,学校管理人员一方面要遵循教育规律,对具体教育情境中的师生和学校进行感知、辨别与顿悟,另一方面要培育形成共同遵守的管理目标、价值标准、基本信念与行为规范,使师生员工对学校的办学理念、规章制度、环境建设与利用等形成组织认同。

综上所述,学校的文化结构是复杂的,无论是"洋葱"模型还是"冰山"模型抑或是"拼图"模型,都不足以概括学校文化的全貌。学校管理者必须多视角、多层次、多侧面地去审视文化现象,全方位地建设好学校文化。

第三节　学校文化的建设策略

一、确立学校文化的精神内核

学校价值观、校训等属于学校文化的精神内核,起着统摄全局的作用,是一所

---

① 裴娣娜.多元文化与基础教育课程文化建设的几点思考[J].教育发展研究.2002(4).
② 赵连根等.现代学校解读与建构[M].上海:上海教育出版社,2008:269.
③ 刘成.我国社会转型背景下教学文化建构研究[D].重庆:西南大学硕士学位论文,2011:12.

学校的"灵魂"所在。每所学校都要确立其精神内核,但具体的操作策略应各有不同。

(一) 在传承中更新

对于一些有着悠久办学历史的学校而言,漫长的学校发展过程本身就是一笔丰厚的思想财富,其间必然蕴含着一以贯之的精神脉络。因此,迪尔和彼得森(T. Deal & K. Peterson)建议校长要充当历史学家和人类学家。他们希望校长不局限于眼前,而要通过对历史线索的梳理来更好地看清现有文化的本质特征。

为了帮助校长深入发掘传统文化的关键内核,迪尔和彼得森提出了一些问题供校长参考:(1)学校已经存在多久了?(2)为什么建立这所学校?第一批人是谁?(3)谁主要影响学校的发展方向?(4)过去发生过哪些重要的事情?它们是如何得到解决的?解决得是否彻底?(5)先前的教师、学生、校长是些什么人?(6)学校的建筑风格表达什么含义?空间是如何排列和使用的?(7)学校内外存在哪些亚文化?(8)谁是学校认可(和不认可)的英雄和坏人?(9)当被问及学校象征着什么的时候,人们是如何回答的(如何想的)?如果他们(应指"英雄")离开了,学校会失去这种理念吗?(10)什么事件具有特别重要的意义?(11)如何确定典型冲突?典型冲突又是如何处理的?(12)什么是学校重要的仪式和纪事?(13)人们希望得到什么?有没有符合个人梦想的方式?[①]

学校文化的精神内核应当有延续性,但也需要赋予其时代特色,使它焕发出新的生命力。1905年,上海市明强小学建校之初的校训是"民生国势,赖以明赖以强",旨在让下一代变得更"明"更"强"。1996年,针对当时社会发展所暴露出的人的道德文明素养下降以及学生进取心和耐挫力不强的问题,学校提出了"明礼仪,明责任,进取心强,耐挫力强"的校训。2002年,领导班子意识到原有校训在学校发展中发挥了重要的凝聚、引导的作用,但缺少本质性和整体感,为此提出了新的"两明两强"——"明事理,明自我;强体魄,强精神。"[②]可见,该校始终围绕着"明"、"强"做文章,在不同的时期增添不同的内涵。

(二) 在重组中整合

无论历史长短,每所学校都会形成其自身特有的文化。在转型时期,学校的撤并组合是经常发生的,重组后的学校必然面临着价值理念的矛盾甚至冲突。有研究人员指出,不同文化(尤其是其精神内核)从相互冲突、否定到融合、肯定,一般要经历三个阶段,即文化接触、文化竞争和文化选择。[③]

源自不同学校的文化通过人际交往、相互传播、彼此渗透等方式形成对流,这

---

① [美]马修斯,克罗. 今天怎样当校长[M].徐益能等译.北京:中国轻工业出版社,2008:157—158.

② 吴遵民,李家成.学校转型中的管理变革——21世纪中国新型学校管理理论的构建[M].北京:教育科学出版社,2007:233—235.

③ 范国睿.多元与融合:多维视野中的学校发展[M].北京:教育科学出版社,2002:219—220.

第八章 学校的文化建设

159

就是文化接触。以文化接触为基点，不同文化的源群体会自发生成对自身文化形态的保护而对群体外文化的侵入进行防御，从而产生文化的自我维护。而文化的强大生命力促使群外文化试图冲破群内文化的防守，由此形成群体内外文化之间的优劣竞争。文化竞争必然会使文化发挥选择功能，形成优胜劣汰的结果，最终达到不同文化间的整合。

一般而言，不同学校的文化只有在平等的基础上进行有效的沟通与互动，才能减少抵触、降低振荡、加速融合。比如，南京市田家炳高级中学是由南京市第二中学、第八中学和第五十中学高中部组合而成的，如何使原先来自不同学校的师生员工融合在一起，学校注重发挥了文化的力量。为此，学校举办了"我与学校共发展"系列教师论坛。通过论坛上的充分交流，学校领导提出将学校的核心精神定为"众"，因为它蕴含着丰厚的文化内涵，是具有田家炳高中特色的、符合素质教育要求的学校文化体系，是学校提升办学水平的精神动力。用一个"众"字，可以携三校悠久之文化、融三校深厚之底蕴、集三校精良之师资，引导学校走上一个新的台阶。

（三）在生成中培育

对于一些办学历史较短、在学校文化传统方面积淀还不够深厚的学校而言，可以探索新的生成和培育之路。为此，学校管理者不妨考虑采用特色扩散策略和缺陷弥补策略，在实践探索中生成学校文化精神内核的胚芽，并予以精心培育。

特色扩散策略即以现有的特色为核心，促使其向其他领域拓展、扩充，最终实现对学校文化各构成要素的整体引领。比如：广州市 109 中学原本是一所薄弱学校，1990 年起着手"艺术教育特色"的尝试。经过艺术教师的努力，这一目标在较短的时间内达成了。在构思学校的下一步发展计划时，学校领导意识到，艺术是追求"美"的，艺术教育的成功点燃了教职员工的工作热情，学校成员所显露出来的精神状态和工作行为也蕴涵着"美"的成分。能否让"美"冲破艺术教育的局限？可否将艺术教育所取得的成果在其他领域中加以运用？这些问题引起了学校领导的思考。于是，一种以"校园环境绿化美、教育教学方法美、师生精神风貌美"为主要内涵的追求美的文化建设思路，逐渐在学校领导的头脑中形成并清晰起来。

缺陷弥补策略是针对学校教育中的不足而实施的，显然，这一策略要求办学主体具有砥柱中流的胆识和勇气，具备独立思考的品质，拥有坚忍不拔的意志。虽然在实践中有较大的难度，不过一旦取得成功，学校的文化境界能够因此而提升一个层次。冯恩洪当年在上海市建平中学所进行的改革，就是基于缺陷弥补策略的。作为一所重点中学，建平中学的升学率是有保证的，但是，冯校长没有忽视成绩背后的问题。他看到了中国教育"补短"而不"扬长"的现实弊端，于是采用逆向思维，针锋相对地提出了"合格＋特长＝建平人"的核心理念，从而带领学校走向了成功。[①]

---

① 刘堂江，梁友君.跨世纪教育工程[J].人民教育，1993(9).

学校组织与管理

二、发挥学校文化建设各主体的作用

学校的文化建设需要各方的努力,学校管理者、教师和学生应当扮演好各自的角色,发挥自身应有的作用。

(一)学校管理者要扮演好设计师与倡导者的角色

学校管理工作千头万绪,但管理者不能陷入事务堆中而忘却了学校的文化建设。学校管理者要认清自己在学校中的地位,把建设学校文化作为自身的重要工作。有研究者提出,学校管理者要有清晰的学校文化意识,不能只满足于处理学校的日常事务,执行上级的各项指令。要对学校文化建设有理性的思考,并且形成完整的工作思路和具体设想。[①]

学校管理者要站在文化的高度来看待学校的每一项工作,要让每一个事件都体现出文化价值。要站在时代文化的前列,把握时代的主流文化脉搏,以社会的主流文化引领学校文化,用学校的核心价值观引领教师与学生,让社会的主流文化和学校文化建设有机结合,使学校文化永葆青春的活力,与时俱进。

学校管理者要反思昨天,要奋斗今天,更要思考明天。管理者(尤其是校长)的首要任务是为学校的明天当好设计师,要对学校的文化发展进行设计,并把美好的学校文化发展的蓝图作为全体师生的共识,成为全体师生共同的奋斗目标。校长要运用准确的形势发展的洞察力,正确把握学校发展的方向,给未来学校的发展做好"定位",为学校发展掌舵,成为学校文化发展的掌舵人。

(二)教师应发挥好承上启下的作用

教师在学校文化建设中的作用是双向的:一方面他们要与学校管理者一起做好学校文化设计工作,另一方面又要进一步将学校所倡导的文化理念传递给学生。学校的文化理念不应只是一句句漂亮的口号,而是需要溶进师生员工的血脉中。要做到这一点,教师必须积极践行学校的文化理念,否则,学校文化就会变成"无本之木"、"无源之水"。教师要实践学校的文化理念,前提是自己要领悟学校文化。教师要知道自己学校的文化是什么、特色文化是什么,这样才能更好地、准确地实践学校文化。

对于教师而言,实践学校文化理念的主要方法是在学科建设和课堂教学活动中融入学校文化。学科建设和课堂教学活动是师生价值观念、行为规范、思想意识、情感态度等最集中、最稳定和最基本的学校活动,师生在校大多数时间都是在这些活动中度过的。学科建设和课堂教学活动因而成为了文化建设的基本活动与过程,成为了教师实践学校文化理念的主阵地。教师要以课堂为载体,以学校文化理念为大背景,在此背景下教授教学内容。比如:朱自清、夏丏尊、丰子恺、朱光潜等一群年轻的"诗人"教师,在春晖中学潜心于文学研究与教育。他们在学校开设

---

① 吴秀娟,郭继东,阎德明.学校创建特色研究[M].沈阳:辽宁人民出版社,1997:131.

了白话文课程,形成了"北有南开,南有春晖"的景象。

教师践行学校文化理念的阵地并不只是在课堂,而应是随时随地。因此,教师需要提升的不仅是专业知识和教学技能,还包括自身的文化品位。因为教师对学生的影响是全方位的,在计算机、互联网高度发达的今天,教师对学生的知识优势已逐步丧失,但对学生道德品质、行为习惯、人格修养等方面的责任却在增加。只有具备较高文化品位的教师,才能在非知识领域给予学生正确而无痕的引导,让学生如沐春风般地感受到文化的气息,这样,学校的文化建设才能更上一层楼。

(三) 学生既是学校文化的承载者又是学校文化的建设者

学生是学校的教育对象,是学校各项工作的最终受益者。不论是学校的课程文化、教学文化、研修文化,还是教师文化、节庆文化、社团文化,一切都是以学生为目标指向的。也就是说,学校文化最终是体现在学生身上的,学生承载着学校文化。换言之,衡量一所学校文化建设的水平、判断一所学校的文化品位,不是听校长的介绍和教师的体会,关键是看学生的表现。校长和教师所种下的文化种子,必须在学生身上开花结果。南开学校[①]之所以为人们所称道,就在于一代代南开学子承载了"南开精神",散发出南开的文化气质。

学生是学校文化的承载者,但他们是一群有生命、有思想、有感情的活生生的人,而不是一个个消极被动的学校文化的"容器"。他们在接受学校文化影响的时候,并不是无所作为的,他们也在主动参与甚至改造着学校的文化。在各种社团活动、文艺表演、体育竞赛、节庆典礼中,如果没有学生的积极参与,那么这些活动就会变得索然无味,从而失去引导和教育学生的意义。为此,学校管理者要精心设计、细致安排,教师要全力配合、热情帮助,让学生主动参与、充分展现,做到"学校搭台、教师伴奏、学生唱戏"。

有研究人员指出,要想充分发挥学生的作用,在学校文化建设中应当体现出民主性、生成性和发展性。[②] 这就意味着学校管理者和教师必须注重增强学生的主人翁意识,尊重他们的民主权利,听取他们的意见,反映他们的意愿,调动他们参与学校文化建设的主动性,发挥他们的创造性。采用培养、教育、转化、生成、熏陶的方法,让学生获得体验、得到感染、实现交流,从而发挥主导、渗透、示范的作用,最终通过学生主体的选择不断形成并延续学校文化中富有个性、先进的成分。学校文化不应是静态、封闭、单一的,而应是动态、开放、多元的。在学校文化建设过程中,要包容学生文化中不易被管理者和教师所理解与认同的部分,通过扬弃与创新将学生文化引导到正确的方向上来。

三、有序推进学校文化建设

学校文化建设涉及面广、工作繁多、见效迟缓,不能采取突击式的操作策略,必

---

① 南开学校包含了南开中学、女中、小学和大学。

② 鲁宏飞等.学校文化建设与管理研究[M].上海:华东师范大学出版社,2007:76—77.

须脚踏实地、按部就班地系统化推进。

（一）分段渐进地开展文化建设活动

关于学校文化建设的过程，学者们提出了各自的见解。西尔弗兹韦格和艾伦（Silverzweig & Allen）认为，构建一种文化模式通常要经过以下四个步骤：一是分析现存文化，并建立达成新文化的特殊目标；二是体验新文化，引进让大家参与的系统；三是修正现存文化，实施新系统；四是维持新文化，进行评估和更新（见图 8 - 1）。[①]

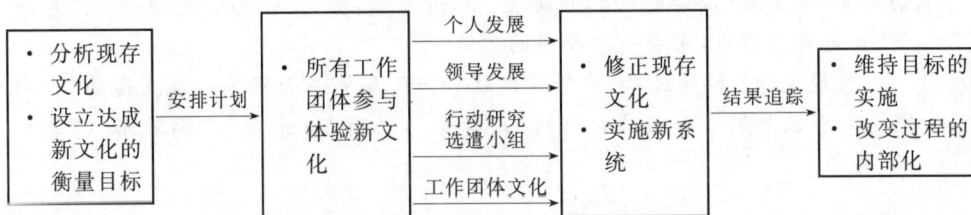

图 8 - 1　组织文化变迁的规范系统模式

我国研究人员认为，学校文化的形成一般要经历七个阶段：① 孕育。学校领导在调研基础上，综合前人教育思想和外校经验，逐渐形成自己的办学思想，初步孕育出办学理论的轮廓。② 选择办学理念。办学理念必须立足于本校的具体特点，根据自己的目的、环境要求和组成方式等特点选择适合自身发展的办学理念。③ 倡导与实施。学校领导通常利用各种媒体和培训活动来倡导其办学理念，通过自身的言传身教和重大事件的成功处理，促进教职员工对重要价值观和行为准则的认同。④ 碰撞与磨合。任何一种新的办学理念与原有的学校传统都存在一个调适的问题，两者之间需要一段时间来整合。⑤ 逐步完善。建立必要的保障制度，促进办学理念的实施，使业已形成的组织文化走向完善。⑥ 定型化。在一以贯之的努力下，学校文化趋于固定。⑦ 新的发展。随着时代的变迁，已经定型化了的学校文化需要有新的发展。[②]

其实，上述的观点并不矛盾。不难看出，学校文化建设应该是一个循序渐进、由表及里的过程。

（二）内化与外化学校的文化理念

从某种意义上说，学校文化建设就是将文化理念内化与外化的过程。校园的自然环境和各类设施都具有直观形象的特点，但却内隐了设计者、建设者和使用者的价值观、审美观。如果这些物质因素都具有独特的风格和文化内涵，就能潜移默化地影响学校群体成员的观念和行为。广东省中山纪念中学十分注重学校文化理念的外化，校园建筑中处处体现着"中山精神"。

---

① 方向新等.人性因素·生存环境——组织社会学[M].上海：知识出版社,1990：223.

② 彭虹斌.教育管理学的文化路向[M].北京：教育科学出版社,2009：207—208.

案例 8 - 2　中山纪念中学的主题建筑

　　主题标志：中山塑像——穿过正门，走过平地，登上 21 级宽宽的台阶，一尊汉白玉雕像巍然耸立在眼前，这就是孙中山先生的伟大形象。

　　主题建筑：逸仙堂——在中轴线上，赫然高耸着一座气势宏伟、风格别致的仿古建筑。

　　主题烘托：皓东、寿屏、鹤龄、庆龄等八大堂——在孙中山先生雕像的东西两侧，屹立着"鹤龄堂"和"庆龄堂"，"鹤庆"二堂与前面的"皓东堂"、"寿屏堂"正好前后堆成，形成一个整齐的方阵。

　　主题延伸：校园道路、广场等建筑——环寿屏山山腰 800 米大道为"中山路"，环新区外围 800 余米新路叫"庆龄路"，还有"皓东路"、"鹤龄路"、"幕贞路"等等。

　　学校生活除了学校的物质环境与活动之外，还呈现于各类组织生活之中。学校的文化理念需要，并且可以具体化到各类组织生活之中，形成独特的教研组文化、年级组文化、班级文化。当然，文化建设最终需要深入到人的生存方式中，成为学校管理者、教师和学生的新型生存方式。这通常要与学校的整体改革融合在一起，但就学校文化建设而言，必须有意识地促进这一目标的达成。

（三）提升学校管理者的领导层次

　　不可否认，学校文化建设的关键在校长，这就要求校长必须提升自身的领导层次。有研究人员指出，校长的领导层次可以分为五个等级（见图 8 - 2）。技术领导关心的是工作计划的制订等具体性的技术工作；人际领导注重沟通，善于鼓动教职员工的干劲；教育领导自身的教育教学业务出色，能够对其他教师进行诊断，提出建议；象征领导往往能够以身作则，率先垂范；文化领导重视价值观的引领。

图 8 - 2　五种层次的领导[①]

　　从图 8 - 2 中可以看出，当校长滞留于技术领导、人际领导和教育领导这样的

① 郑燕祥. 教育的功能与效能［M］. 香港：香港广角镜出版有限公司，1995：349.

164

层次时,他只能办出一般"可行"的学校;只有当校长把自己提升为一名象征领导或文化领导的时候,他才能打造出成就卓越的学校。

课后练习

1. 请填写罗宾斯和艾维设计的文化评估表,并填写相关的行动计划。

表 8 - 2　文化评估表

前景或目标:

文化要素	目前情况	理想状况(与前景或目标一致)
· 价值观和信念		
· 规范		
· 规则		
· 典礼和仪式		
· 奖励		
· 故事		
· 物理环境		
· 符号和人工制品		
· 传统		
· 文化扮演者(牧师、英雄人物、历史学家和讲故事的人)		
· 非正式的交往群体		

· 文化的大体状况:＿＿＿＿＿＿＿＿＿＿＿＿＿＿＿＿＿＿＿＿＿＿

· 需要改进的地方:＿＿＿＿＿＿＿＿＿＿＿＿＿＿＿＿＿＿＿＿＿＿

· 行动计划(为了促进文化变革,下一步最适合做什么):＿＿＿＿＿＿＿

2. 回忆一下,学校中有哪些文化活动让你印象深刻,请总结它们的共同特点。

第三编

学校管理实务

第九章
课程开发与管理

> 课程是教育事业的核心，……在教育活动中起着决定性的作用。
>
> ——P. Taylor

情景导入

　　1984年，大同中学一位叫洪光磊的学生写了一篇题为"幻想"的作文，那时她在文科班学习。她在文中写道："每天的主要功课就是背！背历史、背地理、背外语……为了应付上课提问、测验、考试，最终是为了应付高考！"她把课间休息称之为"放风"。在好不容易挨到的"放风"时间里，她与几个同学一起议论："将来去办一所新学校，取消一切不合理的教学方法。这所学校每天上午统一上课，下午各人去追求各人的爱好。"但她又遗憾地写道："这只是一个空想、幻想而已。"

　　这篇作文获得了华东六省一市作文竞赛的一等奖，也间接促使了大同中学的第一次课程结构整体改革。自此之后，在学校的课程实施中，我们始终秉持尽可能让课程"满足每一个学生发展需求"的理念。[1]

　　洪光磊同学的"幻想"反映了许多学生的心声。如何回应学生的需求，让学校的课程贴近学生，这是学校管理者必须认真思考的问题。而随着课程改革的深入，学校在这方面是大有可为的。

第一节　课程管理及其体制

一、课程与课程管理

　　课程是学校教育活动的载体，课程管理是学校管理工作的重要组成部分，因此，学校管理者必须做好课程的开发与管理工作。

（一）课程的含义

　　在我国，"课程"一词最早出现于唐朝。在西方，课程的英文 curriculum 源于

---

[1]　郭金华.推进课程统整　创造性地执行课程方案[J].上海教育.2010(5).

拉丁语 currere，其动词意义为"奔跑"，名词意义为"跑道"。基于这一词源，人们对于课程的理解自然地出现了分歧。从名词意义出发，一些学者侧重于对"跑道"的思考，强调"学习的进程"，把课程视为静态的、外在于师生的教育内容；从动词意义出发，一些学者侧重于对"奔跑"的思考，注重"跑的过程与经历"，强调师生在教育过程中的经验与体验。随着研究的深入，人们对于"课程"的理解更趋多样化。

西方学者认为，目前至少有 9 种具有代表性的课程定义：① 课程是在学校建立的一系列具有潜力的经验。② 课程是学习者在学校的指导下所学到的全部经验。③ 课程是教学内容和具体教材的总计划。④ 课程是旨在探讨能够体现教师、学生、学科、环境影响的学科内容的各种方式方法。⑤ 课程是学校的生活和计划。⑥ 课程是一种学习计划。⑦ 课程是学习经验和预期的学习结果。⑧ 课程必须基本上由五种大范围的学科学习组成，它们是：母语，系统的语法、文学和写作学习；数学；科学；历史；外国语。⑨ 课程被看作是有关人类经验的范畴，而不是结论的可能思维模式的不断扩大的范畴。①

（二）课程管理的含义

对于"课程管理"的理解，学者们的意见并不统一，比较有代表性的是以下几种：②

1. 课程管理即教学管理

张圻福认为，课程管理"广义讲是指学校对教学工作实施管理，是学校管理者遵循教学规律，行使管理职能，对教学活动各因素进行合理组合，使教学活动有序高效地进行，从而完成教学计划和教学大纲规定的教育、教学任务"。究其实质，是对制订好的教学计划与内容的执行过程的管理，它与"课程实施管理"的含义有些贴近而又不尽相同。

2. 课程管理主要是对课程编制的管理

钟启泉指出，课程管理是"系统地处理编制技法和人、物条件的相互关系，以教育目标为准绳，加以组织的一连串活动的总称"，其核心部分是课程编制。《教育大辞典》对"课程管理"的解释是"对课程编订、实施、评价的组织、领导、监督和检查"。从本质上讲，这两个定义是把"课程管理"看成对从课程的编制、实施到评价等整个课程的全程、全面的管理。

3. 课程工程即课程管理

比彻姆（G. Beauchamp）在 20 世纪 60 年代初提出了"课程工程"这一概念，受其影响，陈侠认为："'课程工程'（curriculum engineering）也可译为'课程管理'，大部分有关课程研究的书刊中指的是课程的规划、研究和改进，所以课程工程的产品

---

① ［瑞典］胡森等.简明国际教育百科全书·课程［Z］.江山野主编译.北京：教育科学出版社，1991：65.

② 张相学."课程管理"概念的多维分析与建构［J］.江西教育科研.2007(5).

就是课程标准和教材。"也有专家主张,"课程工程也称课程系统、课程管理、课程制度,即指构成课程编制和课程实施两部分动态集合的决策系统"。

4. 课程管理是一种责任和权力

斯塔克(J. Stark)把课程管理界定为:为确保成功地进行课程的编制、协调、实施、支持、评价和改进而履行的责任和行使的权力。与前几个定义相比,斯塔克除了提到对课程的编制、实施、评价以外,还增加了"支持"和"改进"两项。"支持"是课程活动得以有效开展的条件,而"改进"则是课程管理的主要目的之一。学校管理者要行使好手中的权力,全面地承担起课程管理的责任。

二、课程管理与课程领导的关系

近年来,无论是在学术界还是在实践领域,"课程领导"一词的使用频率激增,大有取代"课程管理"的势头。

(一)"课程领导"研究的兴起

"课程领导"这一概念最早是由美国哥伦比亚大学的帕素(A. Passow)于 1952年在其博士论文《以集体为中心的课程领导》中首次使用的,但在当时并未引起重视。直到 1985 年布莱德雷(Bradley)出版《课程领导与发展手册》和随后几年内格拉索恩(A. Glatthorn)出版两部重要著作(即《课程领导》、《校长的课程领导:如何进行教学与测验》)后,研究课程领导的文献才开始纷纷出现,各种课程领导的模式也才逐渐兴起。

有学者将课程领导研究分为四个阶段:要素确立期、概念发展期、模式建立期、实际应用期。[①] 在要素确立期,学者们主要研究了课程领导的要素与特征。在概念发展期,主要确立了课程领导的功能与任务,并制订了课程领导的具体行动方案或指导手册。到模式建立期,则逐步形成了课程领导模式,这些模式既作为课程领导的理论基础,又指引课程领导的实践。而实际应用期,是对课程领导模式的推广与实施,并对课程领导模式进行修订与补充。

在我国,"课程领导"受到关注在很大程度上得益于课程改革的推动。伴随着课程改革的深化,国家、地方和学校三级课程管理体制得以建立,这就意味着必须摆脱历来的"管理"思想——自上而下的官僚体制的"监控"、"管制";改变学校接受上级行政部门的指令之后才开始围绕学校的课程展开活动和运作的认识;改变行政和管理是从学校的上司和外部提供驱动力的观念。因此,要从根本上改变这种模式,就得从"经营"或是"领导"的功能出发,强调诉诸自身的创意与创造力,自律地、自主地驱动组织本身的涵意和韵味。[②] 也就是说,旨在实现从"课程管理"到"课程领导"的根本转型——学校本身要把日常的课程实践活动作为自身的东西加以自主地、创造性地实施。

---

① 黄旭钧. 课程领导理论与实务[M]. 台北:心理出版社,2003:2—5.
② 钟启泉. 从"课程管理"到"课程领导"[J]. 全球教育展望. 2002(12).

（二）课程领导与课程管理的比较

多数研究人员都认为，课程领导与课程管理是有着重要区别的，靳玉乐等人从权力主体、权力实施、决策及推行等 6 个方面分析了两者之间的差异（见表 9－1）：①

表 9－1　课程领导与课程管理的比较

项　目	课　程　领　导	课　程　管　理
权力主体	实行权力分享，课程相关人员均民主分享权力，尤其是对课程实施及其结果承担责任的学校与教师	管理权力集中于管理者特权阶层，学校和教师不分享权力
权力实施	依靠课程领导者的法定权力和自身的个人权威，以后者为主	依靠课程管理者的法定权利和自身的个人权威，以前者为主
决策及推行	课程相关人员民主决策，作为决策主体之一的学校和教师进行实施	课程管理者进行决策，以行政命令方式自上而下推行，学校和教师被动执行课程决策
教师观	相信教师具有创意和创造力，具有一定的决策能力	认为教师只是既定决策、命令的执行者，缺少决策能力
沟通模式	纵向沟通之外有较大程度的校内外沟通和交流	纵向行政命令为主，有较少的自发形式的校际间横向沟通
动力来源	决策主体自身的创意和创造力，自我驱动	来源于外部、上司的监管、监控

尽管多数学者基本认同上述观点，但也有研究人员反对将"课程领导"与"课程管理"截然对立起来。② 我们认为，要想廓清课程领导与课程管理的关系，首先要划定概念的边界，明确其"应然"状态与"实然"状态。

从狭义上讲，课程管理是指课程设置、编制、实施、评价中的一系列具体的事务性工作；从广义上讲，课程管理涵盖了课程领导在内的一切与课程有关的事项，而课程领导是使整个管理过程中其他职能得以实现的起主导作用的推动力量。因此，我们可以用公式表达为：广义的课程管理＝狭义的课程管理＋课程领导。人们之所以会将课程领导与课程管理对立起来，实际上是将传统课程管理中的弊病与课程领导进行对比，将课程领导视为一种"应然"的状态。基于上述认识，本章在广义上使用"课程管理"这一概念，将其视为不带褒贬的中性词。

三、课程管理体制类型

课程管理体制类型对学校有着重要的影响，在不同的体制下，学校的课程管理

---

①　靳玉乐，赵永勤.校本课程发展背景下的课程领导：理念与策略［G］.第五届两岸三地课程理论研讨会论文集，2003，237—243.

②　季诚钧.课程管理与课程领导辨析——兼与靳玉乐先生商榷［J］.教育研究.2009(3).

责任与权力会有很大的差异。

（一）课程管理的集权制与分权制

所谓课程管理体制,是指国家课程管理机构的设置、人员的配备、职责权限及其隶属关系的划分等方面的制度体系。通常,课程管理体制存在着两种最常见的类型——集权制(也称统一模式)与分权制(也称分散模式)。显然,这两种体制各有利弊。

一般而言,集权制有利于完成共同的教育任务,实现统一的教育目标;有利于开展教学研究、教学检查和教学评价等活动;也便于通过培训提高教师的业务水平和教学能力,达到大面积提高教育质量的目的。但是,过度的一致性不能适应悬殊的地区差异性,过分的集中性不利于调动地方和学校的积极性,过度的统一性削弱了教育为当地经济和社会发展服务的功能。

分权制将课程的管理权下放给地方,使课程能与地方的经济和社会发展更紧密地联系在一起,易于形成具有地方特点、学校特色的课程,更好地满足学生个体和地区发展的需要。但由于没有统一的学力标准,学校教育的基本质量难以得到保障,往往容易造成学生的水平参差不齐。[①]

（二）集中分散模式

集权制与分权制各自有着突出的优点,但也同时并存着自身难以克服的缺陷,因此,不少国家纷纷尝试走中间道路,力求寻找到集权制与分权制之间的平衡点,由此形成了集中分散模式。由于处理集权和分权的思路和侧重点不同,集中分散模式又可细分出板块模式和蛋糕模式两种。

表 9-2　各种课程管理体制类型比较[②]

体制类型	统一模式	分散模式	板 块 模 式	蛋糕模式
课程设置标准	·统一为一体 ·国家统一制定、颁布、执行	国家(或地方)统一要求	国家依法制定课程设置标准	·国家统一制定 ·给学校以部分的课程设置机动权
课程计划		地方分权制订	国家教育行政部门制定不同板块型计划 学校或地方依课程设置标准组织课程计划	
教学计划		各学校自主制订	各学校自定教学计划	
教学大纲	·国家统一编写、发行 ·学校必用	·自由编写及发行 ·学校自选	国家教育行政部门统一制定 ·国家审定 ·学校自选	·地方审定 ·学校自选
教科书				

---

① 郭继东.我国课程管理体制改革刍议[J].教学与管理.1998(7-8).

② 贾非.世界课程管理模式的主流与趋势——兼谈我国高中课程改革的困境与对策[J].外国教育研究.1994(6).

在集中分散模式中，中央、地方、学校各自找到了合适的位置，既保持了中央的宏观调控能力，又给予了地方和学校一定的课程管理自主权，使统一性与灵活性得到了有机的结合。仔细分析可以发现，板块模式和蛋糕模式在权力划分上仍然有着一定的差异。在板块模式中，课程管理的主控权基本在中央，地方和学校得到的是课程的组合权，它们的自主权比较有限；在蛋糕模式中，采用的是按比例分权的方式，中央和地方、学校各自在一定的范围内拥有控制权，因此地方和学校的自主权相对较大。

(三) 我国三级课程管理体制的建立

新中国成立后，我国的课程管理体制几经变革，但始终有着较为浓重的集权制痕迹。进入 20 世纪 90 年代之后，这种局面逐渐被打破。1992 年，《九年义务教育全日制小学、初级中学课程计划(试行)》将课程分为"国家安排课程"和"地方安排课程"两类。1996 年，《全日制普通高级中学课程计划(试验)》规定：普通高中课程由中央、地方、学校三级管理。1999 年，中共中央、国务院《关于深化教育改革 全面推进素质教育的决定》提出："建立新的基础教育课程体系，试行国家课程、地方课程和学校课程。"2001 年，教育部颁布了《基础教育课程改革纲要(试行)》，对中央、地方和学校各自的职责作出了明确的规定：

教育部总体规划基础教育课程，制定基础教育课程管理政策，确定国家课程门类和课时。制定国家课程标准，积极试行新的课程评价制度。

省级教育行政部门依据国家课程管理政策和本地实际情况，制定本省(自治区、直辖市)实施国家课程的计划，规划地方课程，报教育部备案并组织实施。经教育部批准，省级教育行政部门可单独制定本省(自治区、直辖市)范围内使用的课程计划和课程标准。

学校在执行国家课程和地方课程的同时，应视当地社会、经济发展的具体情况，结合本校的传统和优势、学生的兴趣和需要，开发或选用适合本校的课程。各级教育行政部门要对课程的实施和开发进行指导和监督，学校有权力和责任反映在实施国家课程和地方课程中所遇到的问题。

第二节 学校层面的课程管理

一、学校课程管理的目标与原则

学校课程管理是指根据上级教育行政部门有关基础教育课程的政策规定，结合本校的实际情况，为实现学校的培养目标而进行的课程设计、实施与评价的组织活动。

(一) 学校课程管理的目标

推进素质教育，促进学生健康成长，是学校课程改革的根本目标。学校课程管理倡导在实现国家课程标准的前提下，进行学校一级的课程创新，提高课程的适应性，强调义务教育的普及性、基础性与发展性，面向全体学生，尊重学生的兴趣与经验，采用发展性评价确保学生达到国家规定的标准。

课程的质量不仅取决于课程本身，而且与课程的实施者——教师关系密切，有学者甚至提出"教师即课程"。因此，学校课程管理应改变教师只是既定课程执行者的传统做法，倡导教师作为主体参与到课程开发与管理过程中，借助课程开发提升教师的专业能力，通过教师的专业发展提高课程的质量。

学校层面的课程管理要着眼于课程创新，以形成学校的办学特色。三级课程管理体制充分尊重学校的独特性和差异性，扩大了学校在课程上的自主权，使学校可以因地制宜地进行课程创新。通过有效的课程管理，完善学校的课程体系，使之更好地服务于学校办学特色的形成与巩固。

(二) 学校课程管理的原则

学校，是各类课程的最终汇集点和实际承载者。学校，担负着课程管理的许多重要职责。因此，学校课程管理必须遵循以下一些原则：[①]

第一，坚持以学生发展为本。这是学校课程管理的基本原则。促进学生最大限度地发展是素质教育追求的目标，而课程是一切教育活动的核心。因此，学校课程管理就是要使学校课程发挥出最大的育人功能，让每一个学生的潜能都获得充分和谐的发展。每一所学校都应考虑学生的需要、兴趣与经验，科学设计课程与教学方案，合理组织教学内容，积极探索自主、合作的学习方式，实施发展性的评价，为学生全面而主动地发展提供课程保障。

第二，坚持权力与责任相统一。三级课程管理是我国基础教育课程权力的一次再分配，学校拥有了一部分课程权力，同时也要承担相应的责任。学校一方面要严格执行国家基础教育课程计划和课程标准，严格执行地方各级教育行政部门的有关规定，另一方面也要按照校本课程开发的要求形成课程开发方案。因此，学校及其相关人员应形成权力分享、责任分担的观念，明确自身在学校课程管理中的角色，履行好应尽的职责。

第三，正确处理好三类课程的关系。国家课程、地方课程和校本课程不是三个孤立的部分，它们拥有共同的培养目标，具有不同的课程价值，从不同的侧面协同推进学生的成长，从而构成了学校课程的有机整体。因此，在学校层面的课程管理中，不应用国家课程挤占地方课程或校本课程的课时，不应随意提高国家、地方规定的课程标准，也不能将校本课程变成国家规定的文化课的延伸和补充。学校要保证各类课程的合理比例，使之形成彼此支撑、相互补充的良性关系。

第四，充分利用和开发校内外课程资源。学校应当最大限度地挖掘、利用校内

---

① 崔允漷等.学校一级的课程管理[A].钟启泉等.为了中华民族的复兴　为了每位学生的发展——《基础教育课程改革纲要（试行）》解读[C].上海：华东师范大学出版社，2002：390—392.

的人、财、物等各种课程资源,努力把蕴藏于师生中的生活经验、特长爱好转化为课程资源,合理配置设备物资,使之产生最大效益。同时,学校必须发挥、利用和拓展校外的课程资源,注意激发家长与社区人士的热情,重视与校外机构的合作,科学地使用网络资源。

二、学校课程管理的任务

在传统的集权制模式下,学校层面课程管理的任务几乎可以简化为"排课表",但课程改革使情况有了彻底的变化,学校必须完成以下一些任务:

(一)提升学校课程管理的主体意识

长期以来,我国课程管理实行的是自上而下的外控式管理,"上级制定课程,学校负责执行"的意识已经根深蒂固。因此,为了更好地落实三级课程管理体制,发挥学校应有的作用,学校课程管理的首要任务是提升学校课程管理的主体意识,增强学校在课程开发方面的主动性与创造性。

学校课程管理的主体意识不是空泛的,它包含管理者的课程领导意识、教师的课程开发意识和学生的课程参与意识。因此,以校长为代表的学校管理者必须从自身做起,认真学习课程改革的相关政策,深化对课程管理的认识,做好学校课程体系的规划与落实。学校应当通过宣传、培训等手段来唤醒教师的热情,帮助他们学习课程开发的理论与技能。此外,学校不应忽视学生的作用,要引导学生参与到课程开发的过程中去,借助学生的力量来促动教师的改变。

(二)健全学校课程管理的组织机构

在集权制模式下,学校是没有专门的课程管理机构的,其职责是由教导处附带履行的。伴随着课程改革的推进与深化,一些学校开始将课程管理的职能从教导处分离出来,成立了独立的课程处。这样的举措是有积极意义的,不过,健全的课程管理组织机构应当包括决策机构、职能机构、执行机构等。

课程专家比彻姆认为,有五类人员应该参与课程决策,即专业人员、团体代表(包括专业人士和一些任课教师)、专职人员、非专业的市民代表、学生。[①] 这就要求学校形成合作、开放、多元的权力结构,建立课程管理委员会作为决策机构,吸纳校长、教师代表、学生及家长代表和社区相关人员等参与。有条件的话,还可以邀请教育专家参与。

在学校课程管理委员会中,校长要向全体委员提供关于学校的课程资源现状、学校的办学方向、学校将要采取的措施等信息,供委员会成员在决策时参考。教师与学生是学校课程管理委员会的主要构成部分,应在学校的课程决策中发挥重要的作用。教育专家可以凭借其专业知识,在委员会中起咨询作用。对教育有兴趣的家长与社区人士,对学校的课程也享有知情权、建议权和参与决策

① 转引自邹尚智.论中小学校长校本课程领导的功能和策略[J].课程·教材·教法.2007(1).

权。学校课程管理的最后决定由委员会集体讨论作出，交相关处室、教研组或年级组具体执行。

在设置课程处的学校里，课程处是学校课程管理的专门职能机构；在未设课程处的学校里，教导处仍可代行课程处的课程管理职责。课程处或教导处的主要职责是计划、执行、检查、评估全校各门课程及各教研组的课程教学工作；组织协调各教研组与年级组的各项工作的关系，落实各项课程管理措施。课程的开发与管理是专业性工作，因此，课程处或教导处除了进行必要的行政管理之外，还应加强调查研究，开展专题培训，提供专业支持，以提高职能机构的管理水平。

教研组或年级组是学校课程管理的执行机构，要根据学校的整体安排，制订好学年及学期教学进度计划、教学研究活动计划和学生活动计划；对教师教学活动进行指导，确保完成学校课程管理的各项要求；及时反映课程实施过程中出现的问题，加强教师之间的合作，以促进课程合力的形成。

（三）完善学校课程管理的规章制度

在课程改革的背景下，学校在课程设置、课程内容、课程实施、课程资源的开发与利用、课程评价等方面获得了较大的自主权，原有的课程管理制度已经难以适应这一系列变化。有研究人员指出，课程改革若不同时改变组织的制度特征，将流于表面或无疾而终。因此，学校需要对原先的规章制度进行梳理，作出必要的调整乃至彻底的重构。

关于学校课程管理的规章制度，人们在认识上尚未达成一致。有研究者指出，学校课程管理制度应包括课程审议制度、教学管理条例、校内课程评价制度、教师教育制度、校内课程管理岗位职责及激励制度等。[①] 有人则认为，应大致包括学校课程规划制度、学校课程设置制度、学校课程实施制度、学校课程评价制度、学校课程资源开发与利用制度和教师专业发展制度。[②]

为了确保学校课程的有序运行和可持续发展，应当建立由基本制度与配套制度构成的学校课程管理制度体系。其中，基本制度是制度体系的核心部分，应包括：① 学校课程决策与规划制度，主要对学校的课程体系进行设计，对校本课程进行审议；② 学校课程管理岗位职责制度，主要明确学校课程管理的岗位设置，划定各自的权限与责任范围，用以规范课程管理人员的行为；③ 学校课程实施与教学管理制度，主要是完成学校的课程设置，旨在指导教师开展国家课程、地方课程和校本课程的教学活动；④ 学校课程评价制度，主要是设计对课程本身、教师教学和学生学习情况的评价方案，开展具体的评价活动，促进学校课程的质量提升。配套制度是制度体系的辅助部分，应包括教师培训制度和激励制度。只有通过培训和激励措施，才能使学校课程质量得到保障。

---

① 崔允漷等.学校一级的课程管理[A].钟启泉等.为了中华民族的复兴　为了每位学生的发展——《基础教育课程改革纲要（试行）》解读[C].上海：华东师范大学出版社，2002：401.

② 杜彩红.学校课程管理制度建设个案研究[D].长春：东北师范大学硕士学位论文，2009：15.

三、学校课程管理的内容

在学校层面,课程管理的内容主要包括:国家课程和地方课程的有效实施、校本课程的科学开发、学校课程体系的合理建构。

(一)有效实施国家课程和地方课程

国家课程是指集中体现国家意志、为未来公民接受基础教育之后所要达到的共同素质而专门开发的课程。其目标是确保所有学生的学习权利以及在接受学校教育期间达到所需的标准,同时为了提高学生在接受学校教育期间的连续性和连贯性。地方课程是指在国家规定的课程计划内,由省级教育行政部门根据当地政治、经济、文化等发展需要而开发的课程。其目标是增强课程的地方适应性,满足地方发展的具体需求。

有效实施国家课程和地方课程,要求学校制订好课程实施计划,严格执行课程方案,统筹开设各类课程,合理安排课时总量。在此基础上,加强对备课、上课、评价等课程实施环节的管理,鼓励师生在课程实施过程中发挥创造性,自主地理解和建构课程。一言以蔽之,有效实施国家课程和地方课程的要求就是"开齐、上足、教好"。

然而,研究人员调查发现,在国家课程与地方课程的实施与管理中存在着三种水平:一是部分学校离"开齐"这一起码的要求还有一定的距离,需要艰苦的努力才能达到"开齐"的底线标准;二是多数学校"开齐"了国家课程和地方课程,但还无法"上足"。之所以无法"上足",有的是因为师资或场地的限制,而更普遍的是与升学无关的"副课"课时被挤占;三是部分学校实现了"开齐"、"上足",正在向"教好"的状态努力。[①] 要达到"教好",就需要对国家课程与地方课程进行校本化实施,而一些学校已经在这方面取得了一定的进展。

(二)科学开发校本课程

赋予学校开发校本课程的权力,是《基础教育课程改革纲要(试行)》的一大亮点。简单地说,校本课程就是由学生所在学校的教师编制、实施和评价的课程。具体地说,校本课程就是由某一类学校或某一级学校的个别教师、部分教师或全体教师,根据国家制定的教育目的,在分析本校外部环境和本校内部环境的基础上,针对本校、本年级或本班特定的学生群体,编制、实施和评价的课程。[②]

对于学校而言,校本课程开发既是一次机遇也是一种挑战。抓住了机遇,就能使学校的课程体系趋于完善,有助于育人目标的达成;挑战失败,就会浪费课程资源,影响教育功能的发挥。然而,在现实中我们不难看到这样一些现象:有的学校为校本课程而校本课程,有的学校为提高知名度而开发校本课程,更多的学校在校本课程开发中无视学生的存在,在价值取向上出现了偏差。不少学校没有将校本

---

① 成尚荣,彭刚,张晓东.基础教育课程实施与管理现状调查[J].教育理论与实践.2002(6).

② 王斌华.校本课程论[M].上海:上海教育出版社,2000:1.

课程的开发与学校的办学理念联系起来,导致各门校本课程"各自为战",没能有效地整合在一起。由于课程"灵魂"的缺失,致使学校的课程体系支离破碎。校本课程开发的诸多环节被简化,校本课程开发被等同于校本教材编写。校本课程开发呈现出孤军奋战的局面,将它局限于本校师资和校内资源,使之成为纯粹的"本校课程"。① 凡此种种,损害了校本课程的应有价值。如何才能科学地开发校本课程,下节将作专门的探讨,此处不再赘言。

(三) 合理建构学校课程体系

在学校层面,有条件将国家课程、地方课程和校本课程合理整合,以契合学生的学习与生活实际,形成富有学校个性的课程体系。上海市建平中学在这方面进行了积极的尝试。学校根据教育部、上海市的课程方案,从学习领域、科目、模块三个层次整体关注课程结构的变革,构建起了既体现基础性又具有灵活性的课程结构——模块课程。

案例 9-1 上海市建平中学的模块课程

学 习 领 域	侧 重 点	相关科目与模块课程
心理健康和主体发展	自立精神的培养	心理教育、校班会活动等
人与自然、人与社会	共生意识的培养	理化生、政史地科目及环境保护、社区活动等
科学知识和科学技能	科学态度的培养	数理化生、信息技术、劳技等
中华文化和民族思想	人文情怀的培养(民族精神)	文政史地学科学习及诸子百家选读、《史记》选读等专题活动
西方文化和国际交流	人文情怀的培养(世界眼光)	外语、政史地学科的学习和莎士比亚选读、欧洲行、美国行、澳洲行等
社会实践和社团活动	领袖气质的培养	各学科学习和学农、学军、航模社团、跆拳道等活动
艺术审美和休闲健身	健康身心的培养	音体美学科学习及双周音乐会、健美操、电脑绘画等活动
活动评比和学科竞赛	兴趣特长的培养	各学科举办的各类竞赛活动等

建平中学课程改革的价值取向是学校为本、学生主体、多元学习、面向社会、面向生活,将模块课程建设与学校培养目标联系起来。这一课程体系让学生享有了主动权,有利于形成学生个性化的学习课程,也便于组织探究式的学习活动。当然,其他学校也可以根据自身的情况去构建各具特色的学校课程

---

① 郭继东.校本课程开发中的误区探析[J].教育科学研究.2004(8).

体系,以利学生的健康成长。

第三节 校本课程的开发

一、校本课程开发的意义

正如斯基尔贝克(M. Sklbeck)所说:"设计课程的最佳场所是在学生和教师相处的地方。"[①]校本课程有其不可替代的作用,开发校本课程是学校管理者的重要职责。

(一)校本课程开发能够弥补国家课程与地方课程的不足

国家课程与地方课程往往由政府聘请专家来决策,采用研制—开发—推广的课程开发模式,实施"中央—外围"即"自上而下"的政策,以确保一个国家所实施的课程能够达到统一、共同的质量,因而具有一定的权威性和正统性,通常以"必修课"的形式出现。而校本课程通常是由校长、教师、学生及家长代表来决策,采用实践—评估—开发的课程开发模式,实施"问题解决"即"自下而上"的政策,以满足各种社区、学校、学生之间客观存在的差异性,因而具有一定的适应性和参与性,通常以"选修课"的形式出现。

从表9-3中不难看出,校本课程是国家课程和地方课程的延伸和补充,是对国家课程的拾遗补缺,有助于确保整个课程体系的完整性。国家课程反映了一个国家的基本教育标准,它对各个地方、各个学校教育的要求是一致的、共同的。地方课程是根据地方社会发展实际对人才的特殊需要而设计的,它具有明显的地域性。校本课程则是根据学生个体的特殊性及社会对人才多样化的需要而设计的,它反映了社会对学生个体特殊性的重视,具有极强的个体性与灵活性。如果说国家课程和地方课程注重的是基础性和统一性,无法兼顾学校的实际情况,校本课程的开发则正好弥补了这一不足。

表9-3 两种课程开发模式的比较[②]

项 目	国 家 课 程 开 发	校 本 课 程 开 发
课程目标	以开发全国共同、统一的课程方案为目标	以开发符合学生、学校或地方特殊需要的课程方案为目标
参与人员	课程开发是学者专家的权责,只有校外的学者专家有权参与课程开发	所有与课程有利害关系的人士均有参与课程开发的权责,因此学校成员与校外人士均可参与课程开发

① The Centre of Educational Research and Innovation, OECD, School-Based Curriculum Development, Paris Cedex: OECD, 1979, p. 11.

② 张嘉育. 学校本位课程发展[M]. 台北:台湾师大书苑,1999:5. 引用时,稍有改动。

学校组织与管理

项　目	国 家 课 程 开 发	校 本 课 程 开 发
课程观	课程即书面的课程文件,是计划好的课程方案	课程即教育情境与师生互动的过程与结果
学生观	学生无个别差异,是被动的学习个体,课程可以在事前做好详细、完善的计划	学生不但有个别差异,也有主动建构学习的能力,课程因学生需要进行调整
教师观	教师仅是课程的实施者,教师的职责就是依照设计好的课程方案加以忠实地呈现	教师是课程的研究者、开发者与实施者,教师有主动诠释课程、开发课程的能力

（二）校本课程开发有助于推进国家课程与地方课程的深化

　　校本课程开发具有国家课程、地方课程所不具备的开放性、灵活性和多元性等优点,必然成为学校课程体系中不可或缺的一环。同时,随着我国教育的发展与进步,社会各界关注教育的角度正逐渐从数量规模型的普及式发展走向质量规格型的内涵式发展。教育质量的出发点和落脚点都在于促进学生的成长。人们的儿童观、师生观、教学观、课程观的转向,使校本课程的价值得以凸显,那就是尊重学生不同的特点、需求,提供优质的课程与教学资源,促使学生的个性得到更充分和更主动的发展。

　　校本课程的价值并不仅仅是对国家课程、地方课程的一种补充,在某种程度上,它是整个课程改革中的一块"试验田"。课程改革强调教师是学生学习的合作者、引导者和参与者,教学过程是师生交往、共同发展的互动过程,是师生共同开发课程、丰富课程的过程。课程是动态的、发展的,教学应真正成为师生富有个性化的创造过程。课程改革要求树立"课程是生活、是经验","是知识与技能、过程与方法、情感态度与价值观的统一"的新课程观,改变课程内容"繁、难、偏、旧"和过于注重书本知识的现状,加强课程内容与学生生活以及现代社会和科技发展的联系,关注学生的学习兴趣和经验,精选终身学习必备的基础知识和技能。同时,学校不再单纯以学科为中心组织教学内容,不再刻意追求学科体系的严密性、完整性、逻辑性,而是注重与学生的经验结合在一起,使新知识、新概念的形成建立在学生现实生活的基础上。

　　课程改革的理念与方向无疑是正确的,但要在国家课程、地方课程中突破人们根深蒂固的传统观念是有一定难度的。如果在校本课程中进行尝试,所遭遇的阻力和所承受的压力会小得多。这种由外围向核心逼近的策略有助于提升课程改革的可行性,在校本课程中积累的经验也能对国家课程、地方课程的改革有所启示。

二、校本课程开发的方式

　　在许多人的头脑中,校本课程开发就是要从头开始编制一门全新的课程,其实,

这只是校本课程开发的方式之一。一般认为，校本课程存在着以下几种开发方式：①

（一）课程选择

所谓课程选择，是指从众多可能的课程项目中决定学校付诸实施的课程计划的过程。课程选择至少需要满足两个条件：一是学校和教师拥有选择的权利，二是有可供选择的空间。课程选择有多种层次和方法：① 课程计划中的科目选择。学校从教育行政部门提供的科目清单中挑选出所要开设的科目，这是最综合的一种选择形式。② 决定采用具体的某本教科书或配套教材，这是第二层次的课程选择。③ 由教师作出的处理决定或略过教材中的具体细节，这种通过选择而确定课程参数的方式属于第三层次的课程选择。

在实践中，课程选择可以采用精心组织、分步实施的理性决策方法，按照以下步骤逐步推进：① 开列项目清单。教育行政部门有责任提供全部科目可供选择的项目清单，学校也应积极了解这方面的信息。② 确定选择标准。不同学校在选择课程时的标准会有所差异，但通常要考虑四个因素：一是结构性，即课程要有一个传递信息的最佳知识结构和话语结构；二是一致性，即课程中的概念要明晰，逻辑关系要严密；三是完整性，即课程的一个单元要实现一个明确的目标；四是适切性，即课程要符合与适应学习者的知识基础与其他背景。③ 综合评估。依据选择标准逐项进行评估后，再作综合性的总体评估。

（二）课程改编

所谓课程改编，是指针对与原有课程对象不同的群体进行的学程上的修改。校本课程开发中的课程改编包括两种方式：一是指某些学校对国外引进课程的翻译和本土化改造，如上海市大同中学从国外引进了《知识论》课程，并进行了符合国情与校情的改造；二是指教师对正式课程的目标和内容加以修改，以适应他们具体的课堂情境。有条件的学校可以尝试第一种方式，而第二种方式是所有学校均可实施的。

进行课程改编，需要考虑目标、内容选择、内容组织、学习经验、学习资料等因素。学校和教师在综合考虑上述因素的基础上，可以通过增加、删减和改变顺序与重点等方式对指令性课程、引进课程等加以修改，使之更好地适应学校和班级的具体情况，更好地促进学生的健康发展。

（三）课程整合

所谓课程整合，是指超越不同知识体系而以关注共同要素的方式来安排学习的课程开发活动。其目的是减少知识的分割和学科间的隔离，把受教育者所需要的不同的知识体系统一联结起来，传授对人类和环境的连贯一致的看法。在知识爆炸的时代背景下，课程整合有助于遏制课程数量的无限度扩展，防止学生过重的

① 崔允漷.校本课程开发：理论与实践[M].北京：教育科学出版社,2000：82—88.

学校组织与管理

学业负担。

课程整合的常用方法有：① 开发关联课程。即在课程设计时就科目间的相关问题进行协调，它往往体现的是两门左右学科间相对狭窄的联系。比如,物理和数学关联课程意味着物理和数学专题的编排顺序应该是把那些解决物理问题所需运用的数学方法安排在前。② 开发跨学科课程。跨学科课程是把不同的学科作为一门课程来学习。例如,美国学校的社会学科就是作为一门课程来开设的,它把地理学、经济学、人类学、社会学、心理学等串联在一起;综合理科则往往将生物学、物理学、化学、地质学和天文学融为一门课程。20 世纪 80 年代以来,STS(科学—技术—社会)在国外成为一门被广泛采用的学校课程,它就是课程整合的产物。

(四) 课程补充

所谓课程补充,是指以提高国家课程的教学成效而进行的课程材料开发活动。在校本课程开发过程中,课程补充突破了一门课程只有一本教材的局限,课程补充材料作为教材的有益补充,与教材共同构成系列化的课程内容。教师可以在已有的现成材料中选择适当的材料作为课程补充材料,也可以自主开发或与其他教师合作开发课程补充材料。课程补充材料的类型很多,包括矫正性和补救性练习、报纸和期刊剪报、声像材料、教学片和电影短剧、图画、模型、图表、游戏和电脑光盘。

通常情况下,这些课程补充材料可以分为四类：① 与学科内容相关的专题性材料。教师可以围绕国家课程中的某些专题搜集相关材料,作为学科内容的补充,以丰富课程内容,激发学生学习动机,并使学生能够将书本知识与现实生活联系起来。② 实物或其说明。现实生活中的各种实物或产品说明书,同样可以用作课程补充材料。其优点是形象直观,能增进学生对于所学知识的现实感。③ 设计相关的活动。教师根据国家课程的教学内容,设计符合学生身心发展特点的活动,使学生身临其境,对所学知识进一步感悟和体验。④ 各种辅助性、巩固性、补充性或矫正性课程材料。这些材料是教师经常使用的课程补充材料,比如：为使学生学习新知识而准备的以复习、回顾为目的且与新知识具有一定逻辑联系的预备性课程资料;为使学生学习和解决复杂问题而开发设计的简约化课程资料等。

(五) 课程拓展

所谓课程拓展,是指以拓宽课程的范围为目的而进行的课程开发活动。课程拓展材料的目标是拓宽正规课程的内容,开拓学生学习视野。课程拓展一般在纵向与横向两个方面展开,即开掘课程的深度和扩展课程的广度。

从拓展范围出发,我们可以将拓展课程分为：① 整体拓展课程,指整门课程所涉及的内容都需要进行拓展;② 专题拓展课程,指拓展某一课程中的某些专题。从服务对象出发,我们可以将拓展课程分为：① 面向全体的拓展课程,指经拓展后的课程为全体(全班或全年级)学生服务;② 个别化拓展课程,指教师为某些在某一方面具有兴趣和专长的学生而整门拓展的课程。

课程拓展的类型是多样的,但无论是哪种类型的课程拓展,都要以师生双方必须首先完成国家课程所规定的基本内容为前提。在课程拓展的过程中,还要考虑拟拓展内容的重要性以及对学生的适切性。

（六）课程新编

狭义的校本课程开发指的就是课程新编,即学校或教师自行开发体现学校特色的全新课程。这种开发方式可以是一门完整的课程,也可以是某些课程板块、课程单元或课程专题。为了保证学生基础学力的实现,同时兼顾各校的差异,各国通常把课程新编限定在学校总体课程计划的 10%—30%。

校本课程开发涉及的因素很多,如国家的课程政策、学校的办学理念、教师的课程开发意愿、学生的经验水平、社会的可用资源等。每一所学校都应根据自身的不同情况进行课程决策,同时赋予教师一定的课程开发自主权和操作空间,从而使校本课程开发得以健康有序地进行。

三、校本课程开发的程序与关键环节

一般而言,校本课程开发要从环境分析开始,经过目标设置、组织和实施,最终到达课程评价。在这一过程中,有一些关键环节需要认真把握。

（一）校本课程体系的设计

校本课程开发的首个环节是环境分析,即分析特定学校所处的内外环境,明确校本课程开发的背景因素。在进行需求调查的基础上,考虑特定学生群体的未来发展定位,设定校本课程的具体目标。在这一阶段,需要形成科学合理的校本课程体系,它既是前期工作的重要成果,也是后期工作的重要依据。为此,可以借助交互分析法来构建校本课程体系。

表 9-4 的行表头为学校的培养目标,列表头为已开设的课程。某门课程对某一培养目标的支持程度可用不同的数值来表示,数值越大意味着支持程度越高。"合计"栏是各门课程对某一培养目标支持程度的总和,表明了该目标的可实现程度。

表 9-4 目标可实现性程度分析表[①]

学校的培养目标 ＼ 已开设的课程	政治方向	人生观	自立能力	学习方法	创新精神	解决问题	保健能力	审美能力	......
政治									
语文									
数学									

① 陈玉琨等.课程改革与课程评价[M].北京:教育科学出版社,2001:123.

学校的培养目标 已开设的课程	政治 方向	人生 观	自立 能力	学习 方法	创新 精神	解决 问题	保健 能力	审美 能力	……
外语									
物理									
生物									
历史									
……									
合计									

在校本课程的体系设计中,可考虑采用"补缺"策略或"增强"策略。"补缺"策略就是针对可实现程度低的目标,通过开设新的校本课程来弥补欠缺,使目标得以实现。有的目标已经获得了足够的课程支持,但也可以继续增设课程来进一步强化该目标,通过"增强"策略使之成为学校的办学特色。

(二) 校本课程的文件编制

在校本课程开发的过程中,需要用一系列文件来引导与规范课程的组织与实施:① 校本课程开发指南。这是学校在校本课程方面的一般性规定,是用来培训教师的基本依据。② 校本课程开发方案。它是指在上级教育行政部门颁发的《课程计划》中规定的、由学校自主开发的课程计划。③ 学生选修课程目录与课程介绍。这是提供给学生选择的各门课程的名称,以及对课程的简介。④ 课程纲要。这是教师对自己任教课程的一种设计。

《校本课程开发指南》通常包括:需要评估、校本课程开发的总体目标、校本课程的大致结构、校本课程开发的基本程序、校本课程开发的管理条例等。以下我们以《温州八中校本课程开发指南(试行)》为例,对《校本课程开发指南》的内容与体例作一些说明。[①]

案例 9-2 温州八中的校本课程开发指南例析

关于需要评估,温州八中是从四个角度进行评估的:① 国家和地方的文件规定;② 学校的办学理念,即"以学生发展为本";③ 学校的课程资源情况,学校分析了人力资源和硬件设施的利用情况;④ 学生个性发展的需要。

在校本课程开发的总体目标方面,温州八中提出:我校校本课程开发的

---

① 温州市第八中学. 校本课程开发指南(试行)[EB/OL]. http://blog. wzbz. net/user1/19/archives/2005/13. asp,2005-9-21.

总体目标是运用学校课程,结合我市、我校的客观实际,实现对国家有关课程教学的全面拓展,为每一位学生搭建一个发展潜能的舞台,以达到充分发挥教师智慧、发展学生潜能、全面发展学生综合素质和个性特长的目的。

温州八中的校本课程开发流程如下:① 学生需求评估。学校通过座谈会和问卷调查等途径,了解学生对课程的需求。② 课程资源开发。学校确定学科拓展类、STS 系列课程、人文学科类、生活休闲类四大板块的课程范围,形成开发指南,组织教师申报课程。③ 课程具体实施。向学生提供选课指导,在学生自主选修的基础上组建教学班级,教师要填写《教师手册》,再实施教学。④ 总结评价反思。通过组织听课评课、学生和教师的座谈会,对校本课程进行总结反思。

在校本课程的管理上,学校重点做好三方面的工作:① 成立校本课程开发领导小组,负责课程规划、课程审议、课程计划管理的执行、课程评价、教材管理、教师校本培训等工作,确保校本课程开发工作健康发展。② 学校建立校本课程教学工作评估制度,该项评估将纳入学校校本培训学分管理体系。③ 高一、初一学生必须选修至少一门校本课程,其课程成绩记入学籍统一管理。

《课程纲要》是教师层面的校本课程方案,包括课程目标、课程内容或活动安排、课程实施建议,以及课程评价建议等。它是由教师根据课程内容设计的方案,有助于引导教师进行课程设计。《课程纲要》实际上为教师提供了一个设计课程的平台,引导教师思考课程的特点,明确课程的目的,组织课程的内容,选择教学的方式,并设计评价活动。

表 9-5 《课程纲要》示例

课程名称			设计者	
适用年级		总课时	课程类型	
学生/资源背景分析				
课程目标				
学习主题/活动安排(请列出教学进度,包括日期、周次、内容、实施要求)				
评价活动				
备注				

(三) 校本课程的课程评价

由于校本课程从目标确立到组织、实施,都是由学校自己来完成的,所以学校在校本课程的评价过程中有着较大的自主性和灵活性,学校应充分发挥评价在课程中的核心地位,利用评价的导向和监控作用,促进校本课程目标的真正落实。校本课程的评价是一个全面的过程,从校本课程目标的确定开始直至校本课程成果的诞生,所以其评价一般包括背景性评价、实质性评价以及结果性评价。

在校本课程开发的准备阶段,要首先进行背景性评价,即对编制的课程材料的特点与质量、对地方的需求和期望、对学生群体的兴趣状态等都要进行明确的考察。这个阶段的课程评价的内容包括:课程目标设置是否科学合理、内容的选择是否从学生需求出发、内容的难易排序是否符合学生的认知发展规律等等。

在校本课程开发的编制阶段,要对课程进行实质性评价,着重于对校本课程的实行过程进行评价。要考察校本课程开发产品的构成部分或构成因素,以及一连串的学习活动安排是否合理,参与课程开发的教师的工作绩效,等等。实质性评价考察的是课程目标的合理性、目标与教学材料内容的一致性、内容的准确度以及课程的开发实施状况。这个阶段的评价内容主要是:是否选择了最恰当的课程组织形式、课时数的落实情况怎样、是否选择了最恰当的教学方式实施教学。

结果性评价就是对课程实施过程中的优缺点进行评价,着重于对校本课程实施后的实际效果进行评价。结果性评价一方面要肯定教师在课程开发方面取得的成果,另一方面也要为下一轮的课程开发提出建议。这一阶段的评价内容包括:学生能力和学业有无发展、是否选择了最恰当的评价模式、评价目标是否多元化、评价手段是否多样等等。

课后练习

1. 探讨学校建立课程处的可行性,拟订其在课程管理方面的职责与权限。
2. 请用表9-6对校本课程进行评价,并针对发现的问题提出改进方案。

表9-6 校本课程评价表

评价内容	评价指标		好	较好	一般	差	总评
课程目标	知识与能力目标的科学性、合理性						
	过程与方法	实验与体验过程目标适宜,操作的情况					
		科学、创新思维培养目标明确的程度					
	情感态度与价值观目标的具体程度						
教材、教学计划与教案	呈现方式以及完整性						
	内容选择的先进性、有用性						
教学策略和教学过程	体现研究性教学特点的情况						
	学生学习的主动性						
	现代化教育技术的应用状况						

评价内容	评　价　指　标	好	较好	一般	差	总评
教学成果	教师教学水平及其提高状况					
	学生学习成果评价					

XUEXIAOZUZHIYUGUANLI

第十章
教 学 管 理

学校行政的功效必须通过它对教学作出多少贡献来衡量。

——Arthur B. Moehlman

情景导入

刚开学，一位家长打电话给质量管理室，反映某位教师上课学生听不懂，要求学校换教师(当时他说不出教师的名字)。值班教师告诉家长，如果有这样的情况，学校会先去了解观察的。在通话的同时，值班教师从课表上查出该教师是学科骨干，刚从初三毕业班下来，即刻把这位教师的情况告诉了家长，分析了学生听不懂的原因可能是因为那位教师在课堂上全部用英语授课，而六年级学生刚从小学进入中学一下子不适应。值班教师还肯定了家长向学校反映情况的举动，并欢迎他了解自己想知道的一切。经过这番沟通，家长表示自己之前不了解情况，现在非但不再要求撤换教师，而且表示会把这位教师的情况转告给其他家长，并且要为学校热忱的服务工作做宣传。事后，值班教师也把家长的投诉和处理情况婉转地告诉了该教师，要求他适当调整对低年级的教学方法，形成一个坡度，让学生由浅入深地接受。①

从上述事例中可以看出，家长对学校的教学情况十分重视，对教学质量高度关注。为此，学校必须建立完备的教学管理系统，及时把握教学的动态，有效回应家长的诉求，不断地提升教学质量。

第一节 教学管理的含义、任务与内容

一、教学管理的含义与意义

教学，是学校的中心任务；教学管理，是学校管理的重要组成部分。它具有举足轻重的作用，是学校管理者必须高度重视的核心领域。

---

① 翟琴菊.将每一次投诉当作变革的契机[J].思想·理论·教育.2002(10).

（一）教学管理的含义

关于教学管理,学者们有着各自不同的表述。刘著在《当代教学管理引论》一书中指出,教学管理是学校教学行政人员为完成教学任务,提高教学质量,运用一定的原理和方法,通过一系列特有的管理行为,组织、协调、指挥和控制教学工作,以求实现教学目标的过程。《教育大辞典》第 7 卷对"教学管理"的定义是:按照教学规律和特点,对教学工作进行计划、组织、控制、监督的过程。《简明中小学教育词典》则提出,教学管理是根据教育与教学目的和教学规律,对教学活动进行计划、组织、检查、总结的过程。

尽管具体的文字表达有所差异,但上述观点并无本质区别,因此,可将"教学管理"定义为:学校领导者和教学管理人员根据教育方针、课程计划、教学大纲的要求和学校教育教学的规律,为完成教学任务、提高教学质量,运用现代管理的理论、方法和原则,通过计划、组织、指挥、协调、评价、反馈等手段,科学地组织、协调和使用学校教学系统中的人力、物力、财力、时间、信息等资源,以推动学校教学工作有序开展、达成教学目标的活动。

（二）教学管理的意义

首先,教学管理是教学活动得以正常开展的基本前提。班级的编排、课程的开设、教师的安排、教室和实验室等专用场所的落实、教学设施设备的保障等,都离不开教学管理人员的细致工作。其中任何一个环节的疏漏,都有可能导致教学活动无法进行。可见,只有教学管理先期到位,才能保证教学活动有序开展。

其次,科学有效的教学管理是提高教学质量的关键抓手。教学管理可以通过对教学资源的优化配置、对教学工作的整体规划、对工作行为的规范以及对教学过程的全面监督,为教学质量的形成奠定基础性条件。围绕着教学质量开展的专题性的检测、分析、研讨与改进等活动,能够使教学质量始终处于可控的范围之内,并且得到持续性的改善。

再次,教学管理是实现学校育人目标的重要依托。良好的教学管理有助于学校拓展教学活动的渠道,尝试多样化的教学组织方式,探索适合不同学生特点的教学方法;良好的教学管理有助于帮助教师全面认识教学活动的本质,科学地把握教学工作的各个环节,正确处理教书与育人、教与学、传授知识与发展能力等方面的关系;良好的教学管理有助于引导学生改善学习行为,积极主动地参与教学活动的全过程,通过课堂教学与课外活动汲取营养,使自己在德、智、体、美等方面获得全面而健康的发展。

最后,教学管理是提升教师专业素养的保障。教学管理明确了备课、上课等各个环节的常规要求,有助于教师练好"基本功";教学管理建立了质量检查与分析制度,为教师及时掌握教学动态、剖析自身问题提供了机会;教学管理倡导了学习与交流的文化氛围,能够促进教师取长补短,不断累积自己的专业经验。可以说,教学的改进过程也就是教师专业发展的过程。

二、教学管理的任务

在学校中,教学管理涉及的事务十分繁杂。根据我国的教育目的及相关文件规定,有研究人员将教学管理的基本任务归纳如下:[①]

(一) 贯彻方针,坚持正确的教学方向

教育方针是确定教育事业发展方向,指导整个教育事业发展的战略原则和行动纲领。党的十七大报告指出,要"坚持育人为本、德育为先,实施素质教育,提高教育现代化水平,培养德智体美全面发展的社会主义建设者和接班人,办好人民满意的教育"。

在教学管理中,首先要组织教职员工认真学习党和国家有关的教育方针、政策和法规,树立正确的教育教学思想,用以指导教学实践,确保教学工作沿着正确的方向前进。诚如苏霍姆林斯基所说:"领导学校,首先是教育思想上的领导,其次才是行政上的领导。"[②]只有保持思想上的正确方向,才能避免滑入应试教育的泥潭。在我国,教育行政部门早已三令五申要减轻学生过重的课业负担,但实际收效并不明显。究其原因,与一些学校管理人员和教师的教育理念陈旧有关。只有通过学习真正转变了思想,才会有在行动上的彻底改变。

(二) 令行禁止,建立政令畅通的教学指挥系统

要实现教学管理的目标,必须建立一个计划周详、实施果断、调控有力、高效科学的工作指挥系统,这个系统的标志就是机构健全、层级分明、职能明确(见图10-1)。这样,教学的管理就有了血脉畅通的组织保障。

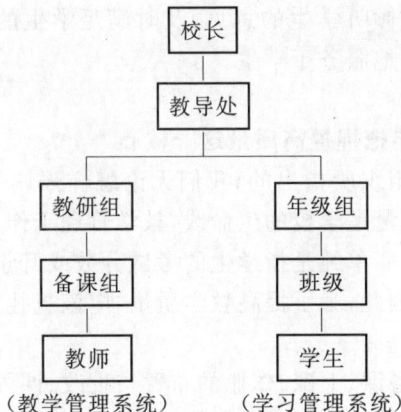

图 10-1 教学指挥系统示意图

① 吴志宏.学校管理的理论与实践[M].北京:北京师范大学出版社,2002:167—168.
② [苏]苏霍姆林斯基.和青年校长的谈话[M].赵玮等译.上海:上海教育出版社,1983:33.

（三）建章立制，保证教学活动规范、有序地开展

教学秩序的构建与巩固，不能仅凭人的自觉性。为此，学校必须制订严密的规章制度，一方面排除外界不合理干预对正常教学秩序的冲击，另一方面消除来自学校内部的影响教学工作的各种隐患。

在教学管理中要按照规律办事，通过建立教学常规管理制度来稳定教学秩序：① 教师教学工作制度。包括教师岗位责任制度、教师工作量制度、集体备课制度、考试制度、教学质量评估制度等，用以明确教师的职责，使教师的教学工作合乎要求。② 学生学习管理制度。包括课堂常规、作业要求、考试纪律、实验规则、升留级制度及学籍管理制度等，这些制度能够引导学生认真听课，完成学习任务，达成学校的培养目标。

在制度建设过程中，不仅要注意发挥制度的规范功能，更要注意发挥制度的创新功能。要提倡基于规范、超越规范，对管理制度适时进行更新与完善，使之具有权变性，为教学改革与创新保驾护航。

（四）参与管理，激发师生员工的积极性与创造力

教学不是一项简单的、机械化的工作，它需要参与者的热情与创意。在教学活动中，教师是重要的参与方，只有当教师充分发挥自己的主体性和主观能动性时，才能在教学实践中创造性地贯彻管理层的意图，取得最佳的教学效果。而达到此境界的一个必要条件就是创设教师参与教学管理的机制，从源头上调动教师的教学工作积极性，鼓励教师进行教学探索。

学生是教学的对象，但在教学管理中也应给予他们参与的机会。接受公平的教育，是学生的基本权利；获得最大限度的发展，是学生的合理诉求。学生参与了学校安排的所有教学活动，对于教学的成效与不足有着最直接、最深切的体会。因此，学校管理者应当认真倾听学生的意见，及时满足学生的正当要求，不断改进教学管理，让教学活动更好地服务于学生。

（五）全程管理，牢牢把握提高质量这一核心

正如联合国教科文组织所指出的，我们无论怎样强调教学质量的重要性都不会过分。可以说，教学质量是学校的生命线，教学管理工作的一切努力都是为此服务的。当然，教学质量决非单纯是指学生的考试分数或升学率，它是整个教学过程优化组合的综合体现。因此，为了提高教学质量，应该扎扎实实地抓好教学管理的每一个环节、每一项工作。

学校管理者要抓好备课、上课、作业的布置与批改、课外辅导、学业成绩的考核与评定等环节，这些环节是基于教学规律、学生的认知规律而形成的先后衔接、各具职能、相互作用、彼此制约的活动秩序，任何一个环节都不能缺失或者发生偏差。因此，在教学管理中应根据课程计划与教学大纲的要求，确定每个环节的质量标准，通过质量检查、评估、分析、改进等活动，控制好各个环节，以确保最终的育人质量。

三、教学管理的内容

在教学管理的内容问题上，研究人员的意见并不完全统一。不过，通过梳理这些观点还是不难找到它们的共同之处的。

（一）关于教学管理内容的不同见解

教学管理涉及面广，工作繁多。对于教学管理的内容，不同的学者从各自的视角提出了不同的观点。

范国睿认为，教学管理的内容包括教学常规管理、教学组织管理、教学研究管理和教学质量监控。刘茗把教学管理的内容分为：① 教学思想管理；② 教学要素（教师、学生、课程、教学方法等）管理；③ 教学环节（备课、上课、作业的布置与批改等）管理；④ 教务工作（招生编班、学籍变化、档案资料等）；⑤ 教学设备（实验室、图书馆、多媒体等教学设施）管理；⑥ 教学环境（教室、校风、学校人际关系等）管理；⑦ 教学质量管理。《教育大辞典》将教学管理的内容概括为：① 按照国家规定的教学计划和教学大纲要求，制订和实施学校的教学工作计划；② 建立和健全教学管理系统；③ 加强教师教学质量和学生学习质量的管理；④ 深入教学第一线，通过兼课、听课、蹲点、教学实验，解决影响教学质量的各种问题；⑤ 拟订多层次、多类型的教学质量评估指标；⑥ 做好教务行政管理工作。

虽然各自的说法不完全一致，但上述观点中都涉及了教学质量管理、教务行政与教学组织管理，而教学思想管理、教学研究管理通常不是以独立形态出现的，往往渗透于其他各项工作中。对教学设备、教学环境的管理，可以归并在教务行政管理中。而教学管理则应当有计划地开展。有鉴于此，可以将教学管理的内容分解为教学计划管理、教学组织管理、教务行政工作和教学质量管理。

（二）教学管理的基本内容

用罗列的方式是无法将教学管理的内容穷尽的，从管理的职能出发，可将教学管理的基本内容概括如下：

1. 教学计划管理

教学计划是国家教育主管部门制定的有关教育和教学工作的指导性文件，它体现了国家对学校教学工作的统一要求，是学校组织教育教学活动的重要依据。对教学计划进行管理，就是通过对未来教学工作和活动的设计，控制和指导整个教学过程，从而使教学活动处于最佳状态，并取得最好的教学效果。

校长要高度重视教学管理工作，并且首先从教学计划管理抓起。校长要根据国家统一制定的课程计划，对全校教学工作进行计划指导。在国家的课程计划范围内，结合学校实际情况，制订更为具体明确的学校教学目标体系。教导主任是校长管理教学工作的主要助手，直接领导各教研组的教学活动。他要审核教研组制订的工作计划，指导教研组明确教学研究的指导思想、主要项目、基本要求、时间安排、责任归属。教师应依据教学大纲和教材内容，在充分了解学生学习状况的基础上,制订个人的教学计划,并在教学内容与方法上进行钻研。

2. 教学组织管理

教学工作千头万绪,凭借个人的力量是无法实现有效的管理的。因此,做好教学组织管理就显得十分必要了。教学组织管理的重点是要抓好教研组建设,科学地安排课务。

教研组建设是教学组织管理的重中之重,为此,应着力做好三方面的工作:① 建立和健全教研组。一般而言,同一学科教师在三人以上,就应成立教研组;不足三人者,可将性质相近的学科教师组织起来,成立多学科的教研组。② 形成相应的制度。教研组成立后,应建立各种规章制度使之有效运行,如教研组的定期会议制度、集体备课制度、听课评议制度、质量分析制度等。③ 选任教研组长。教研组长对教研组的发展具有重要的影响力,因此,要挑选德才兼备、管理能力较强、享有威望的人担此重任。

课务安排有多种方式:包班制一般用于幼儿园和小学低年级,对教师的综合素养要求较高;科任制则应用面更广,但要求教师有较强的学科功底。学年更新制对教师的压力较小,有助于青年教师逐步适应教学生涯;跟班制能够让教师了解不同年级教学的梯度差异,但对教师也提出了更高的挑战。学校在进行课务安排时,既要考虑教师原有的学科背景、学识专长,又要观照其实际的教学能力和业务水平,还要兼顾教师的年龄特点,并且要注意不同教师间的合理搭配。

3. 教务行政工作

有大量琐碎、细致的事务需要处理,这是教学管理有别于学校中其他管理工作的一大特点。教务行政工作做得好,有利于建立正常的教学秩序,否则,可能导致整个教学系统的紊乱。一般而言,教务行政工作主要包括编班、制表、学籍与教务档案管理以及图书仪器的管理等。[①]

编班的方式有:① 常态编班。将学生均衡地分到各班,这种方式有利于教育公平。② 能力编班。依据不同的学习水平进行分班,这种方式能在一定程度上照顾到学生的差异,但易强化差班学生的自卑感。在实际操作中,容易异化为重点班与非重点班,有违教育公平。③ 学科弹性编班。在常态编班的基础上,对某些学科再按照学习水平分班。这种方式既有助于因材施教,又能够避免能力编班带来的负效应。我国一些学校正在尝试的分层教学,就是以此为编班方式的。

制表主要涉及:① 课表。在排课时,通常要根据学生能力状态的变化规律,将难度较大的课程安排在学习的"黄金"时间;各学科应交叉进行,使学生的学习负担相对均衡;要充分利用教学设备,从有利于教师的学习和生活出发。② 作息时间表。编排作息时间表,首先要控制学生的在校学习时间,保证学生的休息与睡眠时间;其次,要根据学校卫生学的要求设置课时长度和课间休息时间;最后,还应随季节的变化作适度的调整。③ 学校行事表。即校历,内容包括全学期的周次编排、日期编排和主要活动安排。

---

① 阮承发.中小学管理学[M].苏州:苏州大学出版社,1994:144—149.

学籍与教务档案管理包括：① 学籍管理。这是对学生在校期间学习情况的全过程处置与记录,通常包括入学管理,学生档案管理,转学与借读管理,休学、复学与辍学管理,留级与跳级管理,毕业管理,请假管理,考核与奖励、处分等。② 教师业务档案的建立。业务档案应包括教师的学历、工作简历、进修情况、每学期承担的课程及工作量、教学工作的计划与总结、所教学科的成绩、工作考核与奖惩情况等信息。它能够为教师的正确使用、培养提高、奖励晋升提供依据。③ 其他教务档案资料的管理。上级下发的文件、学校的教学工作计划与总结、专题活动的典型材料、学校编写的材料、参加竞赛取得的成绩等,都要注意积累、分类整理、妥善保存。

图书管理就是要做好购书、保管与流通工作。选购图书应征求教师意见,购书后要及时登记、编目、分类、上架,建立合理的借阅制度。在新形势下,要积极开发与利用电子资料与网络资源。实验室要配合教学进度,整理和装置必需的教学仪器,以便师生能够顺利进行教学实验。

第二节　教学管理的组织与制度

一、教学管理的组织系统

教学管理组织系统是指在校长的直接领导下,学校中由教学决策、教学行政管理、教学业务咨询、教学监督与评价等组织机构以及广大教师共同组成的教学工作的组织集合。一般而言,教学管理组织系统包括三类组织机构：

(一) 教学行政管理机构

教学行政管理机构的构架如图 10 - 1 所示,这些机构通过行使教学管理的基本职能以维护正常的教学秩序。教导处是学校教学管理的核心组织与教学管理工作的主要执行机构,教导主任是具体的执行者。作为教育教学管理的职能机构,教导处负责实施日常教学、教学研究、课程设置、教师队伍建设、教研组建设等,具体包括：组织实施学校教学工作计划,进行教学常规管理,如学生的编班、教师的教学安排、编制学校周课程表、征订教材、各类学业考试的组织安排、教学质量评价、学生的学籍管理等。有些学校的教导处还兼有讲义试卷的文印、教学资料的统计、教学设施的管理乃至教师的业务进修等工作。

毫无疑问,教学行政管理机构主要承担行政管理工作,但如何进行管理却有理念与方法的差异。在具体的管理行为中,是只顾检查教案的书写情况、教师布置的作业量、作业是否全批全改,还是重在帮助教师学会备课、提高教师的作业设计能力、改进教师的反馈调节水平？两者的区别折射出控制性管理与指导性管理的不同。①

---

① 柯孔标,张丰.校本教研的浙江模式[M].杭州：浙江教育出版社,2010：57—58.

在管理策略上，前者通过执行管理者的意志来提高系统的工作效能，后者借助教职员工素养的提升来达此目的；在管理手段上，前者以自上而下的督促与评价为主，后者以将心比心的携手相助为主；在关注点上，前者关注结果或过程中的显性指标是否达到要求，后者重视过程中的方法与细节，并将其转化为指导教职员工的素材。可见，教学行政管理机构的职能需要转变，一些学校在这方面已经先行了一步。

案例 10－1　教导处的"四导"职能[①]

一是对教学理论的"指导"职能。学校开展了每周例会前的"10 分钟课改信息传递"、每学期两期的教育理论专题讲座、每学期一轮的教材教法培训、每学年一次的"课改聚集论坛"，促使每位教师提高教育理论的素养。

二是对教学研究的"引导"职能。教导处每学期初要拿出教学研究的总体计划，并分三个层面组织实施：以教导处牵头的全校性综合教研活动；以年级组为单位的分年级研讨；以学科教研组为单位的专题研究。

三是对教学行为的"督导"职能。教师的日常备、教、辅、改、评各个环节是否到位，学生良好的读书、写字等学习习惯是否养成，教导处负有检查督导的职能。督导分三种形式：定期督导；不定期督导；期中评教评学。

四是对青年教师的"辅导"职能。教导处把对青年教师的辅导工作纳入议事日程，为青年教师提出发展目标，确定富有丰富教学经验的帮带师傅，制订相应辅导计划及措施，促进青年教师迅速成长与全面进步。

（二）教学业务机构

这类组织主要负责组织教师开展教学研究活动，对教师进行具体的教学业务指导，如教研组、备课组。教研组是学校的基层教学活动单位，负有组织本学科教学、开展教学研究活动和提高教师业务水平的责任。

在我国的中小学校，20 世纪 50 年代初就普遍建立了教学研究组织，但名称并不统一。1957 年，《中学教学研究组工作条例（草案）》将此类组织的名称统一为"教学研究组"，简称"教研组"。在初始阶段，教研组的组织属性是专业导向的学科教学研究组织，其目的就是解决本学科教学中存在的问题，改进教学。活动内容具有较强的学科性，教师通过教研组集体备课、听课、交流会等方式探讨改进本学科教学的策略，提高教学的有效性。工作方式主要是教师之间（特别是新老教师之间）通过集体备课、公开教学以及联席会议等交流教学经验，这种交流类似于手工作坊中师傅带徒弟，随意性比较大。

"文革"期间，教研组陷入瘫痪状态。"文革"结束后，教研组得以恢复，并趋于规范化。这一时期的教研组在组织属性、工作范围等方面有了明显的变化，最突出

① 邓正平.教导处应强化"四导"职能[J].教学与管理.2010(2).

的特点就是行政化趋势逐渐增强。一些学校将听课、教学检查和教师人事管理等原本属于学校行政机构的管理权"下放"到教研组。教研组长因此不仅负责制订学科教学计划、组织集体备课，还要完成教导处交付的日常考勤、考试安排、公开课组织、教案与作业检查等任务，并且参与处理同教学相关的教学竞赛、教师进修、业务考核、职称评聘等事务。[①] 教研组的行政色彩日益浓厚，而学术气息逐步淡化。为此，人们呼吁构建学习型教研组，完善教研组的功能。

表 10-1 学习型教研组与传统型教研组的比较

	传统型教研组	学习型教研组
组织形态	层级的、静态的，注重规则	伙伴式的、动态的，注重规则，更注重组织文化（价值）
目标	外在的，来自于完成上级的命令	全体教师一起努力达到的共同愿景
权力	来自职位	来自职位、个人人格、互相尊重和专业水平
风格	英雄式的，命令—服从	民主式的，商讨、交谈、探询
管理	监督、刚性制度，外在动机、控制、标准、统一	达成目标、价值追求，内在动机、创造、选择、个性
沟通	单向、正式	多维、正式和非正式
文化	职责、任务	追求卓越，价值、共同愿景
结果	强调教好学生	在教好学生的同时实现教师发展；学生快乐，教师快乐

构建学习型教研组，不妨从以下几方面做起：① 重建组织架构。建立扁平化的学校组织结构，使教研组和教师得到充分的授权并参与决策，共同制订愿景和前瞻性的计划，能自由地交换意见，有畅通的信息渠道。② 角色重新定位。教研组长应扮演好引领者、设计者和服务者的角色，即使自己成为组织学习的首席，致力于宣传愿景，树立学习的标杆；对组织学习进行科学有效的筹划，帮助教师厘清个人发展目标，规划个人职业生涯；珍惜、爱护和尊重教师，全心服务于他们的专业成长。教师则应成为终身学习者、同伴帮助者和行动研究者，不仅自身不断学习，而且实行同伴互助，在行动研究中共同提高。③ 选择构建工具。在学习型教研组的建设中，有许多技术手段可以运用，如左手栏技术、教学设计悬挂技术和深度汇谈技术。[②] 总之，教研组应成为教师"学"（认知、思考）与"习"（行动、实践）的知行统一体，应当成为学校教育改革的发源地、教师专业成长的培养基、教师职业生活的驿站。

① 李叶峰.建国以来中小学教研组建设的历史考察[J].教学与管理.2010(3).

② 朱连云.学习型教研组建设之研究——以一个语文教研组为例[D].上海：华东师范大学硕士学位论文,2004：50—54.

（三）教学咨询、审议、监督机构

这类组织通过吸收学校成员及校外人士参与教学管理工作,听取他们有关教学工作的意见和建议,使教学活动和教学管理本身更加合乎规律,符合各界的期待。教学咨询、审议、监督机构相对超脱于繁重的行政事务和具体的教学工作,加之专家与校外人士的介入,使之能够更为客观、科学地审视学校在教学方面的工作,反映社会的呼声。

常见的教学咨询、审议、监督机构有专家咨询委员会和教学评价委员会等。前者由学校聘请的资深教育专家和学科教学专家组成,根据学校的要求,围绕着影响学校教学质量的各种因素(如教学理念、师资队伍、管理制度)展开调研,提供咨询、建议和指导。后者由教育管理、德育、各学科专家组成,依据学校的办学思想和发展规划,对教育教学质量、教学工作、教学管理诸方面进行诊断、评估和反馈。

教学行政管理机构、教学业务机构和教学咨询、审议、监督机构相互联系、彼此协作,共同构成了学校的教学管理组织系统。在这一组织系统中,校长是总决策者和总指挥者,负有全面领导教学工作的责任。教学行政管理机构直接在校长的领导下开展工作,对校长负责;教学业务机构在其业务范围内有一定的自主权,教学咨询、审议、监督机构则相对独立于行政系统之外,但两者均须与校长保持密切的联系,向其提供有用的信息、提出合理的要求、给予必要的建议。

二、教学管理的制度体系

教学管理制度体系具有一定的法治效应和约束力,是全体师生和教学管理人员必须共同遵守的教学行为准则,是实现教学管理科学化、规范化的重要基础。

（一）教学管理制度体系的基本构架

所谓教学管理制度,是指为强化教学管理、稳定教学秩序、加强教学质量控制而制订的教学规章、制度、条例、细则、守则等。由于教学工作涉及不同的条块和人员,因此,需要构建一个完整的制度体系以覆盖教学活动的各个方面与环节,使各项工作均能有章可循。

就内容而言,教学管理制度分别涉及学生事务、教师事务、教学规范、考试制度、课程制度和与教学工作相关的各职能部门的责任制度等。为此,应当在做好"顶层设计"的基础上逐层分解,形成系列化的教学管理制度:① 管理机构的系列制度,如教导处工作条例、教研组工作职责、学科专业委员会工作细则等;② 教师事务的系列制度,如教师的教学常规、教师的学习进修制度等;③ 学生事务的系列制度,如学籍管理条例、学业成绩考核与管理制度、学生免修实施办法等;④ 教学规范的系列制度,如集体备课制度、听课评课制度、作业量控制和作业批改检查制度、学生补缺补差辅导制度、教学质量检测与分析制度等;⑤ 教学辅助性工作的系列制度,如教材管理制度、实验室使用条例、图书馆借阅规则等。

在教学管理制度体系的构建过程中,应避免少数学校管理者闭门造车的现象,必须采取开放的姿态,充分听取师生员工的意见。因为师生员工是各种教学管理制度的主要执行者和直接接受方,他们每天都处于教学活动的第一线和最前沿,对于什么样的制度有利于教与学的开展拥有无可辩驳的发言权。学校管理者要在认真调研的基础上形成初步的条文,在征求各方的意见后进行修改,再进行下一轮的意见征询与修正,经过充分论证后定稿,并在实践中加以检验,使之趋于完善。

(二) 教学管理制度的新探索

教学管理制度并非僵化不变的。随着社会的进步和教育改革的深化,在维持必要的常规制度的前提下,应积极进行制度创新。近年来,不少学校开展了教学管理制度的创新尝试。

1. 走班制

长期以来,我国中小学的班级授课制的形式比较单一,基本上以传统的行政班级为教学单位。学生在被编入一个行政班级后,所有的学业都是在其中完成的。这种教学组织形式能够使学生处于一个比较稳定的班级学习环境之中,在一定程度上有利于其知识技能在相对集中的模式下形成。但是,它基本剥夺了学生自主选择的空间,也加大了教师因材施教的难度,不利于教育公平的实现与学生的个性化发展。

20 世纪 90 年代起,我国的一些学校开始了走班制的试点。例如:上海市晋元高级中学在高一新生入校后,学校会为学生举办学习方法、学校课程、自主选择方法、研究性学习等讲座。开学后的第三周起就正式开始拓展性课程、研究性课程、社会实践课程的走班教学。期中考试后,在学生熟悉了高中学习环境,并产生对行政班的认同感的基础上,让学生对数学、英语、物理、计算机、体育等基础性课程选择走班教学。根据学生的选择,学校将同一年级里几个班级的学生进行"重组",分成 A、B、C 层,即各班同时开展同一科目的教学活动,各学习层次和教学班级进行动态组合,并根据学生的进步、发展而有所变化。此外,学校每学期都会进行一至两次的微调,以保证学生在一个适合自己的层面上学习。[1]

走班制教学实际上是对传统班级授课制教学的改良,它是指学生根据自己的学习兴趣和学业程度,通过一定的申请、审批程序,自由选择在学校不同的课堂进行学习,以接受最适合自己发展的教育。学校在保留原有行政班级的前提下,针对不同需求与程度的学生开设层次不同、范围较广的必修或选修课程,为学生选择性地接受教育提供条件。走班制教学的实施有利于学生的个别化教学和个性发展,是差异性教学的一种方式,同时也是分层教学的一种尝试。当然,为了使走班制达到理想的效果,学校需要做好教室、教学设备等物质条件的保障,开设出符合学生情况与特点的课程,组织好分班工作,安排好合适的师资。

2. 学分制

学分制是一种以选课制为前提,以学分作为计算学生受教育程度的基本计量单位,以取得最低的必要学分作为毕业标准的一种教学管理制度。《基础教育课程

---

① 佚名. 晋元中学:"走班制"教学和"套餐式"课程[J]. 上海教育. 2007(Z1).

改革纲要（试行）》要求各地积极创造条件，在高中阶段试行学分制管理。为了有效地推行学分制，学校应做好以下几方面的工作：

首先，学校应开发丰富的课程供学生选择。"学分制和选课制相伴而生，学分制以选课制为基础，选课制为学分制的必要条件。如果只有学分制的叫法，而在教学组织中不实施选课制，那么也就不是真正意义上的学分制。"①换言之，多元化的课程结构、多样性的课程资源是建立学分制的重要前提。

其次，学校应帮助教师做好充分的专业准备。丰富的课程不会凭空产生，它需要教师去开发。这就意味着单一的学科专长是无法胜任学分制要求的，教师面临着对自己的知识结构进行调整和完善的问题，而学校则需要在这方面提供必要的帮助与指导。比如，校方给教师开列阅读书目，引导教师将遇到的问题转化为研究的课题，聘请校外专家给予教师专业上的支持。

最后，学校应加强对学生的选课指导。学分制的推行使学生可以根据自身的特长自主选择课程，选择进度，发挥学习的主动性和积极性。但由于他们心理不成熟，阅历浅，对自我的认识与定位可能存在偏差，容易出现选课的盲目性、随意性和功利性，因此，选课指导就显得十分必要。完整的选课指导应当包括三个方面的内容：一是针对学生的个体特点，帮助他们形成自己的课程修习计划；二是建立学生选课办法，告知家长和学生，引导他们理性选课；三是制订教师指导计划，采用导师制，全程关注学生的变化，随时给予学生选课上的指导。

3. 学生发展指导制度

在班级授课制的背景下，教师只能将主要的精力放在学生的共性问题上，无法彻底做到因材施教。在这种情况下，为学生提供个性化的指导方案能够有效地弥补班级授课制的缺陷。有的学校已经要求教师对每一名学生的基本情况、学科情况进行分析，提出有针对性的指导方案与改进策略，并通过实施与效果分析，对学生的基础知识、基本能力和学习方法加以个别化的指导。

指导方案采用表格形式，分为四大部分。其中，"基本情况分析"各学科可通用，包含四个项目：家庭教育、本人学习、本人能力和特殊情况记录。除特殊情况记录由教师用简洁文字表述外，前三个项目各选择了若干反映学生学习情况的元素，教师只需要根据学生的实际情况进行等级评价即可（A：优秀；B：良好；C：一般；D：需努力）。本部分还设置了一个"整体印象"的等级评价，教师可在上述记录的基础上对学生的基本情况作出整体评价。

其他三个部分为"学科情况分析"、"指导方案与改进策略"和"实施情况与效果分析"，每部分再分成"基础知识"、"基本能力"和"学习方法"三块。为体现各学科的不同特点和学生学习的个性特点，在"学科情况分析"部分的"基础知识"、"基本能力"两块中各设置"掌握情况"和"能力情况"项目，其中按学科教学要求选择若干基本元素，方便教师作等级评价。这部分三块都有"欠缺和问题"，由学科教师另行

① 沈兰.普通高中学分制研究[D].上海：华东师范大学博士学位论文.2004：83.

表述。①

在方案的具体填写中,教师要和学生本人共同商讨和分析。师生的沟通,既使教师对学生有了进一步的了解,也使学生对自己的学习有了一个较为客观的认识。学生的学习状态如何,还与他在校外的表现有关,有些情况家长比教师更清楚。因此,教师在设计方案时应注意与家长的交流,以便能够全面地掌握学生的情况。在方案实施的过程中,教师一方面要随时向学生本人反馈情况,增强指导的实效性;另一方面,也要及时向家长反馈,以争取家长的配合和帮助。总之,教师要充分整合学校、家庭和学生本人的各种资源,利用自身的专业知识为学生设计与实施个别化的学习指导方案,努力做到准确评价、把握重点、体现差别、落实指导、注重效果。

第三节 教学质量的提升

一、树立科学的教学质量观

观念先于行动,有什么样的教学质量观,就会有什么样的教学行为和管理行为。因此,要提升教学质量,首先要树立科学的教学质量观。

(一) 全面化的质量观

瑞典著名学者胡森(T. Husen)在《论教育质量》一文中指出:当讨论教育质量时,人们所关心的几乎总是学生成绩方面的认知结果,或中等学校为学生进大学而确定的基本教学内容的输入。他进而指出:如果我们把学生成绩(不管是怎样测量的)作为学校教育质量的唯一指标的话,那我们就过于简单了……人们期望学校给学生带来的变化,不仅仅局限在认知领域。人们期望学校有助于学生形成某些行为和态度,使学生能恰当地欣赏民族文化,行为受道德的和审美的价值观指导,从而成为负责的、合作的、参与的和独立的公民。

在我国,质量观被窄化的现象十分普遍,因此,学校管理者更要积极引导各方确立科学的质量观。不仅要重视学生的智育,也要关注学生在道德品质、行为习惯、人格修养、心理健康、思想境界等方面的发展;不仅要重视考试成绩,还要关注学习动机、学习方法、学习习惯等考试成绩以外的东西;不仅要重视分数这一显性的质量指标,更要关注主体精神、可持续发展能力等隐性质量指标的达成度。当前,课程改革正在全面推行,学校管理者应当借助三维教学目标的构建,让科学的教学质量观深入人心。

(二) 差异化的质量观

每名学生都是一个独特的个体,有着不同于他人的认知能力、性格气质、道德

① 张民生,朱怡华.现代学校发展创意设计[M].上海:上海远东出版社,2006:222.

情操和行为习惯,但人们往往忽视这种差异性的存在,试图把所有的学生都塑造成为一个个"标准件"。用统一化、标准式的质量观去观照学生,会扼杀许多学生的天赋,因为人的智能事实上是多元化的。

美国学者加德纳(H. Gardner)的多元智能理论认为,人的智能包括语言智能、逻辑—数学智能、空间智能、身体—运动智能、音乐智能、人际关系智能、自我认识智能和自然探索智能。在他看来,世界上没有两个人的智能结构是完全相同的。他说:"我们每个人都是不相同的,我们并没有相类似的心智(也就是说我们并不只是钟形曲线上的不同点);如果我们能把这些个别差异列入考虑,而不是不承认或忽略这些个别差异,教育将会更有效率。"[①]这就是说,学校管理者应当大力宣扬差异化的质量观,教师应当具备一双慧眼,善于发现学生的潜能。在教学活动中,要允许学生在某方面落后,鼓励其在自己擅长的领域最大限度地发展。

(三)发展型的质量观

学生是身心尚未成熟的人,学校教育就是要让学生得到全面而个性化的发展。因此,衡量教学工作的好坏,就是要看它对学生发展的促进程度。这是发展型质量观的一层含义,而另一层含义则是指在考察学生时,要关注他是否在原有水平上获得了提高。

依据评价标准的参照系不同,我们可将教育评价划分为绝对评价、相对评价和个体内差异评价三种类型。绝对评价的参照系来源于评价对象之外,是根据一定的价值目标设立的客观标准;相对评价的参照系来源于评价对象团体内部,以评价对象团体评价结果的平均成绩为参照;个体内差异评价的参照系来源于评价对象自身,是将现在的水平和过去的情况进行比较。在具体的评价活动中,教师应灵活地运用上述方法,着眼于发现学生的变化。尤其是对于后进生,应多采用个体内差异评价,引导学生看到自身的进步,以促进其更大的发展。

二、全程控制教学质量的形成过程

对于教学质量的管理,不能采用终端检验的办法,必须做好全程的控制。学校管理者和教职员工要从教学的第一个环节抓起,做到层层把关,这样才能使最终的质量得以保障。

(一)教学准备环节的质量控制

备课是教学活动的准备阶段。俗话说,良好的开端是成功的一半。因此,学校管理者应采取有效的措施,保证和提升备课的质量,为后续环节打好基础。

1. 规范基本的备课流程

第一,解读教材。备课时,教师的一项重要任务是钻研教材,对教材进行解读。解读教材,意味着教师不能充当教科书的"传声筒"、知识的"贩卖者"角色,对教材

---

① [美]加德纳.再建多元智能[M].李心莹译.台北:远东出版事业股份有限公司,2000:128—129.

的内容一味地接受和照搬。教师应成为教材的理解者、参与者、实践者,对教材要有自己的分析和思考。

第二,分析学生。教学本身就是为了促使学生在各方面得到发展,而学生的情况又是各不相同的,因此,备课时教师就必须做到心中有学生。教师要把握学生的学习基础,了解学生的学习兴趣,剖析学生的学习习惯。在教学设计中,要有普遍性的要求,以满足大部分学生的需要;也要有分层化的预案,以适应不同学生的特殊需求。

第三,确立教学目标。在确立教学目标时,要做到完整、明确、集中、适切和可测。"完整"是指教学目标应当包括"知识与技能"、"过程与方法"、"情感、态度与价值观"三个部分,缺一不可。"明确"是指每一节课要求做什么,要清楚明白,不能笼而统之,更不能含糊不清。"集中"是指能做到一课一得有重点,同时兼顾其他。"适切"是指适合本节课的需要,适合本教材的需要,适合所教学生的需要。"可测"是指可操作,可检测,即课后能够根据这一目标对学生进行检测,及时得到反馈。

第四,设计教学过程。设计教学过程,要以教材为基础,以学生为基点。抛开教材而一味地迁就学生,这就放弃了教师的责任;完全不顾学生的情况而机械地使用教材,则无异于削足适履。因此,在这一环节,要求教师对教材了然于胸,充分考虑学生的接受能力、心理特点、兴趣爱好、学习潜能等各方面因素,采用恰当的教学手段,进行合理的进程安排。当然,在此期间应对课堂上可能发生的意外情况有所预测,进行弹性化的教学过程设计。

2. 探索有效的备课方法

备课既要备教材,也要备学生。这两方面不应该被割裂。为此,有的学校采取了"五点式"备课法,将"备"学生融合到教材分析中。

案例 10-2 "五点式"备课法

我们要求教师把握好"五个点":① 知识点:学科基础知识(如文学、数理、语法等常识);② 着重点:重点教学的内容(知识体系、教育功能、教学方法等);③ 疑难点:一是学生的认识难点,即学生在认识上、阅读上、理解上可能出现的问题(难以弄懂之处、难以弄懂的原因、抓住疑难的焦点),二是教材的处理难点,三是教师教学时可能会出现的难点;④ 训练点:积累、体验、训练的主要内容;⑤ 发展点:可供迁移的内容,可以拓展之处(知识点、能力点的延伸),即这一课中要发展学生什么能力,或在什么知识结构上让学生有所发展。

3. 采用灵活的备课方式

备课的方式是多种多样的,各种备课方式都有其优点也有其缺陷,学校管理者应当倡导教师多种备课方式结合使用。

从备课的量来分,可分为单元备课与课时备课。备课应以课时备课为主,将单元备课与课时备课结合起来,对每个单元的知识点进行合理的布局、分配。教师应注意单元内部的系统性、因果性、关联性，在单元备课的基础上进行课时备课，以便前后呼应、首尾相连、承前启后、左右配合。

从备课的时间来分，可分为集中备课与课前备课。寒暑假时间集中，教师应当提前备好一学期或前几周的课。上课前，再进行课前备课。如果说学期前备课是"粗备"，那么周前备课就是"细备"，而课前备课则属"精备"。课前备课要重温教案，准备教具，考虑教法，估计课中可能出现的问题，思考采取的对策。

从备课的精力投入分，可分为一般备课与重点备课。教师理应认真备好每一个课时，但这不等于说要平均使用力量。在一个学期的教学内容中，有一些章节的作用较为突出；在一个章节中，有若干单元十分重要；在一个单元中，有几个课时尤为关键。教师应当准确地把握这些"关节点"，把主要的精力投放在这些点上，以起到点面结合的效果。

从备课的人数分，可分为个人备课与集体备课。备课在本质上是一种个体行为，但这并不意味着备课可以闭门造车。在备课的过程中，应当通过集体备课与个体备课相结合的方式，将教学共性与个性有机融合。在个体备课时，不妨采用"同课异构"的方法，即每位教师根据本班的学生实际对集体备课的教案加以添加和取舍，形成符合本班实际的"个性化教案"。

（二）教学实施阶段的质量控制

上课，是教学质量形成的最主要的环节。在课堂上，教学质量主要是由教师来直接控制的。为了有效地控制课堂纪律、清晰地讲解教学内容、有序地安排教学进程，教师需要特别关注以下两个方面：

1. 注重师生互动

在课堂教学中，教学质量是通过师生互动形成的。低效或无效的师生互动，必然影响教学的最终成效。

事实上，教学本应是教与学两方双边交互作用的过程。教师应当运用课堂提问、非言语交流等手段，与学生实现双向的互动。然而，在传统观念的影响下，课堂往往沦为"教师讲—学生听"的"讲堂"。教师把持了课堂上的全部时空，学生完全沦为被动的"听众"和教师填塞知识的"容器"。这种貌似有序的课堂，实则压抑了学生的思维和创造力。单向传输的课堂教学模式是难以取得高质量的。

要提升师生互动的水平，除了在理念层面下工夫外，还应实施"五还"的操作策略。[①] 一还学生主动学习的"时间"，要求每节课至少有 1/3 的时间让学生主动学习，并逐渐向 2/3 过渡；二还学生主动学习的"空间"，允许学生在学习过程中根据需要变动位置和座位的朝向，不是只能固定在一个位置上；三还学生主动学习的"工具"。这里的工具不只是指学具，主要指教学应教会学生掌握和运用结构的方法，开展主动和独立的学习；四还学生主动学习的"提问权"，让学生在预习、独立思

① 叶澜."新基础教育"论——关于当代中国学校变革的探究与认识[M].北京：教育科学出版社，2006：276—277.

考的基础上提出自己想问的各种性质和类型的问题,包括与教师持不同的观点;五还学生主动"评议权",包括自评与评他、发表感受、提意见、表扬和建议。

2. 处理好预设与生成的关系

教师按照预设的方案和教材设定的内容机械地推进教学的步骤,对于越出边界的现象或问题"视而不见",这种无视生成的教学活动注定是低质量的。要解决这一问题,就必须认识到教学是一个无法全面预设的过程。教师理当欢迎和鼓励生成性资源的产生,因为"生成"的数量与质量标志着学生主动性的发挥程度。

为此,教师应当做到:① 关注学生的需要,把握生成的基点。这就意味着教师上课不是执行教案,而是教案再创造的过程;不是把心思放在教材、教参和教案上,而是放在观察学生、倾听学生、发现学生并与学生积极互动上。② 关注多元对话,激发生成的动力。生成的动力来源于多元化的交往互动,包括师生间的对话,生生间的交流,学生、教师与教材之间的沟通。通过交往,分享彼此的思考和见解,交流彼此的情感、态度和价值观,提高彼此的智慧和修养,达到彼此的共识、共享、共进。③ 关注突发事件,紧握生成的抓手。生成是一个不可预计的过程,在各种突发事件中,有学生的"奇思妙想",有学生的"锦上添花"。捕捉教学过程中动态生成的有价值的信息,将一些不可预测的事件转化为课堂教学的契机,能最大限度地提高生成的质量,使之成为教学的亮点,成为学生智慧的火种。

(三)教学后续环节的质量控制

作业的布置、批改与订正,是课堂教学必不可少的后续环节。通过作业的完成,能够使学生巩固所学内容并学会初步的运用;通过对学生作业情况的批改,教师可以发现教学中的缺失并作出适当的补救;通过对作业中错误的订正,学生可以及时弥补学习中的缺陷。

1. 科学布置作业

长期以来,学生作业多、课业负担重始终是人们共同关注的话题。有的研究人员指出,学校教学质量与作业量并无正比关系。[①] 因此,作业管理的重点在于控制作业量、提高作业的有效性,学校管理者可以从以下几方面去引导教师科学地布置作业:

其一,在内容上,突出开放性和探究性。教师应对作业进行精心的选择和设计,避免布置过多的重复性、操练性的题目。作业的内容突出开放性和探究性,也就是学生解答问题时要有一定的思考性、实践性和探究性,作业的答案要有一定的迁移性、开放性,甚至不确定性,重视布置课外阅读、调查、实验等实践性、生活化的作业。

其二,在层次上,考虑量力性和差异性。作业的数量和难度要适度,有弹性,照顾到不同层次的学生。在江苏省后六中学,作业中的基础题,所有的学生都要完成;有的试题优秀学生仅写出步骤即可,不用算出具体答案,或者直接写出所涉及

---

① 刘著. 当代教学管理引论[M]. 北京:教育科学出版社,1997:206.

知识在课本的哪一页、哪一章节也可以,这样能充分节省学生的时间;而最后几道难题,优秀学生必须做,实在不会的学生可以不做。①

其三,在形式上,体现新颖性和多样性。教师应当改变单一的文字式作业形式,积极探索其他的作业形式。比如,布置一些操作、实验、口头完成的作业,或布置一些小组合作完成的作业。有的学校还打破了由教师布置作业的惯例,尝试了学生自主命题、同学共同评议、个人自选做题等多种形式。

2. 认真批改作业

作业批改是了解学生学习情况的重要手段,教师应当认真对待这项工作。那么,如何做好批改工作呢?首先,教师要充分理解作业批改的价值,不能只把它当作一项不得不完成的任务而敷衍了事。其次,教师应注意作业批改中的激励性。在对错评判的基础上,不妨给学生留一些鼓励性的语言和恰当的指点。第三,在可能的情况下,尽量采用作业面批的方式。

面批,实际上是把批改、讲评、辅导三者结合了起来。教育法则告诉我们:作业面批比直接批改作业耗时增加了四倍以上,但由于加强了教学反馈,提高学生学习成绩的效果是直接批改作业的百分之三百。与课堂教学中的师生沟通相比,作业面批具有更强的私密性、更大的自由度、更明确的目标。作业仅仅是个媒介,师生间的交流与沟通才是本质。作业面批,不仅见"文",而且见"人",能够真正做到面对面的"全息化"。

总之,如果教师由原来的作业评判者转化为学生思维的欣赏者、引导者、促进者、激励者,那么学生的主体性、主动性、独立性、创造性就会得到极大的发挥,才能够做到师生教学相长,才有可能成就每一个学生。

3. 规范作业订正

不仅教师应认真批改学生的作业,学生也应认真订正作业,这样才能使作业的功效最大化。学校应当制订订正规范,帮助学生养成订正的良好习惯,引导学生学会分析发生错误的原因,保证作业订正的有效性。

三、强化对教学质量的检测与分析

学校管理者在抓好教学质量形成过程的每一个环节之外,还应当关注教学质量的检测与分析。前者是要了解教学质量的实际情况,后者是为了找出教学质量中存在的问题及其原因。只有做好了这些工作,才有可能不断地弥补缺陷、提升质量。

(一) 有效地检测教学质量

准确地检测教学质量的状态,是进行质量诊断、采取质量改进措施的基础。在检测教学质量时,应注意采取合理的步骤,选择恰当的方法。

---

① 后六中学:做好常规就是奇迹[EB/OL]. www. ggjy. net/jydt/xydt/200701/1916. html, 2007 - 1 - 31.

1. 增强考试的科学性

考试是检验教学质量和效果的最常用的手段,是一项涉及面广、环节繁多、任务琐碎、要求甚高的工作。只有掌控好考试流程中的每一个步骤,才能使考试的科学性得到保证。通常,考试质量控制的主要内容包括考试的设计、命题、考试实施的管理、试卷评阅、成绩分析与反馈等关节点。

命题是考试的第一个环节,有条件的可采用"教考分离"的方式,即由不任教该年级的教师出题,这样可以确保命题的公正性,降低泄题的可能性。命题完成后,应由专人负责对试卷的题量、难度、质量等进行审阅,这项工作通常由教研组长或资深教师来承担。在做好出样、校阅、分发试卷等事务性工作之后,教导处应组织安排监考,维护考场纪律,保证考试的严肃性。考试结束后,试卷的批改宜采取"流水批阅"的方式,这种方式一方面能够提高批改的效率,另一方面有助于保证阅卷的客观性。试卷批改只是意味着阶段性任务的完成,后续还有质量分析与整改的工作要做。

众所周知,考试具有强大的导向作用,试题的特征在相当程度上"指挥"着教师的"教"与学生的"学"。我们不是试图去消灭考试的"指挥棒"效应,而是要让它指向正确的方向。学校管理者有责任组织教师学习课程改革的理念,准确把握课程标准,提高教师的命题能力。教师的命题不应局限于检测学生对书本知识的机械记忆水平,要注意考察学生对知识的综合运用,鼓励其创造性思维。

总之,命题应依据课程标准,避免盲目的拔高;应立足基础,突出能力;应突出探究性,体现新课程的理念和特点;应联系社会实际与学生生活,体现开放性、综合性、教育性。此外,还要控制好题量、难度,确定好各种题型的比例,进行合理的题目编排。

2. 重视学生的意见

在以往,学生对教学质量的反馈意见没有受到足够的重视,甚至有些人认为学生没有资格和能力评判教师的教学质量。阿里莫里(L. M. Aleamoli)则指出,学生是教学过程的主体,他们对教学目标是否达成、师生关系是否良好都有深刻的了解,对学习环境的描述与界定也较客观。学生直接受到教师教学效能因素的影响,他们的观察比其他突然出现的评价人员更为细致周全。[①] 因此,问题的关键不在于是否需要听取学生的意见、学生能否参与对教学质量的评判,而在于如何有效地组织学生评教。

了解学生对教学质量的意见有多种方式,比如,可以召开学生座谈会、进行问卷调查、请学生在网上给教师打分。但不论采取何种方式,都必须考虑从哪些方面去考察教学质量。如果把领导评价、同行评价所采用的评价指标原封不动地给学生,那显然超出了学生的能力所及,是不合适的。因此,要根据学生的实际情况进行必要的调整。我们认为,对学生的反馈意见应着重考察四个方面:① 满意度。

① L. M. Aleamoli, Student Rating of Instruction, in Millman, J. (ed.), Handbook of Teacher Education, 1981.

即考察学生对教师工作的总体感受,学生是否感到满意,满意度有多高。② 工作态度。即了解教师在工作中是否认真负责,对待学生是否亲切友善,是否注重教学民主。③ 教学方法。看教师的教学方法是否适合学生,能否调动学生的学习积极性。④ 教学效果。从学生的角度,评价教师的工作给予了学生多少收获。[①]

(二)深入地进行教学质量分析

通过检测,可以把握教学质量的现状,将这一现状与预先设定的教学质量标准进行对照,就能看出其中的差异。教学质量的分析就是要找到这种差异,并且进一步诊断其原因,为后续的改进措施做好准备。在这方面,石川馨提出的鱼骨图是一种有用的技术方法。(见图 10-2)

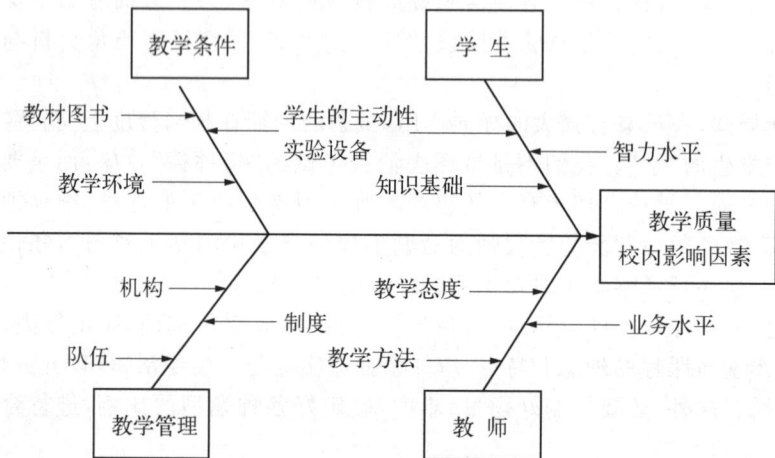

图 10-2 鱼骨图

鱼骨图的运用是一个"先发散后收敛"的过程,但无论是在鱼骨图的绘制过程中还是在绘图完成后的原因归结时,都应当有教师的积极参与。在绘图阶段,通常可以采用头脑风暴法,让教师畅所欲言,把各种可能的因素都找出来。在归因阶段,也应多倾听教师的意见,因为他们对于制约教学质量的原因往往有着最直接的感受。

事实上,鱼骨图不仅可以用来诊断整个学校的教学质量问题,而且可以用在对某一门学科、某一个班级的质量诊断上。比如,可以将学生的失分分为态度、习惯、方法和知识等四大原因,并可作进一步的分解:① 态度:是不是自我压力过大,心理上不能承受,产生紧张情绪,加重思想上的负担,导致出错;是不是因为试题超出能力范围,产生消极情绪;是不是因为试题简易,产生轻视态度……② 习惯:是不是验收试卷不认真,匆忙作答;是不是分配时间不适当,书写潦草,以致失分;是不是阅读题面不仔细,以致定势思维;是不是不遵循答题规范程序,懒打草稿,答非所

---

① 郭继东.试论360°评价法在教师评价中的应用[J].当代教育论坛.2004(12).

问,完成后不仔细检查……③ 方法：是不是应用不够自如；是不是思考不严密不完整；是不是理解不透彻……④ 知识：是不是记忆不准确；是不是概念混淆或不清；是不是公式没掌握……

(三)加强学校管理者的听课

听课是一种具有现场知觉性的重要手段,是学校管理者了解教师、了解学生、了解教学进展情况最直接、最具体、最有效的方法。苏霍姆林斯基说得好："经验使我深信,听课和分析课——这是校长最重要的工作,经常听课的校长才真正了解学校的情况,如果偶然想起来才去听几节课,老是忙于开会和操心其他事务,使他走不进教室,不接触教师和学生,那么开会等等的事,就一钱不值。"①

1. 明确听课目的

学校管理者的听课因目的不同,一般可划分为了解性听课、指导性听课、研究性听课和总结性听课。如果为了全面地、广泛地了解教学情况,听课面就要广泛;如果为了指导教学改革,就要有重点地听教改实验课,再与平行班进行比较分析;如果为了研究怎样避免某个年级大面积掉队的问题,就要坚持听这个年级各门学科的课;如果为了总结经验,就要确定重点,跟踪听课。除了一般性听课外,校领导听课时最好邀请教研组长和教学经验丰富的教师一同参加。

听课的目的不同,听课的时间频率、关注重点、技术手段、信息反馈等均有所区别。因此,只有明确了听课的目的,才能做好事先的各种安排,从而使听课更有效。当然,校长要全面、深入地把握学校的教学情况,就要适当采用不同目的的听课。

2. 做好听课计划

校领导的工作千头万绪,要使听课落到实处就必须订一个听课计划。如开学初、学期中、学期末准备听什么课,重点研究、解决什么问题,推动哪些方面的教学改革,都应当作出计划。然后再根据教学实际情况,按月、按周地具体安排。安排要到位,要做到定听课时间、定听课对象、定听课内容,以避免听课活动流于形式。

目前,学校管理者听课的随意性较大,这种状况不利于提高听课的实效性,对教学质量的改进作用有限。苏霍姆林斯基在这方面为每一位校长作出了表率,他始终坚持每天听 2 节课,一年听课 450—480 节,并且在不同的时期有不同的重点。

3. 提高听课质量

学校管理者在听课前要做好充分的准备,要认真研究学科课程标准和教材,对听课的教学内容要有深入、系统的了解。同时要了解任课教师及上课班级学生的情况,要了解教师的教学思路与教学设计,还要了解学生的学习基础和对本学科的兴趣、学习方法。根据需要,校领导可事先邀请教研组长及有关教师共同听课。

听课一般要事先通知任课教师,向教师说明听课的目的,并了解教师本节课的

---

① ［苏］苏霍姆林斯基.和青年校长的谈话［M］.赵玮等译.上海：上海教育出版社,1983：207.

安排和上一节课的情况。通知教师听课的时间最好要提前一两天,以避免教师心理紧张。如果属于指导性、研究性、总结性听课,可与主讲教师共同备课。

校领导听课应当在上课前进入教室,座位安排以有利于观察师生上课情况、不影响师生教学活动为准则。听课时精神要集中,观察要全面、细致,记录要准确。在听课过程中,听课人之间不要交换意见,不要作手势,以免干扰教学工作的进行,影响教师上课的情绪。

校领导听课要记听课笔记。笔记主要记录教学进展情况,重点记录教师的讲课思路、教学目标落实情况,还要记录自己听课时的想法或者疑问。听课后要及时把听课笔记整理、归纳,提出听课的意见,作出评价,防止因时间过长导致淡忘,难以进行具体分析。

对于自己不懂的学科,要向与自己一同听课的教研组长或有经验的教师请教。校领导听课后一般不要急于马上和任课教师交换意见,最好连续听几节课后再与教师交换意见。因为任课教师有可能上成功一节课,也有可能上砸一节课。正如苏霍姆林斯基所说:如果每学期没有听足每个教师 15 节至 20 节的课,那么,我对这个教师的工作就没有发言权。

课后练习

1. 有人主张把企业管理中的全面质量管理引入教学管理领域,你是否赞同?说说你的理由。

2. 全面质量管理关注教学质量的整个形成过程,要求前面的工作将后续的工作视为"顾客",后续的工作将前面的工作当作"供应商"。请按照步骤,逐一完成以下几项任务:

列出你的"内部顾客"(即那些期望你为他们制造产品的人,特别是那些依靠你的生产才能有效开展自己工作的人们)。选择一个或多个"顾客",列出他们期望你提供的较重要的产品,按照其重要性的顺序,写出你认为顾客判断你产品质量的标准(如准时、内容、介绍)。和你的"顾客"讨论你的调查结果,并讨论你达到和超越其期望的程度。

同样,列出你的内部"供应商"(即那些为你提供产品、你只有依靠他们才能更有效工作的人们)。选择一个或多个"供应商",列出你期望他们提供的产品及你判断其产品的标准。和你的"供应商"讨论你的结论。

选择一个你主要负责的过程(如建立部门的预算),一个你参与的过程(如组织家长晚会,准备课程表)。对发生的过程进行描述,列出上次过程开展时遇到的问题,修正过程以减少或消除这些问题。然后思考一下,你如何确保修正后的过程被执行。

第十一章
德育管理

道德普遍地被认为是人类的最高目的，因此也是教育的最高目的。

——Johann Friedrich Herbart

情景导入

2009 年 9 月 23 日，广东省禅城实验高中高三(5)班的 32 名女生被该校门卫挡在门外，作"停学"处理，原因是她们拒绝剪掉长发。当天上午，学校检查学生仪容，其中一项是头发长度。一名被停学的女生说，头发太长的学生被校方强制放假，直到剪短头发才能返校上课。"我们是音乐班的学生，因为马上就要面临考试，学姐说在面试的时候长发会在仪表分上占优势，因此我们拒绝剪发。"一名女生表示。当日中午，学校与拒绝剪发的 32 名女生谈话，并给她们三个选择："剪头发、退学和停学。"而所有学生的回答都约好为："不剪发、不退学。"鉴于此，学校在当天下午强制要求这 32 名女生离校。禅城实验高中一廖姓副校长表示，学生的仪容规定是从去年 3 月开始实行的，通知早已发出。昨天早上，开始由老师和班干部进行检查，发型不合格要修剪完后才能继续上课。当天与这 32 名女生沟通无果，才作出处理。[①]

"剪发风波"带有一定的普遍性。在新的时代，面对新一代的学生，学校的德育和德育管理面临着前所未有的挑战。如何妥善地处理此类事件，考验着学校和教师的智慧。

第一节 德育管理的含义、作用与内容

一、德育管理的含义与特点

所谓德育管理，是指德育管理者运用一定的方法和手段，充分发挥人、财、物、时、空、信息的作用，协调好各方面的关系，有效地组织德育工作，以实现德育目标

---

① 许苏,李霞.教育领导案例及评析[M].北京：北京大学出版社,2010：158.

的活动过程。^① 德育管理是学校管理中至关重要的组成部分,学校管理者有责任引领各方人员协调努力,提高德育的实效性,为学生的幸福人生奠定基础。

德育管理既有与其他管理相类似的方面,也有其独特之处。有研究人员将德育管理的特点归纳如下:^②

其一,政治方向性。德育管理源于德育的内在要求,德育的政治方向性规定了德育管理必须坚持正确的政治方向,这是它最鲜明的特点。当然,德育管理的政治方向性并非空泛虚无的,它要落实在确立德育指导思想、制订德育计划、确定德育目标、选择德育内容、评价德育效果等方面。

其二,系统交融性。学校德育管理不可能通过某一个组织或某一个人来单独进行,而必须协同学校各级管理组织和社会各方面力量来共同完成。学校参与德育管理的党、政、工、青等各级组织按其分工各自具有不同的德育管理职责,同时,他们又兼有其他职责,构成其他系统的某个部分。

其三,人文协调性。德育管理协调的对象主要是人及其组织;协调的手段主要靠党和国家的政策、决议,靠教育、激励、约束、评价等思想、理论、规律、情感等人文力量;协调的效果主要表现为增强德育工作者的积极性以及德育的有序性和有效性,并最终表现为学生思想道德素质的提高,而不是非人文的物质产品。

其四,组织开放性。学校德育管理并非仅仅管理学生在校的表现,不能仅仅依赖校内的组织机构。这就意味着德育管理要注重科学合理地配置校内外一切德育资源,调动一切积极因素,壮大德育力量,形成德育合力,增强德育管理的有效性。

二、德育管理的作用

德育工作需要把各种影响因素有机地结合起来,形成一股合力去共同实现育人的目标,这就离不开德育管理的介入。从某种意义上说,有德育就必然要有德育管理。

(一) 摆正德育工作的位置

德育是中小学素质教育的重要组成部分,对青少年的健康成长和学校工作起着导向、动力和保证的作用。然而在办学实践中,德育"说起来重要,做起来次要,忙起来不要"的现象依然存在。这一现象告诫学校管理者:如果轻视或忽视德育管理,德育工作的时间与空间就有可能被挤占,德育的重要地位也就难以真正得到落实。

强调确保德育的重要地位,并不等于说其他就不重要。学校管理必须德育、智育、体育、美育等一起抓,因为它们原本就是一个不可分割的有机整体。在智育、体育、美育中蕴涵着德育的因素,因而除了通过德育过程加以实施外,德育还可通过智育、体育、美育等来实现。而有效的德育,也会对智育、体育、美育产生积极的推

① 关鸿羽.现代中小学教育管理理论与实践[M].北京:教育科学出版社,2003:52.
② 赵志军.德育管理论[D].长春:东北师范大学博士学位论文.2005:15—17.

动作用。这就要求学校管理者通过德育管理,协调好德育与智育、体育、美育等的关系,努力形成德育、智育、体育、美育等的和谐发展、相互促进的局面。

(二) 协调德育工作的各种因素

德育的实施涉及学校党组织、行政和教导处、总务处以及年级组、教研组、班主任、科任教师等各部门、组织和人员,涉及课堂教学、课外活动、社会实践等多种途径,涉及人、财、物等各种资源的配置与使用。这决定了只有通过科学有效的德育管理,才能将参与德育活动的各个部门、各级组织、各类人员以及各种德育活动有序地组织到一起,使它们在各自合适的位置上充分体现其价值,更好地发挥德育工作的整体功效。

在德育工作的各种因素中,人的因素无疑是至关重要的,德育的成效最终取决于从事德育工作的人——德育工作者。因此,一方面,德育管理必须根据德育目标的要求,对德育工作者的行为实行必要的监督和限制;另一方面,要不断鼓励、支持与强化德育工作者正确的意识与行为,充分激发他们的积极性、主动性和创造性。

(三) 完善德育工作的功能

德育,具有灌输、塑造、矫正、激励、引导、关怀、服务、保证等多方面的功能。要让这些功能有效地发挥作用,必须靠理论来指导、靠制度来规范、靠组织来协调、靠监督来制约。[①] 这些功能之间如何平衡,需要依仗管理活动来加以调控。忽视德育管理,难免会出现重灌输轻引导、重矫正轻关怀、重激励轻服务的倾向,或者是产生朝另一面"一边倒"的现象。

在现实中,我们常能看到:有的教师对学生一味地管束,控制过严;有的教师则给了学生过度的自由,甚至一再迁就。事实上,这两种方式都是不利于学生健康成长的。因此,学校管理者有责任帮助教师全面理解德育的内涵,根据实际情况随时进行调节,让德育的功能得到完美的呈现。

三、德育管理的主要内容

德育管理的基本目标是:根据青少年的心理特点和德育规律,加强对德育工作的组织领导,调动一切积极因素,使它们形成强大的合力,以有效地推进德育进程,不断提高德育工作的效能。这就决定了德育管理所包含的内容相当广泛,如德育的思想管理、组织管理、人员管理、财物管理、信息管理等,在此我们择要对其进行分析。

(一) 德育思想管理

德育思想管理就是要提高全体教育者对德育和德育管理的认识,帮助他们树立正确的德育工作观,激发其从事德育工作的热情,提高其德育管理行为的科学化

---

① 赵志军.德育管理:价值、作用、地位[J].现代教育科学,2006(1).

程度,从而增进德育管理的质量与效率。

当前,学校领导应着重引导教育者确立如下德育工作观:① 德育核心地位观。充分认识德育在素质教育中的核心地位,增强德育工作者的使命感和责任感。② 学生主体观。屏弃不顾学生实际、单向灌输的传统德育观念,确认学生的主体地位,研究学生的特点,鼓励学生进行自我教育和自我管理。③ 系统整体观。通盘考虑涉及德育管理的各种因素,注意各个部门、人员、活动之间的衔接与联系,努力发挥整体效应。④ 全员参与观。要形成"人人都是德育工作者"的意识,政治课教师、少先队辅导员、共青团书记、班主任等是德育管理的主力军,其他科任教师、职工等也应积极配合学校的德育管理工作。⑤ 开放互动观。消除试图将学校封闭起来的陈旧观念,认清社会与家庭对学校德育及德育管理的影响,在坚持学校主导地位的同时,注意发挥社会各界和学生家长的作用。

为此,学校管理者要倡导理论学习之风,通过邀请专家讲课、自学有关书籍等途径,让教师了解现代德育的基本理念。学校管理者应鼓励教师及时进行工作反思,总结工作中的得失。尤其是对未能达到预期目标的情况,应要求教师认真剖析其中的原因,并反省自身的德育观念是否存在偏差。通过工作反思,可以促使教师更为自觉地形成科学的德育观。学校管理者自身要高度重视德育思想管理,经常性地开展这方面的专题研究,分析教职员工德育思想的基本状况,找出其中的普遍性问题,通过会议、培训等途径加以解决。

(二) 德育组织管理

所谓德育组织管理,就是指建立必要的德育管理机构,形成完善的组织系统,制订行之有效的管理程序。

在纵向的层级上,德育管理组织的设置有二级制和三级制之分。前者是在校长领导下,设立校级德育管理职能机构——教导处或政教处,班级作为学校德育工作的基层单位,构成校、班二级德育管理系统。学校的共青团、少先队、学生会,隶属于党支部领导系统。教学班建立班委会、团支部、少先队中队等学生基层组织。三级制与二级制的区别在于:在校与班之间增设了年级组,统管本年级的德育工作,形成校、年级、班三级德育管理系统。通常,二级制适合年级数和班级数都较少的学校,而三级制则适合年级数和班级数都较多的学校。

在横向的部门中,德育管理组织的设置有教导合一制和教导分立制之别。前者是指在校长之下只设立教导处,作为校级德育管理职能机构。在这种模式中,教导处既管教学又管德育,既管教又管导,教和导合二为一。不过,在教导处教务工作和德育工作一般分别有专人负责,分工管理,只是分工不分家。教导分立制则是在校长之下分设教导处和德育处或政教处,前者管教学工作,后者管德育工作。一般来说,规模较小的学校常采用教导合一制,而规模较大的学校可实行教导分立制。①

近年来,德育管理组织设置中出现了一些新的变化,如不少学校都增设了心理

---

① 胡厚福.德育学原理[M].北京:北京师范大学出版社,1997:104.

咨询室,有的学校还建立学生管理处来协调德育工作。但无论具体的机构如何设置,都要使之成为相对独立、互相联系、彼此支持、相互制约的完整体系。

这一体系应当由以下一些子系统构成:① 指挥系统。其职能是制订学校德育计划和政策,指导工作实施,检查工作的进程和效果。② 协调系统。负责协调各部门在德育工作中的关系,制订德育工作制度和学生行为规范,运筹大型德育活动,联络校外德育公共关系,组织校内德育科研。③ 执行系统。其职能是按照学校计划开展集体的或个别的教育活动,并根据自身特点和需要独立工作。④ 支持系统。其功能是向学校德育提供各种形式的支持,通常包括领导机关支持系统、专家支持系统、家长支持系统和社会支持系统。⑤ 监督系统。这个系统的职能是检查督促德育工作的开展,提出改进建议,对德育工作开展评价。

(三) 德育制度管理

加强德育制度管理,有助于把德育工作中的科学方法、手段等加以总结概括,将它们系统化、规范化,使之成为所有德育工作者共同的行动准则,从而让德育及其管理工作更加科学、规范、有序。一般认为,学校应当建立以下一些德育管理的基本制度:

其一,岗位责任制度。学校的德育工作队伍由校长、教导处主任、年级组长、班主任、团委书记、少先队辅导员等人员组成,各人的工作岗位不同,工作范围、职责要求、岗位权限等也不相同。这就需要制订明确的岗位责任制度,以规范每个人的工作行为。

其二,检查评比制度。德育工作的进度如何,需要通过检查以及时地了解情况;德育工作的质量如何,需要通过评比以区分优劣高下。如果没有健全的检查评比制度,德育工作就会陷入放任自流的境地,各项工作的动态难以把握,德育的最终质量也就无从保障。

其三,奖惩制度。检查评比的结果应与奖惩措施挂钩,这样才有利于调动人们的工作积极性。在检查评比中居于先进行列的,要予以适度的奖赏与表彰;在检查评比中处于落后位置的,应给予一定的处罚。合理的奖惩制度,具有激励先进、鞭策后进的功效。

其四,协调制度。学校的德育工作需要学生家长和社会各界的支持与配合,因此,学校管理者要建立与完善德育的协调制度,通过家长委员会、社区教育委员会等机构加强与家庭、社会的沟通,使学校德育、家庭德育和社会德育协调一致。

其五,工作研究制度。德育和德育管理都是科学,把握其中的规律有助于工作的开展。因此,学校管理者应定期研究德育和德育管理的现状,分析德育工作面临的形势,剖析学生的思想动态,探讨改进德育和德育管理的具体方案。

(四) 德育渠道管理

德育目标的实现必须通过一定的渠道去完成,在德育工作中存在着众多的工作渠道,对这些渠道的开拓、完善、协调等活动即德育渠道管理。如何对各种德育渠道实施有效的管理,下文将开展探讨,此处不予赘述。

第二节　德育队伍建设

一、建设优秀的德育管理队伍

学校德育需要人人参与,但不等于不要专门的管理人员,强有力的德育管理团队有助于德育工作的组织与落实。

(一)选择合适的人员

政教主任、团委书记、大队辅导员是学校最主要的德育管理人员,如果找到了恰当的人选,他们就能协助校长工作,使学校的德育工作开展得有声有色。

不同的岗位对人的要求是有差异的。政教处是管理学生思想工作、组织学校各种德育活动的职能机构。作为学校政教处的负责人,政教主任理应具备独当一面的能力,能够领导好与德育工作相关的学校各个部门与各方人员。对于团委书记、大队辅导员,也有其特定的岗位要求。应当说,确定岗位要求是选好人员的第一步,它事实上提供了一把选人的尺子。

学校教职员工的个人特点各不相同,校长需要有一双慧眼,能够将最合适的人员挑选出来。一般而言,担任政教主任需要从事过班主任工作,因为这样的工作经历能够帮助其熟悉学校德育工作的常规和细节,有助于其给予下属必要的指点。当然最好当过年级组长,因为年级组长所练就的协调能力对做好政教主任工作是大有裨益的。而团委书记、大队辅导员的人选应当是年轻、开朗的,因为这样的人易于接受新事物,工作起来有热情,便于和学生交流。

在选拔德育管理人员时,德育理念是一个被忽视但又十分重要的因素。德育管理人员是校长德育思想的执行者,如果他们与校长的理念不合,就很难忠实、高效地完成校长交给的任务。即使他们工作态度认真、组织能力出色,也会因理念上的摩擦而使德育工作变得困难重重。人的理念往往是根深蒂固、难以改变的,因此,在选择德育管理人员时不能单一只看其学识和工作技能,还应考察其对学校培养目标的认同情况、与校长德育理念的契合程度。

(二)明确工作职责

在选定了合适的人员之后,需要明确其工作职责,这样便于德育管理人员开展工作,并且在工作中锻炼和提高自身的能力。政教主任、团委书记、大队辅导员的工作职责有相似的方面,也有各不相同的特点。在此,我们对政教主任的职责进行一些梳理,团委书记、大队辅导员可以此为参照:[①]

---

① 崔鹏.中学政教主任角色重建的研究[D].上海:华东师范大学硕士学位论文,2008:3.

第一，计划职责。根据学校的整体规划，提出德育工作的具体思路、重点和措施，负责制订学校的德育工作目标和计划；督促年级组、班主任制订各自的工作计划，以形成完善的计划体系。

第二，组织职责。主持召开班主任会议等例会，传达上级精神和要求，根据学校情况落实各项德育的常规工作；安排好各种教育活动、节日庆祝活动、社会实践活动和其他主题活动；构建大德育的网络，紧密依托社区和家庭，充分运用校外德育资源。沟通联络街道、未成年人办公室、派出所等，一起做好学生的校外教育和青少年保护工作；进行家庭教育指导，建立家长委员会，举办家长学校，召开家长会。

第三，协调职责。支持和协调团委、少先队、学生会工作的开展，发挥其育人作用；协调好各年级、班级之间的关系，使德育工作能够前后衔接、彼此促进、共同提高；与学校其他部门加强沟通，争取其他"条块"的理解、支持与配合，协同完成学校的德育工作。

第四，评价职责。深入教育教学第一线，了解真实情况，掌握学生的思想动态；主持、指导学生的思想品德考核和班主任的工作考核；开展班级、学生和班主任的评优工作。

第五，指导职责。通过多种方式和渠道，对教师、班主任、年级组长、大队辅导员、团委书记的工作给予指导；根据学校的德育目标和学生的特点，开展对德育工作者的校本培训。

第六，研究职责。了解学生需求，分析现代学生的特点，研究德育工作和德育管理的方法与途径，出台科学有效的规章制度；鼓励教师、班主任等各方人员开展德育科研活动，为他们参加课题申报、学术交流、参观考察等提供技术服务和相应的帮助；注意收集德育资料，进行科学的分析、整理与归档，及时总结学校德育工作的经验。

(三) 打造核心能力

德育工作的复杂性决定了对德育管理人员的要求是全方位的、高标准的。除了要具备作为教师的通用技能之外，德育管理人员还要有管理方面的专门技能，尤其要培育组织协调能力、提升凝聚合作能力、强化点拨指导能力，以便更好地履行自己的职责。

培育组织协调能力，需要做好以下几方面的工作：① 要知人善任。德育管理人员应了解德育工作队伍的状况，把握每个人的特点，将工作安排给最合适的人去完成。② 要加强反馈与沟通。德育管理人员必须随时了解各项工作的进展与成效，经常和其他部门进行情况通报，对工作中出现的问题、管理上发生的疏漏，应会同有关部门和人员进行协商，争取在第一时间解决。③ 要围绕目标进行组织协调。在工作过程中进行适度的调整是应当的，但是，调整只有在必要的情况下才能进行，并且必须要围绕着德育工作的目标来展开。人、财、物的重新调配应有利于目标的达成，否则就会破坏德育的连续性，对正常的工作秩序造成破坏。

要提升凝聚合作能力，一方面得从目标的一致性入手。目标，是凝聚人心、加强合作最有力、最牢固的因素。德育管理人员在制订德育工作目标与计划时，要避免个人"单干式"的闭门造车，应虚心倾听各方的意见，将合理的建议融入到具体的目标中去，以提高师生员工对目标的认同度。另一方面，可从感情联络上着手。政教主任、团委书记、大队辅导员都不应摆出高高在上的架势，要实行"走动式"管理，关心师生员工的学习、工作与生活，帮助他们解决后顾之忧，拉近彼此的情感距离。

德育管理人员不可能，也不必要事事亲力亲为，大量的工作是委派给教师和学生去完成的，但这并不意味着德育管理人员就可以高枕无忧了。管理人员应当时时关注下属的工作，当他们遭遇难题时要及时给予指点，做到既不包办代替，又不放任不管，在工作中锻炼和提高下属的能力。

二、培育专业化的班主任队伍

班主任是班级学生的直接组织者、管理者、领导者和教育者，与学生朝夕相处，对每一个学生的品德形成、情操陶冶、素质提高，以及班风学风的养成，都具有举足轻重的地位和作用。可以说，加强班主任队伍建设是德育队伍建设的重中之重。

（一）明确专业素养，健全选聘制度

教师是专业人员的观念已为大家所接受，但班主任专业化的理念却尚未获得充分的认同，这使得学校管理者往往以"工作认真负责"为选择班主任的首要乃至唯一标准，试图用班主任把学生"管住"。事实证明，过多的管束与控制只能造成师生之间的对立，仅靠踏实负责的工作作风是做不好班主任工作的。2006 年，教育部颁布了《关于进一步加强中小学班主任工作的意见》，明确指出班主任岗位是具有较高素质和人格要求的重要专业性岗位。

要造就一支专业化的班主任队伍，首先要明确班主任的专业素养要求。我国的理论工作者提出了班主任胜任力的十大因素：① 育人能力，包括进行思想品德教育的能力，指导学生的学习、人际活动的能力，全面了解学生、培养学生的兴趣和爱好的能力等。② 心理辅导能力，包含观察力、沟通力、换位思考的能力、理解学生与掌握学生心理状况的能力等。③ 职业道德，可细分为处事公正、工作扎实、坚守岗位、有社会公德等品质。④ 情感，涵盖批评艺术、真诚、尊重学生、帮助特殊学生、热爱工作等要素。⑤ 知识结构，包含教育学知识、心理学知识和经验性知识。⑥ 成就动机，包括超越自我、自信和奉献精神，有创新性。⑦ 人际关系，包括善于与社会、家长沟通，有亲和力，能与学生良好互动。⑧ 自我监控能力，包括自我反省、解决问题、调节能力、计划能力、理性思维、自我评价、思路清晰等方面。⑨ 教学能力，包含能够运用专业知识，有灵活性，口头语言和书面表达清晰。⑩ 班级管理技能，包括协调性、预见性，具有团体合作意识，乐于听取他人意见，具有组织能力等。①

① 王英,敖洪,王蓓蓓.班主任的十个胜任力因素[J].班主任.2007(2).

选聘制度是从源头上保证了班主任队伍的质量,学校可以考虑逐步实行班主任任职资格制度,以提高班主任岗位的准入门槛。有人设想,班主任任职资格应由班主任工作达到一定年限(三至五年)以上的教师本人提出申请,经学校考核、推荐,由上级教育行政部门统一认证、管理。对于工作不满三年的青年教师,经培训、考核合格后,应安排担任见习班主任;对经过实践锻炼、成长较快的青年教师,见习期满、取得班主任任职资格后可优先安排担任班主任。[①] 此外,应当逐步推行班主任竞争上岗制度,以形成班主任队伍的优胜劣汰机制。班主任的选聘工作要在学校统一领导下,采取组织推荐和公开招聘相结合的方式进行,在保证数量的基础上,不断优化结构,以提高班主任的工作能力与水平。

(二)加强校本培训,改进评价工作

选聘到合适的人员只是确保了班主任队伍的起点水准,如果培训措施跟不上,班主任队伍的质量就会随着时间和形势的改变而下滑。因此,学校管理者必须重视培训,以不断提升班主任的工作技能。

1. 增强培训的针对性

培训理当按需进行,然而,现实中的班主任培训往往忽视了这一点,尤其是不太重视班主任自身的实际需求,习惯于从管理者的角度来设计培训的内容与形式。这种局面不改变,必然影响培训的效果。为此,管理者可以通过调查问卷、座谈会等途径把握班主任的培训需求,力求做到按需培训。比如,有研究表明,班主任感到最急迫需要提高的能力包括处理应急事件的能力、对学生进行心理辅导的能力、管理班级的能力和人际交往的能力。掌握了这些信息以后,学校管理者就可以有针对性地设计培训方案了。

班主任培训不能"一刀切",学校管理者要提供多样化的班主任培训模式,给班主任充分的自由选择权。在这方面,东营市利津县北宋镇第三中学进行了积极的探索,形成了"综合+菜单自选"、"自定义专题讲座+研讨"、"同课异案展示+答辩式点评"和"班主任自助培训计划"等多种模式。[②]

2. 发挥评价的发展功能

目前,各个学校的班主任评价指标各有不同,但框架基本上是一致的,通常包括班主任素质(主要评价班主任工作的资格、条件等)、班主任工作过程(主要评价班主任履行岗位职责的情况)、工作绩效(主要评价班主任的工作效果、效率等)等内容。[③] 必须看到,这是典型的常规工作评价,存在以简单的班主任考评指标取代班主任专业成长评价的倾向。

常规工作评价的目的更多的是作为班主任的奖惩依据,较多地关注班主任的管理到岗到位,究其实质还是一种工作考核,不能全面考察班主任的专业发展程

① 黄静华.中小学育德新论[M].上海:上海三联书店,2008:81.
② 武俊秋,李志欣.探索校本化班主任培训 促进班主任专业化发展[J].中小学教师培训.2007(3).
③ 傅桂花.构建促进班主任专业发展评价指标体系的初探[J].中国科教创新导刊.2007(16).

度,更谈不上发挥在班主任专业发展方面的引领作用。它不仅不能满足班主任在专业发展上的诉求,甚至会产生一定的误导,使一些班主任满足于完成考核中的量化指标,陷于繁忙的事务性应付中,满足于做"班级摆平者"。为此,有研究人员提出了班主任专业发展评价指标体系的初步构想。

班主任评价的改革不仅要在指标体系上做文章,而且应该在评价方法上寻求突破。档案袋评价法是一种近年来发展起来的评价方法,它通过系统地选择、收集被评价对象的一些文本材料和实践记录,展示被评价对象在一段时间内的发展状况。一般认为,建立档案袋具有多种功能:可以记录教师的成长过程、促进教师自我反思、有利于同事之间相互借鉴和取长补短,以及为其他评价提供依据等。

案例 11-1　某校的网上班主任成长档案

每位班主任都有一个类似博客的网上个人空间,包括以下一些栏目:① 个人简介,包括班主任的照片、工作信条、个人规划以及带班经历。在这里,班主任可以全方位地展示个人的风采和魅力,也通过班主任工作信条和个人规划的制订,推动了班主任专业化的发展。② 日常事务,主要是班主任记载的一些日常班级事务。比如,班级状况分析、班级各项规章制度、班主任每学期计划和小结等。③ 工作随记,这是一种类似博客的日志。班主任在此及时记载他们平时管理班级所遇到的事情,以及自己的处理方式,为以后的班主任案例写作积累素材。④ 个人探究,主要是为班主任论文提供一个资料储藏的空间。⑤ 交流平台,是为班主任、家长和学生提供的一个相互沟通的渠道。⑥ 评价指导,是年级组长、学生处主任等德育管理人员与班主任沟通的一个空间,也是管理人员对班主任进行个性化评价的一个平台。

三、建立强有力的校外德育队伍

在现代社会,一方面校外因素对学生的影响日益明显,另一方面校外也蕴涵着丰富的德育资源,因此,建立强有力的校外德育队伍,可以充分借助外力来培养学生。

(一) 努力形成思想共识

不同于校内的教职员工,学生家长、社会各界与学校之间不存在隶属关系,维系彼此关系更主要的是依靠共同的理念与目标,因此,相互之间达成一定的思想共识就显得尤为重要。为使校外德育队伍能够顺利组建,并且发挥积极作用,校方和外界应当形成彼此需要的观念、开放接纳的观念和分层参与的观念。

毋庸讳言,在一些家长和社会人士的头脑中,往往将教育完全视为学校单方面的事情,把孩子交给学校,自己就撒手不管了。针对这种情况,学校管理者应当利用各种机会阐述"教育是全社会的共同责任"的观点,积极争取家长和社会各界对学校德育工作的理解与支持。在校内,对于校外德育力量的介入往往存在着矛盾的心态。一方面,意识到了没有外界的配合,学校德育很难真正奏效;另一方面,又对外界的参与采取有限开放的态度,只希望家长和社会各界扮演配角,提供资源,而不愿意让他们更多地"干预"自己的工作。正如比蒂(N. M. Beattie)所言:学校在本质上是封闭的官僚体制,它具有对外部介入包括家长介入的固有抵制。[①] 这就要求学校管理者自我更新观念,并且做好教师的思想工作,以开放接纳的心态和平等协商的姿态来对待校外人士,视他们为重要的依靠力量和不可或缺的合作伙伴。当然,学校需要广泛地吸纳校外人员参与德育工作,但参与的程度应当有所不同。

(二)积极探索多种途径

在我国,家长委员会是最主要的参与学校德育工作的组织机构,家长委员会的成员是最核心的校外德育队伍。学校应当构建三级组织机构:在班级层面上,家长可以与班主任就学生的思想动态进行信息互通,共同探讨对个体学生的教育问题;在年级层面上,家长代表应着眼于对该年级学生特点的分析,寻求可以提供的帮助;在学校层面上,家长委员会需要掌握全校德育工作及其管理的状态,与校方会商德育工作的思路与目标,为学校德育工作的顺利开展创造人、财、物等方面的便利条件,并且引导其他家长协助学校工作。

近年来,一些学校正在试行"学生成长助教团"、教育议事会制度等,开拓了社会参与学校德育的路径。所谓"学生成长助教团",是指学校根据动态生成的德育及课程要求,有计划地聘请一批热心教育事业、有一定助教能力的家长及社会各界人士,与教师共同制订教育方案,从而协助教师做好教育教学工作,帮助学生实现自我教育,使学生在学校教育、家庭教育和社会教育的合力下健康成长的一个相对稳定的组织。学校借助"学生成长助教团"的力量,可以开辟点多面广的助教"基地",形成系列化的助教网络,为学生的自主发展提供平台。比如,学校与企业合作建立"学生社会实践基地"助教系列;与爱国主义教育基地共建"德育基地"助教系列;与福利院等结成"青年志愿者活动基地"系列;与疾控中心形成"学生健康成长基地"系列。[②] 学生利用寒暑假、节假日及学校组织活动日,去参观、调查、交流、研究,在被助中自助,在自助中助人。"学生成长助教团"主要为学校德育提供了辅助性的服务,而"教育议事会"则更深地介入了学校德育及其管理。

(三)加强对家长的引导

家长的道德水准、文化修养对学生的成长具有重要作用,尤其是在学生品性的形成方面更是影响深远。从某种意义上讲,家长的参与是提高学校德育有效性的

① 国际教育百科全书·第 5 卷[Z].贵阳:贵州教育出版社,1991:163.
② 浙江省象山县教育局.学生成长助教团:让社会参与教育,让教育走向社会[EB/OL].www. sxedu. net. cn/zhuanti/weichengnian/jiaoliu,2011 – 11 – 12.

关键所在。然而,由于种种原因,一些家长在教育理念与方法上与学校不相协调,以致出现了"5+2=0"的现象①。为此,学校不妨通过家长学校等途径加强对家长的引导,使他们成为学校德育工作可以依靠的力量。

家长学校应通过多样化的活动向家长传授家教知识,比如,① 角色扮演式:教师授课时应用的集体案例,可以请家长与教师一起扮演角色,进行表演;② 经验回顾式:引导家长回顾已往的生活经验和体验,或让学生、家长、教师一起倾听做得较好的家长的典型发言,交流家教经验,针对存在的问题进行重点研讨;③ 小组讨论式:围绕一些难点、重点问题,以小组为单位进行讨论,然后分正方、反方进行辩论;④ 专家咨询式:建立家长接待日制度,设立专门的专家接待时间,或面谈,或电话交流,或书面往来;⑤ 亲子对话式:由学生给家长上课,或组织学生与家长对话。

第三节　拓展德育工作渠道

一、加强德育课程与学科德育的探索

德育课程和各科教学是德育工作的主渠道,通过专门的课程和对教材教育性内涵的开掘,德育的内容能够潜入学生的心灵,达到德育的目的。

(一)改革德育课程

品德与生活、品德与社会、思想品德等属于专门的德育课程,是对学生进行德育的基本途径。然而,一些调查发现,德育课程的受欢迎程度不高,实效性不佳,因而德育课程改革势在必行,学校管理者要加强对德育课程的管理。

首先,学校管理者要按编制配足专职教师,按课程计划开足德育课程。在现实中,我们不难发现这样的现象:德育课程常常会被其他"主课"所挤占;有些德育课程的教师是因为其他课程上不好转岗而来的。没有专业的师资、缺乏课时的保障,德育课程的效果也就可想而知了。

其次,学校管理者应鼓励教师改革德育的课堂教学。德育课程之所以得不到学生的青睐,与教学目标的成人化、教学内容的空泛化、教学过程的刻板化、教学方法的灌输化倾向有关。因此,德育课程的专任教师应努力让课堂教学贴近学生的生活,力求做到:有的放矢,使教学目标"生活化";精心整理,使教学内容"生活化";再现生活,使教学过程"生活化";灵活运用,使教学方法"生活化"。②

最后,学校管理者要组织教师进行德育课程的评价变革。传统的德育课程评价与其他学科课程评价一样,基本上是对知识点的考查。然而,德育不只是"知不

---

① 5天学校教育的效果被2天家庭教育所抵消。
② 高飞.试论新课程理念下高中思想政治课的生活化教学[J].大连:辽宁师范大学硕士学位论文,2010:16—23.

知"的问题,更重要的是"信不信"、"愿不愿"、"行不行"的问题。简单地套用检测智育的方式来测评德育,显然有悖于德育的特点与规律。为此,必须在评价手段上寻求突破,使德育真正具有实效。

(二)研究学科德育的切入点

在中小学,除了思想政治课等专门的德育课程以外,其他学科的教学也是德育的重要途径。正如赫尔巴特所言,教学如果没有进行道德教育,就只是一种没有目的的手段;道德教育如果没有教学,就只是一种失去手段的目的。各科教材的内容、教学过程的组织、教学方法的运用、教师自身的人格修养等,都蕴含着德育的因素,具有潜移默化的影响力。因此,学校管理者应当有意识地引导教师去研究学科德育的切入点。

学科德育并不是学科知识和德育内容的简单叠加,而是需要认真探索其操作途径与方式。天津市第二十五中学的学科德育研究经历了三个发展阶段:从确定课堂教学是德育的主渠道起步,经历了寻求课堂教学中德育与智育结合点的阶段,直至探索、构架学科德育理论和实践体系。学校形成了《学科德育目标体系》、《学科德育实施方法》、《学科德育操作规程》、《学科德育评价体系》等系列化的成果,取得了显著的教育效果。

当然,搞好学科德育关键还要靠教师去找准切入点。有的语文教师对高中教材中的"德育点"作了梳理:① 热爱祖国,有强烈的民族自豪感。教材中选编了部分古典诗词曲作品,以及介绍中国古典建筑、园林的课文,如《中国古代建筑格局》、《中国园林与中国山水画》等,都集中反映了中国悠久的历史文化,这些艺术瑰宝是中华民族勤劳、智慧的结晶。② 继承中华民族勇敢地与外来侵略者及一切反动派不屈不挠作斗争的优良传统,维护民族主权的独立性,保障人民自由和平的生活。课文《荷花淀》、《赵一曼女士》等,表现了抗日战士顽强的斗争精神与钢铁般的意志,以及全民皆兵、同仇敌忾的抗日激情。鲁迅先生的一系列作品,如《药》、《祝福》、《〈呐喊〉自序》等,深刻地揭露了封建制度对广大劳动人民的摧残与毒害,表现了先生勇敢坚韧的斗争精神。③ 具有顽强拼搏,在困厄的环境中生存的崇高人格。课文《石缝间的生命》、《筏子》、《三峡船夫曲》和《老人与海》等都张扬了人的顽强拼搏精神与生命力,讴歌了高贵的人格尊严……①

(三)提升全体教师的育德能力

德育课程和学科德育都要靠教师去实施。育德行为是体现于育德活动中的教师行为,它指向于学生的德行、人格发展。这样的教师行为有自然的与人为的两个方面,前者指教师在对学生进行德行指导时自然体现出的良好的德行情操、健康心理、高尚情趣等;后者是教师基于特定学生对象的德行与人格发展水平、特征、面貌

---

① 徐志雄等.传承创新　以德育人[M].上海:开明出版社,2002:104—105.

而特意设计的,具有鲜明的教育性与针对性。① 这就意味着提升教师的育德能力必须双管齐下,一方面要提高教师的个人修养,另一方面要培养其育德的专项技能。

教师的个人修养会如影随形、春风化雨般地影响学生德行、人格的发展。古往今来,人们都十分注重教师个人修养对学生的积极影响。教师育德的个人修养,除传统所说的"良好师德"之外,提高政治理论水平、深化在不同德育环境中对学生德育要求的理解与认知是当务之急。教师的政治理论水平、对德育的独特理解与认知能让教师对学生的思想道德发展趋向有着敏锐的感知,并能及时作出正确的价值判断,以及进行正确的育德方式、方法的思考。从这个意义上说,教师的个人修养是动态、发展的,教师需要根据学生的发展需要与时代的发展需求不断"修炼内功"。

培养教师育德的专项技能,不妨从以下几个方面入手:① 对教材进行"深加工"。在设定知识目标的基础上,进一步开掘教材中的深层价值,将关涉人与自身、他人、自然、社会关系的价值的隐性内容显性化。当然,这种开掘应是合理而不牵强附会的。② 寻找学科与现实生活的结合点。学生往往对与现实生活结合紧密的学科内容充满兴趣,找准了结合点就能够吸引学生主动地进行实践体验、心理体验,理顺思想道德成长的外显与内化机制。③ 把握好学科德育的度。在教学中实施德育时要适度。如果力度不够,就难以达到理想的效果;但一旦过了度,又会把学科教学变成了思想品德课,其结果往往是学科教学和德育两边耽误。因此,教师要深刻把握学科性质和特点,充分发挥学科优势,在不断的实践探索中学会处理学科德育的尺度,做好"到位又不越位"。

二、推进德育活动的课程化

学校的德育活动长期存在着随意、零散、时效差等问题,严重制约着德育的成效;而学科教育则任务明确、组织有序、实施适切、检测可靠,有效地保证了教学质量。为此,有必要借鉴学科教育的经验,进行德育活动的课程化尝试。

(一)德育活动课程化的必要性

所谓德育活动课程化,是指将学校的德行教育按照课程来进行设计、组织、实施、评估的过程。我们认为,从狭义上理解,德育活动课程化并不包含学科德育,也不包括专门的德育课程(如政治课、班会课),而是专指以往未曾课程化的诸多德育活动。比如,各种社会实践活动,如军训、学农、社区服务、社会考察等;节庆仪式,如成人仪式、劳动节、国庆等活动;校园文化活动,如科技节、艺术节等。

德育活动课程化能够保证德育工作所需要的时间。在学校里,时间是一种极其宝贵的资源,因为学生的学习时间是固定不变、相对有限的,因而教师都竭尽全力为自己所教的学科多争取一点时间。在这种背景下,受到冲击和挤压的往往是

① 何晓文,蒋建国,魏国良.学校教师育德行为机制研究[M].上海:华东师范大学出版社,2008:7.

德育活动。只有将德育活动安排进课表，才有可能从根本上遏止对德育活动的时间侵占。

德育活动课程化是改进学校德育活动质量的需要。目前，许多学校都开展了多种多样的德育实践活动，但这些活动往往停留在自发的、随意的、即兴的课外活动层面，没有经过认真思考的实践目的，缺乏精心构思的计划安排和活动设计，考核评估缺失或者指标不科学。有些学校将德育活动简单地理解为一般的课外活动，没有从课程化的角度将实践教育因素整合起来，造成了德育活动的形式主义，影响了其实施效果。[①]

德育活动课程化是争取德育工作与教学工作同等地位的基本前提。必须承认，在现实中德育与教学的地位是不对等的，德育工作者（尤其是专职德育人员）往往会感到自己比学科教师矮一截，他们大多期望自己在学科方面有所发展而将德育作为一种附带性的工作，这种状态影响了德育的效果，使德育工作陷入了恶性循环。德育活动课程化为提升德育工作的专业品质奠定了基础，有助于帮助德育工作者建立专业自尊，从而使德育工作走向健康发展的轨道。

（二）德育活动课程化的实践策略

德育活动课程化，首先要做好整体规划。德育活动课程化应当是一种学校行为，学校要对课程化的目标、要求、进度、步骤等作出周密的安排。校长要为课程化提供人力、物力、财力、时间、信息等方面的保障，使经过转化的"德育课程"服务于学校的德育目标，形成覆盖全体学生、针对不同群体、内容分层有序、载体丰富多样、形式科学合理的课程体系。

例如，有的学校围绕学生深层思想、外显行为、服务社会三者的有机结合来实施德育活动的课程化，设置了以下几个课程板块：① 体验性的社会实践，内容包括军训、学农、社会调查、野外生存训练。② 操作性的社会活动，内容包括学生的自我管理（食堂管理、宿舍管理、班级管理等）、校园文化活动（艺术节、科技节、运动会、夏令营）的组织和参与、社团活动（共青团、学生会、文学社、戏剧团）的组织和参与，以及其他社会活动。③ 规范性的行为规范板块，内容包括行为规范教育（校、班会）、行为规范实施（实施细则、量化检查）、行为规范评价（文明班、先进班评比）。④ 实践性的社会服务，包括学雷锋服务队活动、社区服务活动（学校、家庭所在社区）、重大工程服务劳动、帮困助学活动（希望工程、社会慈善活动、赈灾、同学之间帮困）。

德育活动的课程化，不宜操之过急，应逐步推进。对于多数学校而言，德育活动的设计与组织早已是轻车熟路了，但要将这些活动转化为课程并不是一件轻而易举的事情。因此，学校管理者不要盲目地贪多求快，而应稳扎稳打、按部就班地有序推进，贯彻质量优先的原则，做到成熟一门推出一门。否则，不仅会影响课程化的质量，更有可能动摇相关各方对于德育活动课程化的信心。

---

① 张松德.课程化：学校德育实践活动的必然选择[J].学校党建与思想教育.2007(2).

学校要对各种德育活动进行盘点,将实践证明的学生喜闻乐见的活动筛选出来,然后根据不同的情况分步实行课程化。第一步,将已经显现出课程趋向或特点的德育活动实行就近转化,将其改造为具有课程外貌与特征的课程。第二步,将几项德育活动合并,重新拟订课程名称,实行合并转化。第三步,对某些德育活动重新考虑其目标、要求、内容等,冠之以课程名,进行顺势转化。

在德育活动课程化过程中,应加强评估,及时把握课程化的进展与效果,以便发现问题,总结经验。为此,可以从以下几个方面对课程化开展评估:① 适切性、主动性。这是就德育活动课程对象来说的,考察其是否适合特定的德育对象,以及对象是否积极主动参与。② 设计性、方案性。这是就德育活动课程本身来说的,观察德育活动课程是否见诸完整的课程设计方案、是否具备课程要素。③ 活动性、丰富性。这是就德育活动课程组织来说的,评定课程组织形式是否动化、活化、丰富化。④ 感悟性、体验性。这是就德育活动课程效验来说的,考核是否见诸主观陈说、客观表达,是否实现物化。⑤ 区别性。这是就德育活动课程间的可辨识、有个性来说的,看课程间是否易于区分、识别。①

学校管理者不仅要从总体上把握德育活动课程化的实施策略,而且要指导教师做好课程化的工作。通常,一门德育活动课程至少应当包括课程名称、课程目标、课程内容等部分。学校管理者可以通过树立典型、组织研讨、提供激励等措施,帮助教师的课程化工作顺利进行。

(三) 德育课程链的尝试

学生在思想品德方面的发展应当是知、情、意、行的和谐发展,但实际上知行脱节的现象普遍存在,这与学校的德育渠道本身互不对接有关。专设的德育课程主要解决的是学生"知"的问题,但由于缺乏后续的活动跟进,学生很难在这样的课堂教学中得到体验、有所感悟。而学校组织的各种德育活动因为没有与德育课程实现有效衔接,因而显得散乱,往往在"热闹"过后难以给学生认知上的触动。

为了促进学生知、情、意、行的和谐发展,就需要将这四个方面的培养途径衔接起来。学生的"知"主要通过课堂教学来实现,要想将"知"内化为"情"和"意",就需要开展各种活动,让学生参与;而要达到学生践行德育,则必须给学生实践的机会,即社区服务或社会实践。这就需要将课堂教学、社团活动和社会实践三个环节有机整合起来,帮助学生将外在的认知内化为自身情感,并外显为行为。

上海市大同中学运用德育课程链在这方面进行了尝试。德育课程链是指为了促进学生道德的知、情、意、行和谐统一发展,由教师开发的,以认知为前提、以活动为主线、以社会实践为辅助,将学科德育、社团活动和社会实践有机整合而形成的课程组合。② 由一名教师同时考虑课堂教学、社团活动和社会实践等三个部分,围绕着共同的目标、各有侧重地编制不同的课程开发方案,使之统筹兼顾、合理衔接,

---

① 何晓文.学校德育与德育课程研究[M].上海:华东师范大学出版社,2007:13.
② 邵清,王利敏.德育课程链的实践探索[J].现代基础教育研究.2011(1).

从而连续性、一体化地解决学生的知、情、意、行问题。

案例 11－2　德 育 课 程 链

　　针对一些学生自认为打扮很时尚但与学校要求相冲突的现象,美术教师萌生了开发"我的形象我设计"课程链的想法,目的在于帮助学生认识美,并建立适合自我身份的形象美。

　　当学生完成选科、确立好班级后,教师对学生进行形象设计能力倾向测试,将学生分成形象绘制师、创意总监、发型师和模特等不同的设计小组。在课堂教学中,教师主要呈现"形象的美和形象美的基本知识和技巧",并为社团活动和社会实践的开展奠定知识和技巧的基础。

　　在课堂教学的基础上,选择部分学生组建"完美形象1＋1"社团,由学生任社长,具体负责社团的活动。教师配合学生制订社团研究计划,展开更为广泛的形象设计活动,如未来的设计师、学生发型屋、生活中的形象小窍门等。

　　社会实践在目标上与课堂教学和社团活动相互衔接,在内容上是课堂教学和社团活动的进一步实践。在社团成员中选择部分学生组成志愿者服务队,以服务的形式到社区开展与形象设计相关的实践,如宣讲世博礼仪、解答居民在形象设计方面的困惑等。

三、重视网络德育建设

　　随着网络技术的迅猛发展,网络与德育的结合已成必然。网络世界在给学校德育带来冲击的同时,也提供了广阔的空间。因此,开展网络德育有助于开拓德育工作的渠道。

(一) 正确认识网络的作用

　　开展网络德育的基本前提,是正确认识网络的作用。当今社会网络发达,人们在网络中获取的信息和知识良莠不齐,而学生沉迷于网络的现象也屡见不鲜。因此,一些学校、教师和家长往往将网络看成洪水猛兽,欲将学生与网络隔绝。事实上,这是不可能实现的,其效果往往适得其反。因此,学校管理者应该引导各方正确看待网络,消除疑虑,合理运用网络解决学生的德育问题。

　　必须承认,对于学校德育工作而言,网络技术具有许多不可替代的优势:① 网络的开放性能够扩展学校德育的内容。学校的资源是有限的,而网络的信息是无限的。利用网络技术可以突破学校的时空限制,极大地增加学校德育工作的内容存量。② 网络的交互性能够改变传统德育的师生关系。在网络环境中,人们以平等的身份参与虚拟世界的交往活动,这就摆脱了传统德育中教师高高在上、以权威者的姿态向学生灌输思想的局面。③ 网络的形象性能够提高学校德育的效果。网络上有生动的文字、图象、声音等,这些媒体取代了原本教条、机械的说教。如

BBS、电子邮件、博客、视频和音频材料等，脱离了枯燥乏味的陈旧形式，有助于吸引学生的注意，提高他们的兴趣。

（二）构建合理的网络德育管理系统

网络德育涉及面广、技术性强，需要建立强大的管理系统。需要注意的是，开展网络德育并不是要另起炉灶，建设一套完全独立的网络德育系统。相反，应当注意利用已有的德育组织机构，实行与传统德育管理系统的有效对接。这样，一方面可以避免机构林立、管理成本上升，另一方面又有助于将网络德育纳入学校德育的总体构架，实现与既有德育体系的有机融合。一些学校建立了四级学校网络德育组织领导和管理体系，具有一定的借鉴价值（见表 11 - 1）。

表 11 - 1　网络德育管理系统①

层　级	职　　　责
第一层级	校领导：负责网络德育的整体规划、宏观调控
第二层级	德育处：分管班主任和校级网络管理员；校团委：分管学生会学习部；计算机教师：管理校园绿色网吧和校级网络管理员
第三层级	班主任：与德育处通过校园网互动、沟通，关注班级的网页和学生的动态；校级网络管理员：接受计算机教师的技术培训，维护网站，向德育处反馈重要信息，组织培训班级网络管理员；学生会学习部：管理网络俱乐部
第四层级	班主任的电子邮箱：向学生和家长开放电子邮箱，便于掌握学生的想法，了解家长对学校、班级、学生管理的建议；网络俱乐部：具体组织各种网络活动；班级网络管理员：管理班级档案，维护班级网页，管理班级电子邮箱，定期参加网络管理员例会，组织本班同学参加计算机操作技术培训和市、区、校组织的计算机竞赛

（三）开展多样化的网络德育活动

网络在本质上是一个技术平台，它本身并没有好坏对错之分，关键要看学校管理者能否利用好这一平台。事实上，学校和教师可以在网上开展丰富多彩的德育活动。

其一，开设网络德育课。目前，学校开设的计算机信息技术课程比较注重技术理论知识的传授，较少涉及网络道德问题，致使学生在网络领域基本处于"道德任意状态"。由于缺乏正确的引导，学生容易出现充当网络黑客、浏览不健康网站、发布不当言论、传播不实信息等道德问题，也会引发"网络成瘾症"、"网络孤独症"等心理问题。因此，通过网络德育课对学生进行"网德"教育是十分必要的。

其二，召开网上主题班会。成功的主题班会能够触动学生的心灵，引发学生的

---

①　整理自杨亚棠.天津市第五十七中学网络德育的实践与思考[J].天津：天津师范大学硕士学位论文.2006：8—9.

深层次道德思考,达到良好的教育效果。但是,在教室里主题班会采取的是师生面对面交流的形式,在"众目睽睽"之下,学生的真实想法未必能得到充分的表露。在网上开主题班会,则能够在一定程度上实现师生、生生思想的充分交流甚至碰撞,能够为学生搭建一个交换真知、表现真我、感悟真谛的平台。

其三,进行网上个别指导。网络给教师和学生提供了进行一对一、背对背沟通与交流的条件,便于教师对学生进行个别化的指导。尤其是当学生处于人生无法回避的过渡时期时,成长给他们带来了许多烦恼,他们需要向教师倾诉与求教,但往往羞于开口,而网络交流具有隐蔽性,在网络上学生会减少几分顾忌、增加几分坦诚,往往能卸下心理防备,与教师真诚沟通。当师生之间建立起一定的理解和信任之后,教师再以朋友的身份,在尊重、信任、保密的基础上进一步开展工作,提出自己的建议和意见,就能够帮助学生正确认识和解决成长中遇到的各种问题。

其四,建立网络版成长档案。成长档案能够呈现学生的成长历程,便于师生作出科学的评价。但是,纸质版的档案容量有限,不便保存,容易遗失、损毁,而网络版的成长档案则能够克服这些问题。在网络平台上建立成长档案,既可以有文字资料,也可以包含图片和照片资料,还能够储存动态的影音资料。其记录的数据涵盖了学生的成长过程和取得的阶段性成果,兼具电子档案袋和评价手册的功能。

四、引导学生进行自主管理

让学生学会自主管理是学校管理的重要追求目标,因为这达到了"管,是为了不管"的最高境界,而且也让学生在自主管理中受到教育。

(一) 自主管理具有重要的德育价值

学生思想品德的形成不仅受到教师、家长、社会等外部因素的影响,更受到其自身认识、态度、意志的制约。只有在学生积极主动地参与道德实践活动、深化道德体验的情况下,德育才能在这种内外结合、主动自觉的状态下达到理想的效果。

在今天,学校管理者应大胆放手让学生进行自我教育和管理,强化学生的主体意识和参与意识,引导他们在知、情、意、行方面实现自觉、自律、自强、自理。在认知方面,要引导学生自我观察、自我分析和自我评价,让学生认识自己,提高自我管理的自觉性。在情感方面,要引导学生自我体验、自我激励、自我肯定和自我否定,正确处理好自己与他人的关系。在意志品质方面,要引导学生自我监督、自我誓约、自我命令、自我控制,使自我和环境协调一致。在行为习惯方面,要引导学生自我计划、自我训练、自我检查、自我总结、自我修养和自我调节,实现自律化。

(二) 采取多种方法促进自主管理

学生的自我管理和参与管理,需要由学校和教师提供一定的途径、采取必要的方法、给予适度的指导。否则,就会沦为一句空话。事实上,这方面的路径和方法是很多的,关键在于教育者和管理者能否有意识地加以设计和利用。

学生参与学校民主管理的方法是多样的,近年来不少学校在这方面都作出了积极的探索,其中不乏成功的事例。比如,重庆市铁路中学的"后勤服务征求意见会"和"学生申诉制度"、上海市实验学校的"校长与学生校长助理定期对话制度"、北京理工大学附属中学的"校长接待日"和"校长信箱"、深圳市高级中学的"学生行为自律仲裁庭"、上海市七宝中学的"学生校长团"等。

事实证明,引导学生进行自主管理不仅有利于学生综合素质的提高,而且会给学校的管理带来全新的气象。当然,学生的自主管理需要校方精心组织,采取适当的举措,使它逐步从低级向高级发展、由不自觉向自觉转化。一般先由学校或教师向学生提出统一要求,并在各种活动中让学生逐步建立起正确的观念,形成一种共同的理想,养成执行集体组织要求的习惯,并逐步地转化为约束自我行为的规范。有了规范,就有了自我管理目标。学生在达到目标的过程中,不断与他人比较、与自我过去比较,调整自己的思想观念、思想方式和行为习惯,克服困难,战胜自己的弱点和不足,最终形成自我认识、自我体验、自我调控的自组织自适应系统,即不用他人管束,自己教育自己、自己管理自己的较为成熟的阶段。①

(三) 加强班级层面的自主管理

班级是每一名学生在学校里最重要的生活场所,实现班级层面的自主管理将让更多的学生获得锻炼和提高的机会。为此,不妨从以下几个方面入手:

首先,应转变班主任的理念。班主任对于班级具有关键的影响力,其理念会在相当程度上左右自主管理的进展与成效。我国台湾学者提出了班级经营的八大理念,即平等、扎根、包容、关爱、引导、同理、温暖、接纳,这些理念有助于自主管理的推行。②

其次,要健全班干部管理机制。班干部是班主任的助手、班级自主管理的重要承担者,完善的班干部管理机制能够保障自主管理的顺利开展。一般而言,在班干部管理方面需要形成以下一些机制:① 选拔机制。班干部的选拔要尽量避免班主任"钦点"的传统方式,采取学生自荐、民主选举、竞争上岗、自由组阁等办法,这样选拔出来的干部更具群众基础,愿意为大家服务。② 培养机制。自主管理通常不能一步到位,要随着班干部独立能力的增加而循序渐进地加大力度。因此,在开始阶段班主任应采取"扶着走"的策略,手把手地指导班干部开展工作;随后,半扶半放地"领着走";最后,当他们具备一定的工作经验后,就可以大胆地"放开走"了。③ 奖惩机制。对班干部的工作要进行客观公正的评价,根据考评的结果给予相应的奖惩。当然,对于班干部应当以鼓励为主;对于他们工作中的失误要采取和缓的方式批评指正,帮助他们改进,以免造成过重的心理负担,以致对自主管理心生畏惧。

---

① 吴秀娟等.中国校长工作新论[M].沈阳:辽宁人民出版社,1996:222—229.
② 林进材.班级经营[M].上海:华东师范大学出版社,2006:6—8.

最后,要发动学生进行自主管理。在班级的自主管理中,一方面要充分发挥班干部的作用,另一方面也要发动其他学生参与其中。如果只有班干部的认真努力而没有其他学生的积极响应,多数人在这项工作中将沦为"旁观者",那么,班级自主管理的效果就会大打折扣。为此,可以采取以下几种办法:一是实行班干部轮换制,让更多的学生有出任班干部的机会,对自主管理产生切身的体验;二是采取项目招标制,在保持班干部相对稳定的前提下发挥其他学生的特长,让他们以项目的方式(如承办某一次主题班会)开展自主管理活动;三是设置更多的工作岗位,使人人都能够为班级尽一份力。

课后练习

1. 面对"剪发风波",请你给禅城实验高中的管理者提一些建议。

2. 阅读以下案例,并思考:案例反映了老师们怎样的德育理念? 学校应当采取哪些措施来加强德育思想管理? 在德育管理中,应当如何协调班主任与任课老师之间的关系? 如果你是辛老师,面对学生的期待和任课教师的压力,你会如何处理?

初二(1)班最近刮起了一股"足球旋风",同学们一下课就抱着足球往操场上跑。对此,任课老师大摇其头,班主任辛老师不得不下了一道禁令:不准再在学校里踢足球! 禁令一出,立刻遭到全体同学的强烈反对。

一天放学后,体育委员带着一帮同学围住辛老师,说:"辛老师,您是怕我们踢足球影响学习才下禁令的。如果我们保证不影响学习,您是否能取消禁令?"体育委员还几乎央求地说:"我们已经商量过了,只在每周两节的课外活动时间踢足球。谁要是没完成作业,罚他一周停止踢足球。谁如果学习成绩下降,直到他重新赶上来才允许再玩足球。您看,行吗?"辛老师有些动摇,于是他为此召开班会,专题讨论如何正确处理足球与学习的关系。全班同学在体育委员所作的"保证"的基础上制订了一条初二(1)班的新班规。

谁知新班规的诞生引起了任课老师的不满。这个说:"小辛啊,对学生不可以太迁就,否则班主任还有什么威信?!"那个说:"在班上,班主任的命令就是法令,哪能随便更改呢?"辛老师招架不住大家的压力,于是到班上把贴在墙上的新班规揭了下来,然后迎着同学们困惑不解的眼神,低沉而坚定地说:"这条班规作废!"①

---

① 马兰霞.班规大,还是班主任大[J].思想·理论·教育.2001(1).

第十二章
教师人力资源管理

安定教师生活,辅助教师进修,以期收"学而不厌,诲人不倦"之效。
——陶行知

情景导入

　　某中学数学教师小李业务能力强,班主任工作也不错,所带班级成绩排名始终靠前,学校也将她作为业务骨干加以培养。新学期将至,小李满心希望学校给她安排一个基础好的特色班,不想学校让她接手一个新升到初三的班级做班主任。该班以前因人员调离、生育等原因多次更换过班主任,导致纪律散漫、学风不正、成绩较差。小李认为自己适合带好班,因而找校领导要求调整安排。但校领导认为没有教师会愿意带差班,让小李当该班班主任也是对她的一种锻炼。

　　小李只得接下了该班,并花费了大量心血,使班风有了改善、成绩也略有提高。但要彻底改观,尚需时日。任课教师的叹息声、学生家长的不配合,以及自己家人的不理解,都让小李感到了与以往的极大反差。初三统一模拟考试结果出来后,有家长打电话要求校方更换班主任,小李深受打击。不久,有传言说她要辞职。一时间众说纷纭,有人认为学校的安排有问题,失去了一个可能成为骨干的好苗子;有人认为小李的心理承受力差,根本不适合做教师。①

　　小李的经历给学校管理者以警示——如何用好人、如何培养人、如何留住人,这是摆在学校管理者面前必须认真思考、有效应对的问题。

第一节　从教师人事管理走向
教师人力资源管理

一、教师人力资源管理的含义

　　在企业界,20世纪70年代起,"人力资源管理"一词开始逐步取代"人事管理"。在教育领域,近年来"教师人力资源管理"一词的使用也日益频繁。

---

　　①　改编自赵其坤.学校"事件"与管理策略:学校管理案例评析[M].北京:学苑出版社,2008:53—54.

（一）教师人力资源管理的含义

申继亮认为,教师人力资源管理是指运用科学方法对教师进行合理的培训、组织、调配以及对教师的心理、行为进行恰当的引导、控制和协调,充分发挥教师的能动性与积极性,以实现学校组织目标的活动。

胡永新指出,教师人力资源管理是指学校管理主体运用现代科学方法,对教师人力进行合理甄选、培训、组织和使用,使教师与学校中教育教学的工作岗位保持最佳匹配,并不断地对教师进行心理和行为激励诱导,使教师人尽其才,才尽其用,潜能得到充分发挥,促进学校和教师持续发展,以实现办学目标的动态过程。

上述定义在一定程度上揭示了教师人力资源管理的重要特征,在此基础上我们将该概念界定为:学校管理者以提高育人效益和工作生活质量为目的,对教师进行的获取、保持、评价、发展和调整等系统化的工作。在这一定义中,特别需要注意的是:① 教师人力资源管理不仅是为了更多更好地培养人才,而且也是为了改善教师的工作、生活质量,这是它与传统的教师人事管理的重要分水岭。② 教师人力资源管理将教师作为资源来使用、维护与开发,而不是将其视为不得不支付的劳动成本。③ 教师人力资源管理对教师的管理是系统化的,从选人、用人、留人到育人都有完整的制度与措施,并不是随意的、杂乱的。

（二）教师人力资源管理与教师人事管理的比较

长期以来,学校对教师的管理偏重于人事管理,即主要"管理人的事",目的在于"管住人";而教师人力资源管理与之的区别是本质性的、全方位的。有研究人员比较了两者之间的差异(见表 12 - 1):[①]

表 12 - 1 教师人力资源管理与教师人事管理的区别

比较项目	教师人力资源管理	教师人事管理
管理视角	视教师为第一资源、资产	视教师为负担、成本
管理活动	重视培训与开发	重使用、轻开发
管理内容	丰富的战略性管理	简单的事务性管理
管理地位	战略层	执行层
管理模式	以人为中心	以事为中心
管理方式	民主式、参与式	命令式、控制式
管理性质	战略性、整体性	战术性、分散性

在理念方面,教师人力资源管理注重以人为本,把教师看成学校的主体,重视教师的内在需求,着眼于教师的未来发展。基于此,在管理上必然讲求民主参与,强调对教师的教育与培训,在使用的同时充分挖掘教师的潜能。而教师人事管理

---

① 申继亮.教师人力资源管理:教师发展之源[M].北京:北京师范大学出版社,2006:13—14.

则偏向于将教师置于附属性的地位,用命令、监督等手段来控制教师的行为,局限于教师的考勤、业务考核、奖惩、薪酬等事务性工作。当然,教师人力资源管理与教师人事管理并非是毫无关联、完全割裂的,前者仍然需要履行人事管理的诸多职能,并进一步发展一系列开发性的工作。可以说,教师人力资源管理是对教师人事管理的继承与发展。

二、教师人力资源管理的目标与原则

目标与原则能够帮助学校管理者明确教师人力资源管理的指导思想,对具体的管理活动具有导向与规范的作用。

(一) 教师人力资源管理的目标

有研究人员指出,学校在进行教师人力资源管理时的目标是多元的,主要包括以下几个方面:[①]

其一,为学校的发展提供人力支持。学校主要是一个"人—人"系统,学校的大量工作都要依赖教师去实施、去完成,因此,教师人力资源管理的首要目标是通过招聘、培训、考评等活动,寻找合适的工作人员,进行科学的人员配置,激发教师的工作热情,实现人事匹配,从而为学校的发展提供强有力的人力支持。

其二,建立新型的人事运作机制。传统的人事管理制度已经不能适应社会主义市场经济和教育改革的需要,因此,学校层面的教师人力资源管理必须探索以聘用制为基础的能进能出的用人制度,建立客观、公正、全面、透明的评价制度,推行形式多样、自主灵活的分配机制,力求形成进出通畅、有序竞争、严格监管、有效激励、充满活力的人事运作格局,用科学的机制保证学校能够发现人才、留住人才、用好人才。

其三,实现人力资本的增值。教师是学校最为宝贵的财富,人力资本是反映学校竞争力的重要指标。人力资本不是一个固定不变的常量,随着知识和技能的老化,工作激情的衰退,人力资本也会不断贬值。为此,学校管理者应当为教师创设学习和提高的机会,给他们不断注入工作的动力,从而使人力资本得到保值乃至增值,使个人和学校均能从中受益。

其四,提高教师的工作生活质量。教师人力资源管理不仅要服务于学校的组织需求,而且也要服务于生活在学校中的每一名教师的需求。教师每天有相当长的一段时间在学校里工作、生活,他们能否心情舒畅地开展工作,他们对工作环境的满意度如何,他们是否享受到了工作带来的乐趣,这些都是学校在教师人力资源管理中应当关注的问题。提高教师的工作生活质量是管理者的责任。

(二) 教师人力资源管理的原则

原则一:科学化。传统的教师人事管理是建立在经验基础之上的,各种管理制度与措施的出台主要是凭经验、靠感觉,始终徘徊在较低的管理水平上。教师人

① 郭继东.学校人力资源管理[M].天津:天津教育出版社,2006:18—19.

力资源管理充分吸收了心理学、组织行为学、系统工程、控制论等科学成果，对教师的特点、群体的互动关系、团队形成的规律等有了更深刻的认识，学校管理者应当自觉地遵循科学原理，运用科学方法，提高教师人力资源管理的科学化水平。

原则二：系统性。学校在开展教师人力资源管理时要树立整体观念，不能孤立地强调某一个体或某一部分人的作用，应努力形成一个协力系统，发挥教师队伍的整体效应。学校管理者要注意把握动态平衡，打破一潭死水的不合理格局，通过必要的流动机制提高师资队伍的素质。在处理教师人力资源管理的各个环节时，应统筹安排，做好人力资源从吸纳、使用到培训、发展的有序衔接，保持各项政策、措施在价值取向上的一致性。

原则三：教育性。教育性原则包含两层意思：① 教育，是教师人力资源管理的一项重要内容。国家教育政策的调整、课程结构的变革、现代教育技术的发展，都迫使作为教育者的教师本身必须接受教育，使自己的观念、知识和技能得到更新。② 教育，是学校进行人力资源管理的一种重要方法。教师具有较高的文化素养，有着强烈的参与管理和民主议事的愿望，比较注重精神层面的需求，因此，在管理中不能一味地采用行政命令和经济刺激的办法，而要更多地运用引导、说服等方法。

原则四：人性化。这是教师人力资源管理最重要的原则，遵循这一原则就是要做到尊重人的差异、张扬人的个性、激发人的潜能、实现人的价值。每一名教师都是一个独特的个体，他们在个性特征、能力倾向等方面各不相同。学校管理者必须承认、理解、尊重和利用好这一特点，善于发现教师身上的长处，把握每个人的优势需要，创造条件发掘其潜力，帮助教师找到最合适的工作岗位，使他们的能力得到最大限度的发挥。

三、教师人力资源管理的内容与职能

内容与职能是学校人力资源管理系统的主体部分，它规定了教师人力资源管理的基本环节和活动任务。

（一）教师的获取

从时间性看，这是教师人力资源管理的第一个环节，学校管理者需要做好以下几方面的工作：

其一，工作分析。学校里有科任教师、班主任、教导主任、校长等多种职务，这些职务有着不同的任务与职责，对人员有着不同的素质要求。工作分析就是要对学校的各个职务进行描述，明确职责、工作环境和任职资格。而工作分析所形成的文本——工作说明书，能够为学校进行人员招聘提供依据。

其二，人力资源规划。教师的正常退休、非正常离职、生源变化等情况，会影响教师人力资源的数量；教育改革、技术进步等因素，又会影响学校对人力资源的质量要求。可见，学校的人力资源是处在波动状态的。人力资源规划就是要对学校未来一段时间内的人力资源的情况进行科学的预测，帮助管理者作出科学的政策安排，从而保证人力资源供求状况的动态平衡。

其三,招募、选拔与录用。根据人力资源规划,学校管理者通过内部告示、报纸广告等渠道发布职位空缺的信息,吸引校内外人员前来应征。校方可以采用面试、实际操作、心理测试等方式对应征者进行甄选,从中挑选出合适的人员。对于选拔出来的人员,学校应及时发放录用通知书,与之签订有关合同,完成录用手续。

(二) 教师的留用

要使教师安心在学校工作,减少不正常的离职现象,并且提高学校人力资源的使用效率,就必须做好人员的合理安置和积极性的有效激发。

每一名教师都有自身的特点,学校管理者要有一双识人的慧眼,善于发现每个人的长处,将其安排到相应的工作岗位上。让每一个岗位都有合适的人员,让每一位教师都能获得合适的岗位,从而达成人岗匹配,这无论对于学校组织还是对于教师个人,都是一种理想的境界。

教师主要从事的是脑力劳动,因而积极性的高低对于工作绩效的影响尤为明显。要激发教师的积极性,应着重从三个方面入手:① 工作积极性的激发,离不开一定的物质基础。因此,学校管理者应制订公平合理的工资和奖金制度、福利计划等,完善薪酬体系,为教师的工作提供必要的物质动力。② 教师有着民主参与的强烈愿望,当他们的言论受到压制的时候,工作积极性就会受到影响。因此,学校管理者应当建立沟通和参与机制,加强学校管理者与教师之间的信息交流,形成平等对话的组织氛围,为教师参与学校的管理创设条件。③ 任何呆板、重复性的工作都会导致工作热情的衰退,对于教师而言,其职业生涯是漫长的,因此更容易产生职业倦怠感。所以,学校管理者要进行工作的设计,使工作丰富化,赋予教师的工作以挑战性和新鲜感。

(三) 教师的发展

人力资源管理与人事管理的重要区别之一就是重视对员工的开发,使其能够获得可持续发展的能力,而不是目光短浅的一次性压榨式的使用。近年来,教师专业发展已经成为教育界的一大热点,而从人力资源管理的角度看,重点是要抓好教师的培训和职业生涯管理。

培训是指为了使教师获得或改进与教育教学工作有关的知识、技能、动机、态度和行为,有关机构所安排的有计划、有组织、有系统的教与学的活动。为了提高培训的针对性、灵活性,近年来校本培训逐步兴起。学校管理者应当根据学校的特点和教师的实际情况,设计培训方案,实施培训活动,使培训更好地服务于教师个人的成长,更好地促进学校教育教学质量的改善。

职业生涯管理关注的是教师职业生涯的全过程,强调帮助教师制订个人发展计划,使个人的发展与组织的发展相协调,既满足个人成长的需要,也实现组织的发展目标。在个人职业生涯的不同阶段,学校管理者要针对特定阶段的特点和需求,为教师安排、调整乃至设计合适的工作,以期能够最大限度地发挥教师个人的才能,使他们能够幸福地享受自己的职业生涯。

(四) 教师的评价

评价包含的内容相当广泛,如素质测评、士气调查、绩效评价等。其中,最重要的无疑是绩效评价。

学校管理者应当建立科学的绩效评价系统,采用科学的手段收集、分析、评判教师的工作态度、行为和工作结果方面的信息,以确定其工作成绩,并将绩效评价结果反馈给教师本人。通过科学合理的绩效评价,可以帮助教师认清自己的优缺点,并针对他们的实际需要制订培训方案和职业生涯发展计划,改进其未来工作行为。同时,绩效评价结果也可以为学校制订报酬方案和奖惩制度以及职称评定、职务升迁提供依据。

(五) 教师的调整

调整,包括人员调配系统、晋升系统及各项有关法律和制度的调整等。从调整的方向看,有人是向上调整,有人会往下调整;有人是自里向外调整,有人是由外往内调整。对于特定个体而言,调整是残酷的,但对于学校组织而言,调整又是必须的。通过调整,学校能够顺利地完成新老交替,可以实现人力资源的优化配置,有助于激发教师的积极性,保持学校的活力。

应当注意的是,学校人力资源管理的内容职能体系的各个部分是相互联系、相互影响的,从而构成一个有机的整体(如图 12-1 所示)。系统中任何一部分的变化,都会引起其他部分的反应。例如,课程改革使教师的工作发生了重大的变化,这就迫使学校对自身用人政策作出必要的调整。在吸纳新员工时,必须考察其教育理念、课程开发能力、现代化技术手段运用水平,以便能够找到符合课改要求的师资。对于原有的教

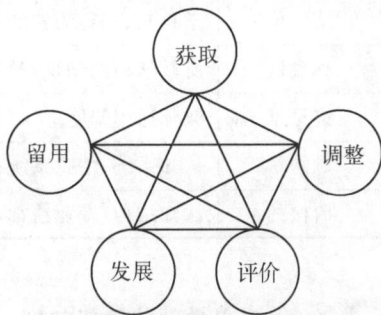

图 12-1 各种职能之间的相互关系

师,学校要加大培训力度,帮助他们改变传统的教学观念和行为。能够积极参与课改实验,并且取得一定成效的教师,校方要及时给予奖励,以形成有效的激励机制。少数长期无法适应课改要求的教师,出于对学生负责的态度,学校必须通过转岗、调出等途径作出调整。认识到职能体系的这种关联性,有助于学校管理者全面、系统地分析和处理人事问题,避免仅仅把目光局限在特定的问题上。

第二节 促进教师的专业发展

一、做好教师的进口管理

学校应当把好教师的进口关,使本校的教师站在一个较高的起点上,为后续的专业发展奠定一个坚实的基础。

（一）明确专业的素养要求

《中华人民共和国教师法》明确规定："教师是履行教育教学职责的专业人员。"然而，学界普遍认为中小学教师仍处于"准"专业状态。要提升教师的专业水平，一方面需要政府出台相关政策，提高教师的入职门槛；另一方面也要靠学校明晰具体的要求，把握好教师选聘的尺度。

我国已经实行了教师资格证书制度，提出了中小幼教师的专业标准，理论界也对教师的专业素养做了大量的研究（如表 12-2 所示），但学校应当在此基础上做进一步的细化、具体化等校本化的工作。由于生源基础、历史传统、发展阶段的不同，学校对教师的专业要求事实上是存在着细微而重要的区别的。比如，一些办学水平较高的学校，往往要求教师有扎实的理论根底和精深的学科知识；而一些相对薄弱的学校，更关注教师在课堂纪律维护、行为习惯养成、班级管理等方面的能力。

表 12-2　教师素质结构①

研究者	教 师 素 质 结 构
叶　澜	专业理念；知识结构；能力结构
艾　伦	学科知识；行为技能；人格技能
林瑞钦	所教学科的知识；教育专业知识；教育专业精神
饶见维	教师通用知能；学科知能；教育专业知能；教育专业精神
姚志章	认知系统；情意系统；操作系统
唐松林	认知结构；专业精神；教育能力

（二）完善教师的聘任制度

教师的任用制度，主要有派任制、代用制和聘任制三种类型。代用制是指在数量不足的情况下，临时使用不具备教师资格的人员代行教师之职的一种制度。这种制度已开始淡出历史舞台。新中国成立后，我国长期采用的是派任制，即教师的录用、任命和调配等管理工作都是通过计划与行政的形式和手段进行的。随着社会发展和教育改革的进程，派任制的弊端日益显露出来。自 20 世纪 80 年代后期，我国开始了教师聘任制的试点与推广。《中华人民共和国教师法》规定，"学校和其他教育机构应当逐步实行教师聘任制"，从而使聘任制的实施得到了法律保障。

教师聘任制是指聘任双方在平等自愿的基础上，由学校或教育行政部门根据教育教学需要设置的工作岗位，通过学校和教师签订聘任合同，聘请具有教师资格的公民担任相应教师职务的一项制度。其特点是：① 地位平等化。学校和教师在法律上处于平等的合约人地位，双方关系的建立完全基于自愿的原则。② 关系契约化。聘约是规范学校和教师之间关系的契约，其表现形式为聘任合同，双方的权

① 教育部师范教育司.教师专业化的理论与实践[M].北京：人民教育出版社，2003：54.

学校组织与管理

利和义务在聘任合同中都作出了明确的规定。③ 任期明确化。聘任期限在聘任合同中有相应的规定,从而破除了教师职务终身制。④ 过程公开化。学校面向社会公开招聘、平等竞争、择优聘用。教师聘任过程公开化,实现了教师就业机会的均等,也拓宽了师资的来源渠道。⑤ 机制竞争化。教师凭实力上岗,学校择优录用,实现双向选择,优胜劣汰。①

从进口管理的角度看,学校管理者不能仅看应聘者的档案材料,还应通过知识考试、心理测试、面试与试讲等多种方法,全面地考察其综合素养。一些学校提出了"六个一"的考察内容,即一口普通话、一手粉笔字、一份备课教案、一堂试讲课、一个多媒体课件、一篇小论文,这无疑有助于准确地判断应聘者是否具备当好教师的实力和潜质。在选拔模式上,最好采用信息累积综合评价选拔模式,即让每一位应聘者都经历选拔的全过程,中途不进行人员淘汰,最后比较各人的总体表现后再作决策。

(三) 提供有效的入职引导

教师一进入学校,就应当获得入职引导。所谓入职引导,是指为新进教师提供的有计划、有系统且持续的支持和帮助。其意义在于促使新进教师素质的全面发展,减少他们的焦虑感,促进新进教师的组织化,提高他们的工作质量。②

在入职引导中,师徒制是一种常见的形式。由于教育活动中存在着大量的缄默知识,只能通过实践和直接经验的方式,在师徒带教的过程中加以传递和获得,这就使得师徒带教具有不可替代的作用。当然,师徒制如果操作不当的话,也会产生许多负面影响。比如,将师徒制狭隘地理解为老教师对青年教师的单向付出,结对时热热闹闹、过后则无人过问,采用行政指令的方式将新老教师"捆绑"在一起,将徒弟打造为师傅的"复制品",师徒之间"貌合神离"等。③ 这些是需要管理者警觉的。

导师是师徒制中的"关键人物",其素质左右着带教的效果,为此,有人提出了导师应当具备的素质要求:① 能够帮助新教师找到工作中的成功因素和令人满意之处;② 能够接受各种类型的新教师,包括业务基础差的、过于自信的、不老练的、戒备心理强烈的等等;③ 善于为新教师提供教学方面的支持,通过听课及课后的讨论与新教师分享教育观念;④ 善于处理各类人际关系,能用新教师可接受的人际关系方式来调节自己的带教指导行为;⑤ 能够做不断学习,不断提高自我的表率;⑥ 善于向新教师传递希望和乐观主义精神。④ 在每条带教者素质要求之后,研究人员还从管理的角度提出了如何使带教者达到相应素质的建设性意见。

---

① 林成格,刘东明. 教师任用制度的重大改革[EB/OL]. http://www.pep.com.cn/20021201/ca98717.htm,2002-12-1.

② 胡永新. 教师人力资源管理[M]. 杭州:浙江大学出版社,2008:68—70.

③ 丁家富."师徒结对"存在的问题及对策[J]. 基础教育参考. 2010(2).

④ *Educational Leadership*(*Supporting New Teachers*),Vol. 56,No. 8,1999.

可以看出,对导师的素质要求是相当高的,并不是所有的资深教师都具备这些素养,甚至不是每一位已经担任了"导师"角色的人都已达到这样的标准。为了消除这一矛盾,也为了解决传统师徒制中的固有弊病,我国学者提出了用"团队成长"来改造"师徒带教"的思路。① "团队成长"是指:在两个实践共同体——一个是由新教师所组成的,另一个是由指导教师以及其他人员(可以是研究人员或教研员等,也可以是学校科研室的人员)所组成的——互动中,跨越共同体边界,发生新的学习。

二、开展校本研修活动

教师的专业发展是一个持续不断的过程,以学校为基地的研修活动是促进教师成长的重要途径,管理者应当组织并实施好校本研修活动。

(一)从校本培训到校本研修

时代的变迁、知识的更新、学生的变化让教师面临重重挑战,只有不断学习才能不被淘汰。由此,培训受到了各方的重视,并且逐步形成了"为了学校"、"在学校中"和"基于学校"的校本培训。

校本培训具有缓解工学矛盾、贴近工作实际、服务于学校现实需要等优势,因而很快得到了推广。然而,校本培训仍然带有一统化的痕迹,不能照顾到教师的不同需求,教师在整个培训过程中基本上还是处于被动的"听众"角色。由于以学校为单位,加之受培训者自身学识与视野的局限,因此其对教师的引领作用不明显。培训活动与课堂教学、教研组工作、课题研究活动常常脱节,未能有效地推动教师教学理念与行为的改进。基于此,新世纪以来,越来越多的学校开始尝试校本研修。

校本研修以学校为研修主阵地,以学校教师为研修主体,以学校教育教学实践中的实际问题为研修内容,以促进学生发展、教师专业化水平提高为研修目的,把教师培训、教育科研、教学研究、学校管理和校本课程开发等有机地融为一体。它既是一种关于教师和教育教学的行动研究,也是一种制度建设,更是一种健康向上的学校文化。② 校本研修突出了教师的主体地位,使其由"受训者"转变为"研修者",活动的内容更多地来源于教师的自主需求,活动过程充满了教师的探究热情和生命活力。

(二)校本研修的主题选择

主题,对于校本研修活动具有统领性的作用。有了明确的主题,教师可以围绕着主题进行学习、思考、研讨、尝试,使校本研修成为一个交流互动的平台。主题的

① 王洁.从"师徒带教"到"团队成长"——基于上海市部分新教师专业成长调研的思考[J].教育发展研究.2009(24).

② 汤立宏.校本研修专论——中小学教师人力资源开发与专业发展研究[M].北京:海洋出版社,2006:15.

确定不是由学校管理者来指定的,它必须来源于教师的课堂实践。一般可采用头脑风暴法让教师畅谈教学实践中的困惑,整理后形成问题清单,再根据图 12-2 所示的标准进行筛选:

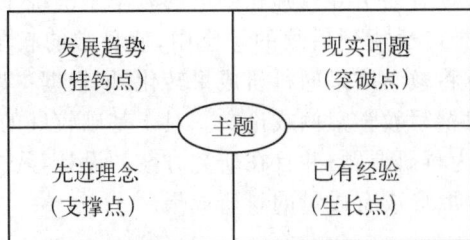

发展趋势 (挂钩点)	现实问题 (突破点)
	主题
先进理念 (支撑点)	已有经验 (生长点)

图 12-2 主题的筛选[①]

筛选时,要考察教师所提的问题是否符合教育的发展趋势,能否找到与教学改革的挂钩点,以此解决研修主题的必要性问题;审核教师所提的问题是否具有现实价值,是否急需寻求突破点,以此解决研修主题的紧迫性问题;探讨教师所提的问题是否以先进的理念为基石,能否找到理论上的支撑点,以此解决研修主题的合理性问题;分析教师所提的问题是否有可资借鉴的思路,能否在已有经验的基础上找到生长点,以此解决研修主题的可行性问题。将符合条件的留下,作为集体研修的主题。当然,教师也可以在此基础上形成个人的研修主题。

(三) 校本研修的实施

经过上述方式确定的研修主题既是教师们所关注的,也往往是理论上和实践中的难题。因此,为使研修能够深入下去,就必须做好理论"补课"的工作。我们认为,缺乏理论的指导,教师的教学探索和课堂行为都会变得盲目与无效。为此,学校应当围绕主题采取相关手段,如邀请相关专家作报告、举行学术沙龙、进行书面学习等,使教师在听课、评课、研讨之前对研修主题形成一定的理性认识,为下一步的尝试与交流奠定理论基础。

校本研修不能是空泛的理论学习,必须结合具体的课例。为此,教师首先要根据研修主题来确定执教内容并认真备课,重点考虑如何针对主题进行课堂教学探索,比如在教材的处理、教学方法的选择上怎样有所突破。随后,由教研组共同商讨教案,商讨中不求面面俱到而应重点突出,即紧扣主题来分析教师的设计是否有效。最后,教师根据共同商讨的教案,结合本人的教学风格,对教案进行修改,并实施教学活动。

课后必须进行评课活动,评课时同教研组成员都要参加。教研组长可事先确定主评人,由其做主题发言,其他成员随机发言。为了使评课能够真正体现出研讨的作用,我们建议所有参与评课的人在发言时采用"2+2"模式,即谈 2 点教学中的

---

① 杨向谊,陆葆谦等.互动·共享·创新:学校教研组建设的新探索[M].上海:上海教育出版社,2009:50.

成功之处,同时也要谈 2 点不足之处,并给出相应的建议。

评课的结束并不意味着课例研究的终结,而应对其成果进行"深度加工"和进一步挖掘。成果延伸就是要避免教师因为一堂课的完结而停止探索,将成果束之高阁。一方面,学校管理者要引导教师在随后的教学中围绕主题继续尝试,将通过前期实践所得的收获推广运用到后续的课堂中,使日常的教学行为发生相应的变化。另一方面,要注意将教学成果向科研成果转化,即根据主题实践活动所提供的"素材"和"养料",及时撰写教学案例或论文。对于基础较好的教师,学校应当鼓励他们将探究主题转化为科研课题,并且在研究方案的设计等方面给予必要的支持,帮助他们申报课题,争取形成有质量的科研成果。

案例 12 - 1 某校的校本研修活动

浙江省丹城中学积极尝试与不断完善课例研究。学校建立了完善的课例研究流程,并且实行了主题统摄、步进辅助和评价促进等策略。[①]

主题统摄就是从教案的准备到执教上课,从听课评课到课题研究,所有的环节都用一个主题串联起来。步进辅助就是伴随着课例研究的每一个步骤,学校都会及时给予相应的帮助与支持。比如在"理论跟进"环节,当教师寻找到了探究的主题后,学校会提供学习资料、安排专家讲座。评价促进就是倡导聚焦式、研讨性评课,并且引进学生评价,以便真正让教师有所收获。

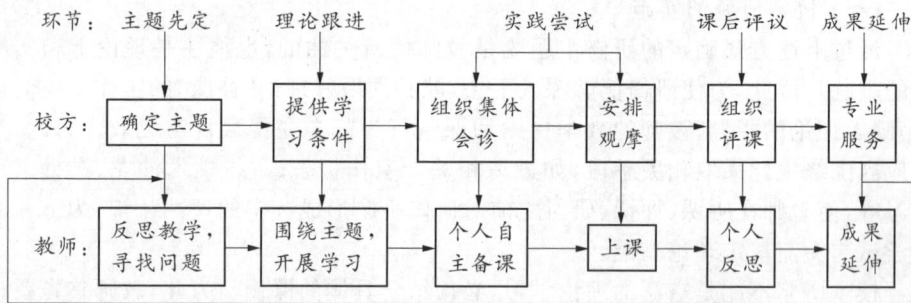

三、引导教师自主发展

学校要为教师的专业发展提供外在的机会与帮助,但更应激发教师内在的自主发展意识,而教师自主发展规划的编制与执行是一种有效的途径。

(一)教师自主发展规划及其作用

所谓教师自主发展规划,是指教师对自身发展的各个方面和各个阶段所进行

---

① 郭继东,钱英承.公开课实施模式的新探索[J].中国教育学刊.2008(11).

的设想和安排。规划明确了教师对职业目标与预期成就的设想,对工作单位和岗位的选择,对各专业素养的具体目标的设计,对成长阶段的设计,以及所采取的措施等。具体而言,教师自主发展规划的作用表现在以下几个方面:

其一,规划是教师个人成长的"导航灯"。教师的工作是繁忙的、琐碎的,不少人在忙忙碌碌中迷失了方向,不知该往哪里去,于是,陷入了一种惯性的工作状态,日复一日、年复一年地重复着过去。规划具有导航功能,它能够帮助教师从纷繁的事务中抽离出来,思考自己的未来,明确自身的目标,追求有意义与价值的教坛人生。

其二,规划是教师专业成熟的"加速器"。教师的成长有一定的阶段和周期,而有效的规划可以让教师的发展提速,这是因为:① 规划的编制要求教师去了解教改形势,与他人进行横向比较,这会让教师看到自身的不足,从而产生专业发展的紧迫感。② 规划能够帮助教师认真地反思自己,找准自身的定位,从而更加理性地筹划未来,尽量在发展的道路上少走弯路。③ 规划中不仅有对理想目标的描绘,而且包括有针对性的操作策略,因而它对教师的发展可以起到具体的指导和监控作用,促使教师的专业成长更加自觉。

其三,规划是教师不断发展的"发动机"。管理学告诉我们,目标具有激励作用。规划中教师自己设定发展目标,实际上是在迫使自己必须改变现状,不断超越自我,这就避免了"高级到手,革命到头"的现象。规划本身隐含着"没有最好,只有更好"的理念,它为教师的持续发展提供了不竭的动力。

(二)教师自主发展规划的编制

教师自主发展规划的编制,大致可分为四个阶段、六个步骤:

1. 环境分析和自我解剖

这是编制教师自主发展规划的前提。环境分析要从宏观环境、区域环境和学校环境三个层面来进行。明确了环境对教师提出的期许,就为找寻自己的位置和努力方向奠定了基础。自我解剖涉及个人成长经历、职业生涯阶段、专业发展水平等诸多方面,其重点在于找准自身的不足,尤其是近期亟需解决的问题。

2. 个人定位和发展目标

这是教师自主发展规划的核心。个人定位就是要选定发展类型、明确成才层次。学校需要的人才是多元化的,比如学科教学专家、班级经营高手、教育科研人才、双语教学师资、项目辅导教练和行政管理人员。教师应根据自己的志趣与特长选择自己的发展类型,再进一步对成才的层次进行设计。比如,学科教学专家往往需要经由"合格教师→称职教师→骨干教师→专家型教师"的路径,一个一个阶梯向上攀升。教师需要明确自己目前所处的位置,并确定下一步希望达到的层次。

当定位确定后,需要构建适合的发展目标。对于发展目标的确定,可以采用"滚动计划法",使长远目标和近期目标有效结合。同时,采用"目标树法",在总目标下分解出分项目标,如教学目标、科研目标、个人进修目标等。这样,便可以构建起一个层层相连、环环相扣的目标体系。

3. 操作策略

有了目标,还应确定操作策略,为目标的实现提供扎实有效的实践举措。因此,操作策略的设计是编制教师自主发展规划的关键。它重点包括两方面的内容:一是成长模式的确定,二是具体措施的安排。成长模式主要分为单通道模式和双/多通道模式两种,前者专注于一个领域,后者则兼顾不同的类型。

促进教师专业发展的措施有很多,比如,学历进修、观摩教学、课堂诊断、自学理论、教育科研、自我反思等。需要注意的是,这些措施适用于不同情况的教师。对于新手教师而言,观摩别人的教学十分重要;对处于"高原期"的教师来讲,邀请专家和同事进行课堂诊断是很有帮助的;而要系统、全面地提升自身的素养,学历进修不失为一种有效的措施。因此,在拟订措施时,关键要考虑与设定的目标相配套的问题。

4. 评估反馈

教师所编制的职业生涯发展规划是否合适,需要通过评估给出结论。此外,规划的编制不是一件一劳永逸的事情,需要根据情况的变化作出动态的调整。因此,评估反馈就成为一个不可或缺的必备环节。

(三)教师自主发展规划的执行

要使教师自主发展规划得到有效的执行,首先要从规划文本的质量抓起。不少教师的自主发展规划显得空洞、雷同,文本中充斥着"要加强师德修养"之类的口号式的语言。不同发展阶段的教师在规划上没有反映出阶段性特征,文本中看不到不同学科的差异,找不到体现个人特点的内容。规划文本上存在着的这些缺陷,大大降低了规划本身的可操作性,容易导致执行不力。为此,学校管理者一方面要引导教师重视对规划的编制,另一方面要给教师提供相应的技术支持,帮助教师制订好规划。

要提高规划执行的效果,教师必须学会时间管理。许多教师都觉得每天忙忙碌碌,没有时间让自己静下心来学习和研究,无暇顾及规划的执行问题。的确,教师需要处理的事务繁多,但如果能够做到合理利用,就完全可以挤出时间来实施自己的规划。为此,教师应该特别注意两个方面:① 列出时间清单,分清事情的轻重缓急。先列出所有的事情,然后把事情按照轻重缓急进行分类,最后按照分类先做重要、紧急的事情,后面依次排列。② 学会利用零碎的时间。教师很少有整块的时间来处理各项事务,所以要学会将工作化整为零。例如在批改作业的时候辅导学生,将同一水平的学生集中起来统一辅导,这样既可以有效地节约时间,提高时间的利用率,而且还能够使事情做得更有针对性和实效性。

要改善执行效果,教师必须加强反思。教师自主发展规划的执行,需要一定的时间保障,用以学习和提高,但不能将规划的实施当作是外在于日常工作的一项活动。事实上,规划的执行和教师的教育教学等活动应当是融合在一起的,要在备课、上课、辅导学生、教研活动中渗透规划的理念和要求,在规划的执行过程中完成相应的工作任务。这对教师的反思提出了高要求,教师必须在做每一件事的时候眼光向内、反观自我,及时地思效、思得、思失、思改,在一点一滴的积累中完成规划设定的目标,逐步实现自身的成长。

要改善执行效果,还要建立外部监控和指导机制。规划的执行离不开教师的自觉,但也不排除外部制约力量的作用。学校应当建立教师规划交流会制度,这一方面是对教师的监督,便于学校掌握规划的执行情况,同时也给教师提供了交流的机会,可以分享在执行规划过程中的得失,提出自己的困惑,并寻求帮助。在平时,可以借助教师成长档案袋、教师博客等方法来实现即时性的信息收集和情况交流。通过这些载体,学校领导可以真切地了解教师规划的实施程度和教师专业发展的效果,从而加强对教师自主发展规划的过程管理,保证规划的落实。

第三节　提升教师的工作生活质量

一、工作生活质量及其意义

在许多人眼里,工作生活质量是一个十分陌生的名词。但是,无论对于学校组织还是教师个人而言,它都具有重要的意义。

(一) 工作生活质量的含义

20 世纪 60 年代后期,美国的布鲁斯通(I. Bluestone)首次提出了"工作生活质量"这一概念(quality of work life,简称 QWL)。随即,QWL 迅速被西方发达工业国家所接受,并掀起了工作生活质量运动。

关于 QWL,学者们的理解尚有分歧,目前主要形成了三类观点:① 主观感受说。这种观点认为,QWL 主要指工作及其环境对个人的影响,或是强调个人在组织工作中所获得的物质和精神方面的满足感。② 价值理念说。持此观点的学者重视工作对员工和组织效能的影响,倡导员工参与组织决策的过程。因此,参与式管理、人性化管理、人际关系等理念是其核心。③ 方案措施说。一些学者把 QWL视为一种改善工作的活动方案和具体措施,旨在让员工参与决策和解决问题,从而提高组织绩效。

实际上,以上三类观点都不足以独立解释 QWL 的全部内涵。它是一种需要倡导的价值与理念,必须落实为切实可行的方案与措施,从而使员工产生积极的主观体验。因此,我们可以将工作生活质量理解为:在一定的管理理念的指导下,通过一系列涉及工作条件、人际关系、组织文化建设的制度和措施,组织成员产生的内心体验。[①]

(二) 工作生活质量的意义

许多调查都表明,当前我国教师的工作生活质量远未达到理想的水平,问题突

---

① 郭继东. 工作生活质量的改善:教师管理的新视角[J]. 南京社会科学.2009(12).

出地表现在工作压力过大、职业倦怠感、教师与管理者矛盾冲突加剧等方面。

低下的工作生活质量具有多方面的危害：① 损害身体健康。过度的工作压力往往会让教师感到身体疲劳，并引发冠心病、新陈代谢紊乱等慢性疾病。② 引发心理问题。工作压力过大，容易使教师出现各种心理不适和情绪问题，如产生紧张、焦虑、抑郁、不安、无助等消极情绪，并进一步引发自信心下降和对工作的不满，产生职业倦怠感。③ 影响教学行为。压力过大、职业倦怠、矛盾冲突等必然会影响到教师的工作行为，比如在教学过程中缺乏耐心，不愿与学生多进行交流与沟通；对学生采取比较极端的处罚方式，如各种形式的体罚（罚站、罚抄）和精神上的伤害（训斥、故意冷落）；将自己承受的压力转嫁给学生，大面积、长时间地补课，布置大量的作业，频繁地考试测验等。

极端的情况下，低下的工作生活质量还会危及教师的生命。近年来，徐宏杰、晏才宏等许多优秀教师频频发生过早离世的悲剧，这值得人们去反省。当这些教师全身心投入、为学生奉献一切的时候，他们也需要、也应该、也必须得到关爱。在传统的观念中，学校只是一个"工作"的场所、一个"贡献"的场所、一个"效率"的场所。用人本主义的眼光去看，这种观点显然带有浓烈的"非人性化"色彩——抽象的集体利益无形中总是凌驾在个人利益之上，个人的生命价值得不到应有的重视。因此，学校管理人员必须意识到，提高工作生活质量是自己的责任。这不只是为了借此让教师心情愉快，从而能够更加高效率地工作，而是给予教师快乐的心境本身就是管理者应当为之奋斗的目标。

二、改善工作生活质量的策略

工作生活质量的改善是一项迫在眉睫，且须持之以恒的任务，它涉及社会、教育行政部门、学校和教师等多个层面，需要各方协同努力。在此，我们着重探讨学校层面的工作。

（一）高度重视工作生活质量问题

要解决教师工作生活质量方面存在的诸多问题，首先要解决思想和意识的问题。只有在思想上高度重视，才会在行为上有扎实的措施。长期以来，校长和学校管理人员关注工作生活质量的意识较为单薄，往往比较关心下属的专业知识和技能，认为这些因素会影响到教学效果、办学水平和管理效率。但事实上，过度的工作压力、职业倦怠感等心理问题同样会导致教育质量和管理效能的下降。因此，校长和学校管理人员在采取措施帮助下属提升专业能力的同时，还要关注其心理健康。必须确立这样的观念——教师的成长不仅是指学科知识的积累和教学技能的增长，还应包括其心理的成熟和精神世界的丰富。

校长和学校管理人员必须看到，工作是人们生命活动中的重要组成部分。幸福的人生不仅意味着舒适的生活条件、不断改善的生存质量，而且应当包括适宜的工作环境、持续提升的工作生活质量。作为学校的管理者，必须意识到自己担负着提高育人效益和改善工作生活质量的双重使命。只有在这两个方面都达到了预期的目标,才称得上是称职的、成功的学校管理者。

(二) 分析工作生活质量问题的症结

教师所表现出来的工作压力大、职业倦怠感等症状是相似的,但症结却各不相同。校长要找准其症结,以便对症下药。一般来说,影响工作生活质量的因素主要有以下一些:

一是考试成绩压力。应试的传统观念根深蒂固,难以在短期内清除,社会公众和学生家长依然十分看重考试成绩。可以说,考试成绩是教师承受的第一大压力。

二是教育改革频繁。近年来,校本课程的开发、双语教学的实践、现代教育技术的运用等,每一项改革都要求教师积极参与,都是对教师惯常工作和生存状态的一次挑战。往往前一项改革余波未平,后一项改革已然一波又起,不断推出的改革举措让教师疲于应付。

三是工作负荷过大。据调查,我国中小学教师人均日劳动时间为 9.67 小时,睡眠时间比一般职工平均少 1 小时,娱乐时间少 0.5 小时。而毕业班和骨干教师工作负荷往往更大。

四是角色职责繁重。社会要求教师充当知识的传授者、家长的代理人、心理的咨询师、教育的研究人员、社会的模范公民等诸多角色,而社会环境的复杂性使得教师几乎无法达成社会的期望,职责的重负与现实之间存在着巨大的反差。

五是工作聘任压力。聘任制在激活了教师队伍的活力的同时,也给教师施加了生存压力,使他们产生了危机意识。一些地区和学校推行的"末位淘汰制",更使教师感受到了越来越大的谋生压力。

六是检查评比干扰。上级教育行政机构和学校组织的各种检查评比,也让教师备感压力。教案展示、作业批改情况检查、公开课观摩、名目繁多的教学竞赛、教育科研成果评奖等满天飞,不同"条块"布置的检查评比最终都得落实到同一群教师头上,使得教师感到难以招架。

(三) 建立和实施学校 EAP

EAP 是员工帮助计划(employee assistance program)的英文简称,它是由组织为员工设置的一套系统的、长期的服务项目,通过专业人员对组织的诊断和建议,以及对员工及其直系亲属提供的专业咨询、指导和培训,旨在帮助改善组织的环境和氛围,解决员工及其家庭成员的各种心理和行为问题,以及提高员工在组织中的工作绩效。[①]

在学校中,引进 EAP 的原理与技术,建立学校 EAP(或称 TAP)是十分必要的。它可以消除教师的工作倦怠感和工作不安全感,避免教师长期处于心理亚健康状态;学校 EAP 能够增强"霍桑效应",改善教师的人际关系,提高教师的动机水

---

① 张西超.员工帮助计划——中国 EAP 的理论与实践[M].北京:中国社会科学出版社,2006:23.

平；EAP能够增强教师的归属感，加深对学校组织的情感依恋。[1] 目前，我国已有一些学校开展了类似的活动。

教师在工作和生活中，难免会遇到一些烦心事，导致情绪不佳。当教师的不良情绪不能得到及时地舒解，就可能在学生身上宣泄，从而影响课堂教学。为此，沈阳市皇姑区岐山三校实施了教师消极情绪回避制度（见案例12-2）。

案例12-2　消极情绪回避制度[2]

身体不舒服导致心情烦躁、家中有事带来情绪焦虑……当老师在上课前有这样那样的情绪问题时，可以申请调课，也可以请半天假，由学校领导为其代课。

"其实叫'情绪假'也不太准确"，赵美君校长解释说。原来，老师提出不能上课时，一般选择调课。即使"放假"半天，老师也通常呆在学校里干干别的事：可以到"健身放松活动室"打打乒乓球，也可以到"温馨之家"听听音乐、看看报纸，还可以到"悄悄话室"直接找校长唠唠嗑，学校还请来了专业的心理咨询师呢！当然，如果老师提出回家调整状态，也是允许的。赵校长说，他们平时就注意从多方面做好老师们的心理健康工作，好的课堂效果"功夫在诗外"，"情绪假"属于应急制度。

EAP不仅要在教师出现了问题之后再来试图解决，更应该在发生问题之前就进行预防。上海市七宝中学就注意把工作做在前面，他们建立了"教师心理成长工作坊"。工作坊不仅为教师提供了心理学理论知识、心理辅导方法、班级管理和教学设计技巧，也为教师提供了一个增进同伴交流、释放内心压力、调节自我情绪的场所。

（四）提升教师的综合素养

随着社会的发展，工作压力会越来越大，而教师的职业生涯漫长、工作琐碎的特点不会改变，这就意味着教师将始终面临着压力过度和职业倦怠的袭扰。如何应对？问题的关键不是试图消除工作压力和职业倦怠，而是教师必须学会有效地处理这种局面。

外界应当给教师创造一定的条件，帮助教师缓解工作压力、克服职业倦怠情绪，但这些往往是有限的、暂时的。因此，更重要的是教师必须加强个人的内在修养，正确认识工作压力，提高自身的承受能力，以积极的姿态应对工作中的各种挑战。

在教师的综合素养方面，我们认为尤为重要的是积极的心态和教育科研的能力。事实上，每一名教师都承受着压力，每一名教师都会受到职业倦怠因素的影

① 伍新春，张军.教师职业倦怠预防[M].北京：中国轻工业出版社，2008：233.
② 徐元锋.关注教师心理　给老师放个"情绪假"[N].人民日报，2006-5-11(13).

响,但并不是所有的教师都被击垮了,优秀的教师往往能够扛得起、挺得住。这在很大程度上得益于他们积极的心态,他们不畏困难,乐观向上。而这种心态的获得,是要靠长期的自我修炼的。

苏霍姆林斯基曾经说过:"如果你想让教师的劳动能够给教师带来一些乐趣,使天天上课不至于变成一个单调乏味的义务,那你就应当引导每一位教师走上从事研究的这条幸福的道路上来。"教育科研能力强的教师善于发现和总结教育规律,他们不需要靠题海战术来提高成绩,不会让教学工作退化为一种机械重复性的活动,因而也就远离了压力过大和职业倦怠。也就是说,教育科研能够让教师真正体味到自身的工作是一项具有创造性的工作,能够在其中享受到一种成就感和无比的快乐。

三、工作满意度的提升

学校管理者不能满足于对低下的工作生活质量采取补救措施,更应着眼于不断提升教师的工作满意度。只有这样,才能使工作生活质量达到较为理想的水平。

(一) 尊重专业自主权

专业自主权是指专业人员依据其专业知识、技能和专业伦理规范,在从事专业服务时进行专业判断与决定而不受外界干预的权力。专业人员对专业领域的事务往往希望拥有独立的决策权,专业自主权在他们看来是不容侵犯的。因此,充分尊重专业自主权才会让工作满意度得到提升。

尊重专业自主权,首先要了解专业自主权的内涵。只有对其含义有了清晰的认识,才能避免不恰当地触及专业性事务。关于专业自主权的内涵,有研究人员以《中华人民共和国教师法》为法律依据,结合中小学的工作实际,提出教师应当拥有教学活动自主权、课程开发自主权、管理评价学生权、参与组织决策权和维护专业品质权。

尊重专业自主权,必须摆正行政管理的位置。中小学校是办学实体、教育机构,其主要工作是教育教学而非行政管理,其主角理应是教师而非管理人员,因此学校的行政管理不应喧宾夺主。加之学校规模一般并不很大,内部的行政性事务也不很多,针对这种情况,学校应精简管理机构,减少管理人员,简化管理程序,删减过于繁杂的管理活动,让教职员工专注于自己的本职工作,而不至于受到过多的行政命令的干扰。

尊重专业自主权,需要建立健全专业组织。在学校内部,要给予各种专业组织(如各学科教学的研究会)生存和发展的空间,学校管理者要允许并且鼓励专业组织的存在,充分发挥这些组织在开展学术研讨、促进教师专业成长、保障决策科学性等方面的积极作用。

(二) 实行参与式管理

只有真正让教师积极有效地参与到学校事务的管理中来,才能优化学校氛围,

促进组织沟通与协调,改善人际关系,进而提高教师的工作积极性与满意度。要将参与式管理落到实处,需要做好以下几方面的工作:

其一,加大信息开放度。不知情就无法参与,因此信息的开放化是实施参与管理的前提基础。学校要形成通畅的信息渠道,让教职员工及时地了解学校的重大事件,逐步提高各项工作的透明度,尤其是在关乎学校发展的重大问题、涉及教职员工切身利益的敏感问题上,不能搞"暗箱操作"。

其二,建立平等对话的制度。在管理措施出台之前,应多方征询教职员工的意见,真诚地倾听来自基层的"声音",力求达成共识。对于不同的意见,不能简单粗暴地依仗行政权威进行压制,而要认真对待,仔细研究,吸收其中的合理成分。

其三,树立学术权威,加强教师的自我管理。正如松散结合理论所指出的,教师只是"极其一般地"受到管理人员的控制,单纯地凭借行政命令往往难以奏效。教师很容易服从真理,而不会轻易地屈服于强权。因此,管理者可采用"首席教师制"等方式在学校中培植学术权威,对于学科发展、梯队建设等专业性问题交给学术权威去处理,让他们作出更符合科学规律的决策,并带领其他教师去贯彻落实。

(三)平衡工作—家庭关系

工作与家庭是人生的两个基本支点,家庭对教育工作者的意义十分重大,尤其对于教师的影响不容低估。教师在校时间长,回家后往往还要批改作业、备课,工作占据了大量的家庭生活时间。如果不能协调好工作与家庭的关系,得不到家人的理解与支持,必然会影响教师的工作情绪。有鉴于此,工作—家庭关系及其平衡计划已成为人力资源管理与职业生涯管理的重要内容。为了提高教师的工作积极性和满意度,促进组织和个人发展,管理者有必要根据实际情况在学校内构建工作—家庭平衡计划,帮助教师平衡工作与家庭间的关系。

学校的工作—家庭平衡计划必须考虑教师职业生涯周期以及家庭周期的变化。一般来说,在职业生涯早期,寻找配偶和决定是否结婚是教师面临的主要问题。在职业生涯中期,担负起抚养和教育子女的责任成为首要任务。职业生涯后期,随着子女长大成人各自独立,教师就需要适应空巢家庭生活。对此,学校可以采取以下措施来开展工作—家庭平衡计划:

其一,向教师提供家庭问题和工作压力排解的咨询服务或心理辅导,帮助教师缓解精神压力,寻找解决问题的对策和方案。

其二,将学校的一部分福利扩展到家庭范围,减轻教师的家庭压力,并把教师的家庭因素同晋升或工作转换联系起来,进行合理的职业安排。

其三,提供机会使教师的家庭成员和工作同事相互认识,如参观学校等,促进相互交流,帮助教师的家庭成员更多地理解、支持教师工作。

其四,根据教师个人的实际情况,设计适应其家庭需要的弹性工作制以供选择。如对于承担养育幼儿重任的女教师,可以允许其在没有课时任务的时间段里回家办公,或者采取发达国家所常见的半日工作制或每周三日工作制。

1. 阅读以下案例,并思考蓬莱路第二小学的"星级教师"制度有哪些作用? 它适用于哪类教师群体? 能否达到构筑优质人才高地的目的?

上海市蓬莱路第二小学以机制创新促进学校人力资源开发,努力构筑优质人力资源高地。学校为激励教师在专业上不断发展,建立了"星级教师"制度。

评为小学高级教师资历已达六年,并在教育教学上有显著成绩的教师可以评为星级教师,以激励这一批优秀教师更上一层楼。同时,"星级教师"的评定是浮动的,每一年评定一次,按学校职务晋升考评小组的评定成绩而定。一般占教师的10%—15%,连续两年评进15%的为星级教师,工资奖金相应跟上。如两年后实绩欠佳,享受一年,再回到小学高级。星级教师设一星至五星,以鼓励教师不断攀登,满足他们实现自我价值的需求。①

2. 借鉴蓬莱路第二小学的"星级教师"制度,结合所学理论知识,设计一份教师人力资源开发方案。

① 张民生,朱怡华.现代学校发展创意设计[M].上海:上海远东出版社,2006:428—429.

第十三章
学校安全管理

用平安祝福校园的今天，用平安打造校园的未来。

——佚名

情景导入

2011 年 11 月 16 日，甘肃省庆阳市正宁县榆林子镇，一辆货车与榆林子小博士幼儿园接送学生的面包车迎面相撞。事故造成 21 人遇难，其中有 19 名是学龄前儿童，另有 43 名孩子受伤。此后，江苏省徐州市丰县首美镇中心小学、云南省文山州广南县曙光乡又相继发生交通事故，造成多名学生死亡。

2010 年 3 月 27 日，一名男子在福建省南平市实验小学门口连续砍伤、砍死 13 名学生。自福建南平校园惨案开始，在近两个月的时间里，广东汕尾、广西合浦、广东雷州、江苏泰兴、山东潍坊、陕西南郑接连发生校园惨案，目前共造成 19 人死亡，近百人受伤。

2010 年 11 月 29 日，新疆阿克苏第五小学发生踩踏事故，上百名学生受伤被送往医院。2009 年 12 月 7 日，湖南省湘潭市辖内的湘乡市私立育才中学晚自习下课时发生踩踏事故，导致 8 人罹难、26 人受伤。

以上一起起触目惊心的事件警示学校管理者：学校安全管理亟待加强！安全不保，何谈教育？只有高度重视学校安全问题，构建起严密的组织与制度，并且常抓不懈、持之以恒，才能打造出平安校园。

第一节　学校安全管理的含义、意义与原则

一、学校安全及其类型

作为一个育人机构，学校首先应当是一个安全的场所，因此，学校管理者必须高度重视安全管理。

（一）安全与学校安全

《现代汉语词典（修订版）》对"安全"的解释是：没有危险；不受威胁；不出事

学校组织与管理

故。《韦氏大词典》将"安全"定义为：人和物在社会生产生活实践中没有或不受或免除了侵害、损伤和威胁的状况。从广义上讲，"安全"应该是指人类在任何生产、生活或其他一切生存发展活动中不受任何危险和伤害，没有尊严的威胁，能身心健康安全地从事活动。而狭义的"安全"则是指人们在生产生活过程中，能将人员伤亡或经济损失控制在可接受的范围。

我国的学术界对于安全的分类并不统一，视角不同，安全的类型也就各不相同。"学校安全"作为一种特定范围内发生的中观层面的安全类型，很难简单地被划分到哪种具体的类型之中。"学校安全"总体上应归属于社会安全，但自然灾害、事故灾难、公共卫生安全事件在学校范围内也是特别需要关注的安全类型；学校明显有别于工商业生产、交通建筑、食品卫生、医药医疗等行业，但交通安全、食品安全、医疗安全等历来都是引发校园安全问题的重点。与其他专业与行业领域安全的最大不同在于，学校安全的主体主要是未成年人，即学校的根本任务是保障少年儿童不受任何危险和伤害，免遭尊严的威胁，身心得到健康、安稳的成长。

(二) 学校安全事件的类型

危害学校安全的因素复杂多样，充分认识这些因素有助于做好学校的安全管理工作。有研究人员依据国务院《关于实施国家突发公共事件总体应急预案的决定》和《教育系统突发公共事件应急预案》，将学校安全事件划分为以下六类：[①]

表 13 - 1　学校安全事件的类型

类　别	具　体　内　容
第一类 社会安全类	● 校园内外涉及师生的各种非法集会、游行、示威、请愿，以及集体罢餐、罢课、上访、聚众闹事等群体性事件 ● 各种非法传教活动、政治性活动 ● 针对师生的各种恐怖袭击事件 ● 师生非正常死亡、失踪等可能会引发影响校园和社会稳定的事件
第二类 公共卫生类	● 发生在学校内的突发公共卫生事件 ● 学校所在地区发生的、可能对学校师生健康造成危害的突发公共卫生事件
第三类 意外伤害类	● 学校楼堂馆舍等发生火灾、建筑物倒塌、拥挤踩踏等重大安全事故 ● 校园重大交通安全事故 ● 校园水面冰面溺水事故 ● 大型群众活动公共安全事故 ● 造成重大影响和损失的后勤供水、电、气、热、油等事故 ● 重大环境污染影响和生态破坏事故 ● 影响学校安全与稳定的其他突发灾难事故等

---

① 郑增仪.学校安全工作实用读本[M].上海：华东师范大学出版社，2011：27.

类　别	具　体　内　容
第四类 网络、信息安全类	● 利用校园网络发送有害信息,进行反动、色情、迷信等宣传活动 ● 窃取国家及教育行政部门、学校保密信息,可能造成严重后果的事件 ● 各种破坏校园网络安全运行的事件
第五类 自然灾害类	● 气象、海洋、洪水、地质、森林、地震等灾害 ● 由地震诱发的各种次生灾害
第六类 其他事件	是指除以上 5 类外的突发公共事件

二、学校安全管理及其意义

　　面对纷繁复杂的影响学校安全的因素,学校管理者唯有加强管理、积极应对,才能让学校安全在可控的范围内。

(一) 学校安全管理的含义

　　关于学校安全管理,有人认为它有广义和狭义之分。广义的学校安全管理是指在教育工作中为防止和控制各种危险发生并最大限度地减少损失而采取的决策、组织、协调、整治、防范、救助等活动;狭义的学校安全管理仅指在学校管理中所开展的相应的活动。[①] 我们认为,此处的广义解释事实上是指学校的安全教育,它与安全管理既有联系又有区别,两者的关系下文将另作分析。

　　学校安全管理是学校管理的重要组成部分,它是一项为实现控制安全事故、消除安全隐患、减少人员财产损失的目的,通过一系列的管理手段,使学校达到一定的安全水平,为师生创造一个安全的学习、生活环境的管理活动。简言之,学校安全管理就是以保护学校财产和师生安全为目的而进行的有关计划、决策、组织和控制等方面的活动。

　　从学校安全管理的定义出发,我们需要重点把握以下几层意思:① 学校安全管理不仅仅是学校管理者和教师的责任,也是家长和社区工作者等相关人员的义务。只有全社会人员都纳入了学校安全管理的大视野中,学校的安全管理才会取得应有的成效;② 学校安全管理的目的只有一个,那就是保障学校安全,为学校的师生员工创造一个良好的工作学习和生活环境,以保障学校正常教学等活动的开展;③ 学校安全管理的方法有很多,其中包括运用相关法规制度进行强制性的约束、进行学校安全意识教育以及培养学生的安全能力等;④ 学校安全管理的对象是广大师生员工的人身财产安全和学校的财产安全。由于广大中小学生心智发展不成熟,行为活动难以控制,所以对他们进行安全管理显得尤为重要。

---

① 张玉堂.学校安全工作的三个基本概念[J].教育科学论坛.2008(1).

(二) 学校安全管理与学校安全教育的关系

要保障学校安全,单纯依靠向学生进行安全教育是不够的,学校管理者必须努力增强教师、家长乃至社区人士的安全意识,把学校的日常安全管理、教育教学过程中的安全工作(如体育活动、实验操作中的安全)、家庭的安全自我防护、社区内的安全防范工作等都纳入学校安全管理的范畴。基于此,学校安全管理与学校安全教育是包含与被包含的关系(见图13-1):①

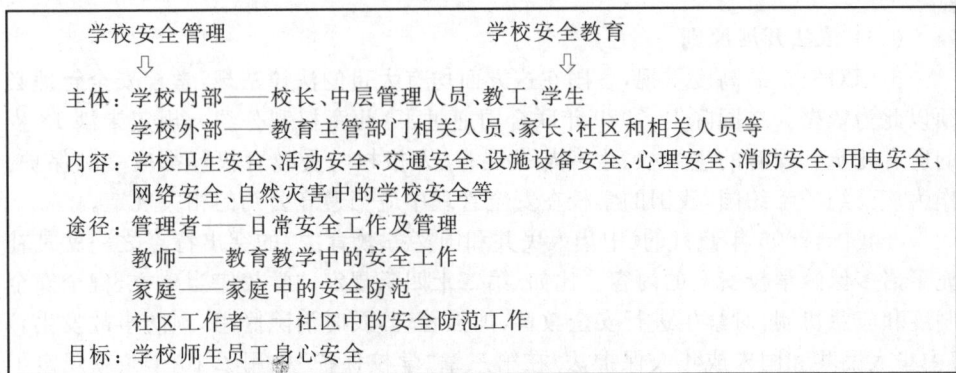

```
        学校安全管理                    学校安全教育
            ⇩                            ⇩
主体:学校内部——校长、中层管理人员、教工、学生
      学校外部——教育主管部门相关人员、家长、社区和相关人员等
内容:学校卫生安全、活动安全、交通安全、设施设备安全、心理安全、消防安全、用电安全、
      网络安全、自然灾害中的学校安全等
途径:管理者——日常安全工作及管理
      教师——教育教学中的安全工作
      家庭——家庭中的安全防范
      社区工作者——社区中的安全防范工作
目标:学校师生员工身心安全
```

图 13-1　学校安全管理与学校安全教育关系示意图

从这一大安全管理概念出发,我们不仅能够更为全面、立体地把握学校安全教育的对象、内容与途径,而且可以使原先割裂的"学校安全教育"与"学校日常安全工作"、"学校安全管理"实现联通,使管理与教育教学相互配合、日常工作与紧急事件应对相互补益,以更好地达成"学校师生员工身心安全"这一共同目标。

(三) 学校安全管理的意义

学校安全管理体现了对师生员工生命的关怀、生存权的关注,对学校成员生命价值的尊重。可以说,保障安全是学校所有工作的基础性要求。由于学校教育教学及管理的对象主要是学生,这就使得学校的安全管理有了更加不同寻常的意义。

从生理和心理特征看,中小学生好奇心强,精力旺盛,但缺乏经验,理性不足,容易冲动,办事不计后果。在自我保护能力上,他们是弱势群体,需要学校予以关心、加以教育和提供保护。从社会安定的角度看,学生如果出现安全问题,伤害的不仅是其本人,还会影响到其家庭。在独生子女占据很大比重的情况下,学生的安全牵动着每一个家庭的神经。一旦发生群体性伤害事件,更会引起全社会的关注。

需要注意的是,学校的安全管理不仅要关注显性的安全问题(如学生的踩踏事故、食物中毒等),而且要重视隐性的安全问题(如学生受到的讽刺挖苦、冷落孤立等)。在应试教育的环境中,学生的课业负担过重,活动时间和睡眠时间不足,容易感受到威胁、紧张、猜忌、孤独、无助等消极情绪,这些都危害到学生的健康成长,应

---

① 陈珍国.学校安全管理[M].上海:复旦大学出版社,2008:11.

归属于安全管理的范畴。不过,限于篇幅,本章将重点探讨对于显性安全问题的管理。

三、学校安全管理的原则

在学校中,安全管理应当遵循依法开展、专门专业、预防为主和保护适度等原则来进行。

(一) 依法开展原则

出于对安全的高度重视,各国在这方面均有大量的法律法规,学校安全管理必须以此为依据。在国际上,1989 年联合国通过了《儿童权利公约》,规定未满 18 岁的所有儿童其固有的生命权、生存与发展权、人格权与受教育权等都应受到保护。作为该公约的缔约国,我国的学校在安全管理中应当遵守公约的相关规定。

在我国,2006 年修订的《中华人民共和国义务教育法》的突出特点之一就是补充了诸多保障学校安全的内容。比如,第二十四条规定:"学校应当建立、健全安全制度和应急机制,对学生进行安全教育,加强管理,及时消除隐患,预防事故发生。"《中华人民共和国未成年人保护法》在第三章"学校保护"中用了 10 个条款规定了学校、幼儿园、托儿所在保护儿童身心健康方面的法律责任和义务,同时,在第二章"家庭保护"和第四章"社会保护"中规定了家庭成员或监护人、社会组织和个人在保护儿童身心健康方面的法律责任和义务。

2006 年颁布实施的《中小学幼儿园安全管理办法》是我国第一个专门关于中小学安全管理的法规性文件,它规定了校内安全管理制度与管理要求,如校长负责制、门卫制度、校外人员的登记或者验证制度、危房报告制度、安全隐患排查制度、消防安全制度、实验室安全管理制度、安全信息通报制度、宿舍安全管理制度、校车管理制度等,学校应当不折不扣地参照执行。

此外,《学校体育工作条例》、《学校卫生工作条例》、《学校食堂与学生集体用餐卫生管理规定》、《中小学校建筑设计规范》、《学校传染病预防控制指导手册》、《学生伤害事故处理办法》等规范性文件,也是学校在进行安全管理时的重要依据。

(二) 专门专业原则

尽管没有人会否认学校安全管理的重要性,但只要不出事,在以教育教学为中心的学校工作中,安全管理往往处于边缘地位。"要机构没机构、要人员无人员"的现象十分突出和普遍,学校安全管理工作呈现明显的去专门化和去专业化的运作状态。[1]

针对北京市中小学安全管理现状的调查发现,95.7％的学校建立了安全工作领导小组,但只有不到半数的学校设立了专职安全管理人员或群众性治安保卫组

---

[1] 陈红燕.学校安全管理:从边缘化走向专门化与专业化[J].教育科学研究.2011(4).

织,个别学校的副校长、保安和门卫甚至不了解学校的紧急疏散路线。受人员编制的限制和政策的影响,几乎所有的中小学都没有专门的学校安全工作机构或安全工作人员。学校安全工作职能分散在多个部门,这种管理机制使得各部门在工作中缺乏主动负责的动力,很难起到上下协调的作用。

为此,学校必须打破"安全管理可以由其他部门兼顾"的传统思路,打破"安全工作谁都可以干"的固有观念。学校管理者要将"安全是头等大事"的理念落实在机构设置与人员配置上,设立专门的安全管理机构,配备专业化的安全管理人员,改变学校安全管理缺乏常规、系统和长效的工作机制的旧有格局。否则,学校安全管理只是"治标不治本",难以从根本上奏效。

(三)预防为主原则

当出现安全问题时,及时应对、妥善处置是必要的,但更重要的是如何避免问题的发生。因此,在学校安全管理中理应秉持"预防为主"的原则,要做到未雨绸缪,消除各种安全隐患,将工作做在问题爆发之前。在这方面,在汶川地震中创造了无一人伤亡奇迹的叶志平校长为我们树立了榜样。

案例 13-1 叶志平校长是如何创造抗震奇迹的

2008 年 5 月 12 日,汶川发生大地震,造成了特大的人员与财产损失。然而,在与北川县毗邻的安县桑枣中学,却诞生了全校师生无一人伤害的奇迹,这一奇迹与其校长叶志平有着密不可分的联系。

叶校长上任后,用几年时间花了 40 多万元将造价才 17 万元的实验教学楼进行了加固。整栋楼的 22 根承重柱子,按正规的要求,从 37 厘米直径的三七柱重新灌水泥,加粗为 50 厘米以上的五零柱。对新建的楼,他的要求更是严格。楼外立面贴的大理石面,他让施工者在每块大理石板上都打四个孔,然后用四个金属钉挂在外墙上,再粘好。结果,在大地震中教学楼的大理石面没有一块掉下来。

从 2005 年开始,他每学期都要在全校组织一次紧急疏散演习。从每个班的疏散路线、楼梯的使用、不同楼层学生的撤离速度,到操场上的站立位置等,都事先固定好,力求做到快而不乱、井然有序。由于平时演习过多次,地震发生后,全校 2 200 多名学生、上百名教师,从不同的教学楼和不同的教室中冲到操场,以班级为组织站好,用时 1 分 36 秒,无一伤亡。

(四)保护适度原则

学校安全管理必须保护学生的安全,这是毫无疑问的。然而,在现实中,一些学校患上了"安全忧虑症"、"事故恐惧症",为尽可能减少以至杜绝校园事故的发生,学校的安全管理工作日益显露出过度化的现象,突出表现在采取禁锢化、封闭式、防范性的消极管理措施以提高所谓的学生安全系数。

例如：学校不再组织春游、踏青、登山、参观、夏令营、社会实践等校外活动；严格限制学生在校时间，不到上课时间不开放校门，一放学就把学生轰走；体育课日趋"温柔"，删减了单双杠、跳马、对抗性竞技比赛等风险较高的教学项目，不再组织耐久跑和传统的冬季长跑，甚至连篮球、足球这类运动项目也不再组织教学比赛和课外活动；体育运动器材不断"软化"，铅球变成了实心球、排球变成了软式排球，运动场所卸下吊环、单双杠、攀登架、软梯等容易造成损伤的运动器械，刀枪入库；实验课由学生动手变为教师示范；为防止学生相互追逐引发身体碰撞，甚至规定学生在课休时间只能"走"不能"跑"。这种"圈养式"的安全管理弱化了学生的身体素质，影响了他们的主体性发展，降低了其社会适应力。

为此，在学校安全管理中要克服保护过度的不良倾向，努力做到：① 学校安全管理规则的制订应尽可能地减少对学生活动自由的影响程度，使学生能够在学校无忧无虑、自由自在地学习、玩耍和生活。② 一切管理工作（包括安全管理）都应从属并服务于"教育人和培养人"这一学校特定的目标，不应该为了学生的安全而限制或减少学校组织正当的教育教学活动。③ 学校对学生的某些行为或是某些教育教学活动作出的禁止性规定，应当是学校为达成安全管理的合理目标所必须的、无可避免的。④ 摒弃对学校安全不切实际的幻想，不能希冀通过管理彻底杜绝校园事故的发生。正是在这种超乎现实的管理目标的指引下，学校管理者对校园安全问题总是战战兢兢、如履薄冰，对事故的防范也愈益趋向于谨小慎微。①

第二节 学校安全管理的内容

一、重视学生的安全教育

让学生形成安全意识、掌握安全知识、练就安全技能，是预防安全事故、在危险到来时将损失降到最低的前提与保障。

（一）安全教育的指导思想

对学生进行安全教育，是学校安全管理的首要内容。专家认为，80％的中小学生意外伤害事故是可以避免的。② 之所以酿成那么多悲剧，一个重要的原因在于学生缺乏安全防卫知识和自我保护能力。可见，学校的安全教育十分重要且刻不容缓。

学校在开展安全教育时，必须强调以人为本，因为财物的损失还可以弥补，但人的生命无法重来。为此，学校管理者要把安全教育贯穿于学校教育的各个环节，

① 尹晓敏. 论学校安全管理的适度原则[J]. 现代教育论丛. 2007(4).
② 王绪池. 学校总务管理[M]. 重庆：重庆大学出版社，2008：254.

使广大中小学生牢固树立"珍爱生命,安全第一,遵纪守法,和谐共处"的意识,具备自救自护的素养和能力。

要通过开展安全教育,培养学生的社会安全责任感,使学生逐步形成安全意识,掌握必要的安全行为的知识。值得注意的是,伴随着人的成长,危害安全的因素也会有所变化。这就意味着青少年的安全教育工作是一个持续的过程,一个不断拓展的过程,一个从被动要求到形成主动判别、主动学习的过程。

在安全教育中,要让学生了解相关的法律法规常识,养成在日常生活和突发安全事件中正确应对的习惯,最大限度地预防安全事故的发生和减少安全事件对中小学生造成的伤害,保障中小学生健康成长。学生的安全问题总是伴随其学习与生活过程出现的,因此,要做好安全防范工作,关键是要依靠学生自身的防护能力。一般而言,学校应当在以下几个方面提升学生的安全能力:① 训练学生学习、生活设施、用品的安全使用能力;② 培养学生环境安全的判别能力;③ 提高学生自我防护和安全交往能力;④ 增强青少年耐受挫折的能力。

(二) 安全教育的内容体系

2007 年,教育部颁布了《中小学公共安全教育指导纲要》,将安全教育的主要内容分为预防和应对社会安全、公共卫生、意外伤害、网络与信息安全、自然灾害以及影响学生安全的其他事故或事件等六个模块。中小学心理健康教育,则继续遵照教育部已经规定的相关要求实施。

《中小学公共安全教育指导纲要》是学校开展安全教育的重要依据,它根据学生学习与生活的内容、范围和发展目标的不同,考虑到不同年龄学生身心发展规律和认知特点的差异,将学生安全教育分为小学低年级(1—3 年级)、小学高年级(4—6 年级)、初中、高中等四个学段循序渐进地开展,每个学段包含的模块和侧重点各不相同(见图 13 - 2)。

(三) 安全教育的途径

学校开展安全教育,首先应当考虑在学科教学和综合实践活动课程中进行渗透。这一途径充分利用了学校现有的教育资源和日常活动,没有增加额外的负担,因而便于推行与落实。它可以使教职员工从本职工作出发,依托其专业优势对学生进行安全教育,从而保障安全教育的常规化和全面性。例如,地理教师可以结合教学内容介绍一些自然灾害的防护手段,体育教师应该在运动之前告诉学生防止受伤的方法,综合实践活动中要帮助学生树立自我保护的意识。

对无法在其他学科中渗透的公共安全教育内容,可以利用地方课程的时间,采用班、团、校会、升旗仪式、专题讲座、墙报、板报、参观和演练等多种方式进行。自1996 年起,我国将每年三月的最后一个星期一确定为"全国中小学生安全教育日",并且每年都有一个主题,学校可以围绕主题来开展系列化的活动。比如,校长作国旗下的讲话,各年级制作安全教育的展板,各班开展安全教育的主题班会。

有言道:纸上得来终觉浅,绝知此事要躬行。学校的安全教育不仅要注重认高中学段包括五个模块，不包括应对意外伤害事故模块，其侧重点是：
- 理解与安全有关的基本方法
- 自觉抵制可能引发安全问题的事件
- 能够在保证自身安全的前提下救助别人
- 既强调个人安全，又强调公共安全和国家安全

初中学段包括六个模块，其侧重点是：
- 了解与安全有关的基本知识
- 强化自我保护意识
- 掌握确保安全的基本方法
- 强调个人安全，兼顾公共安全

小学高年级包括六个模块，其侧重点是：
- 认识危险的危害
- 形成躲避危险的意识
- 掌握确保安全的基本方法
- 强调个人安全，兼顾公共安全

小学低年级的安全教育内容包括五个模块，不包括预防和应对网络与信息安全事故。其侧重点是：
- 了解危险的存在
- 知道躲避危险和求生、求助的简单方法及技能
- 强调个人安全

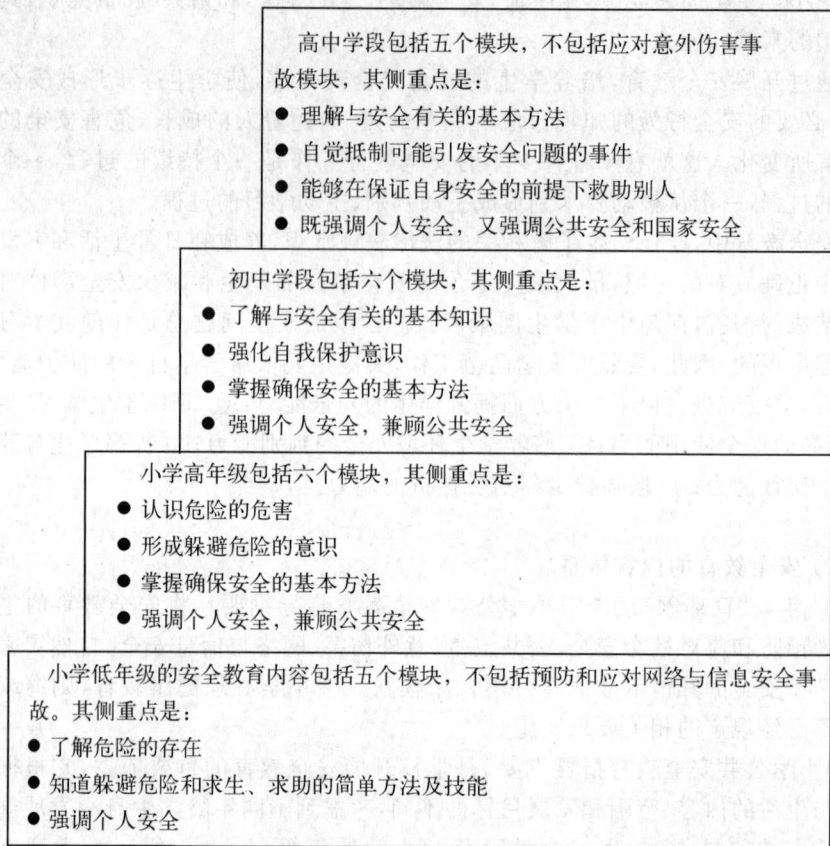

图 13-2　安全教育的内容体系[①]

知,更要关注活动和体验。因此,学校要利用游戏、模拟、活动、体验等主题教学活动和丰富多彩的校园文化活动来进行安全教育。只有这样,安全教育才能入脑、入心,才能转化为学生的安全行为与习惯。

不可否认,安全教育的内容涉及诸多领域,学校在这方面事实上缺乏足够的教育资源,单纯依靠学校的力量不足以高质量地完成安全教育的任务。因此,学校要善于借用校外资源,与公安消防、交通、治安以及卫生、地震等部门建立密切联系,聘请有关人员担任校外辅导员,根据学生特点系统协调与承担公共安全教育的内容,并且协助学校制订应急疏散预案和组织疏散演习活动。此外,家长有责任保护孩子的安全,他们也是学校安全教育的重要资源。

二、分类做好各项安全工作

学校的安全工作涉及面广,任何一个细微之处的偏差,都可能导致灾难性的后

---

① 郑增仪.学校安全工作实用读本[M].上海：华东师范大学出版社,2011：28.

果。因此,安全工作必须做到全面、全员与全程。当然,不同的安全问题应当有不同的应对措施,限于篇幅,此处仅谈几类安全问题的管理策略。

(一) 学校卫生安全

学校卫生安全是指教师与学生在校工作与学习期间所涉及的身体健康和生理安全方面的工作。一般而言,学校卫生安全可分为饮食卫生和疾病预防两大方面,涉及生理学、营养学、卫生学、学校保健(疾病预防、护理)等学科的知识和工作。[①]

要保障学校的卫生安全,首先要做好教室、食堂、图书馆与阅览室等场所的卫生工作。教室是师生最集中与常用的地方,应保持整齐清洁,地面无痰迹、纸屑、污物,每天清扫地面、抹擦课桌椅。按照《中小学校教室换气卫生标准》的规定,每小时要置换空气,保持良好的通风和空气新鲜。以《中小学校教室采暖温度标准》为依据,在学生学习期间要保持教室的适宜温度。对于其他场所,也要以相关规定为基础,明确卫生要求,达到卫生标准。

除了公共场所的卫生外,个人卫生也十分重要,比如,要保持正常、合理的生活规律,积极锻炼身体,不吸烟,不酗酒,保证充分休息,增强身体抵抗力;经常洗澡、理发、修剪指甲,早晚洗漱;及时换洗衣服、床单、枕巾、被套;平时保持双手清洁,用清水及洗手液(或肥皂)洗手;不与他人共用毛巾、手绢、牙膏、餐具或其他个人物品;不随地吐痰,不乱扔垃圾;养成均衡的饮食习惯,多吃水果、蔬菜等绿色食品;拒绝毒品;洁身自爱、遵守性道德,青少年不应过早发生性行为;疟疾、乙脑流行地区或季节,要使用个人防护设备(如蚊帐);如果自身发现有传染病迹象,应加以防护(如戴口罩),避免传染他人,并及时就医。

随着后勤社会化的进程,学校的午餐、保洁等工作越多越多地转移给了校外的有关企业,但这并不意味着学校卫生安全责任的减弱。学校要选择有资质的单位来进行招标承包,在合同中要明确卫生要求,并且在过程中加强检查,防患于未然。一旦发生食物中毒、流行病爆发等事件,要本着"早发现、早报告、早隔离、早治疗"的原则,及时通报有关方面,积极采取救助措施,努力做好危机处置。

(二) 学校活动安全

学校活动安全是指教师和学生在组织校园内外的各种活动时所涉及的身心方面的安全。一般而言,学校活动安全可分为校内活动安全与校外活动安全两个方面,内容涉及实验室、课间活动、娱乐游戏、体育运动与艺术表演、旅游野炊与营地活动、劳动实践与科普考察、庆典纪念与专题参观、自然灾害预防与救援等诸多方面。[②]

---

① 陈珍国.学校安全管理[M].上海:复旦大学出版社,2008:22.
② 陈珍国.学校安全管理[M].上海:复旦大学出版社,2008:64.

由于学生天性好动，课间休息时间往往成为安全事故高发的时段，为此，一些学校和教师明令禁止学生在课间奔跑嬉戏，甚至不允许学生离开教室。这不是安全管理的正确方向，学校完全可以在其他方面下工夫以保障课间活动的安全。比如，有的学校实行错时下课，避免学生因拥挤而发生意外；有的学校在校园的空地上划出活动区域，引导学生开展健康、安全的游戏；有的学校楼梯、拐角等处安排值勤教师，发现安全隐患及时予以处理。

体育课也是易发安全事故的时间，为此，教师要从备课入手，研究学情和学生年龄特点，精心设计教学方法、手段、负荷，预想在教学过程中可能会出现的伤害及消除的办法。在课前，要仔细检查学校运动场地和体育器材的安全性，发现问题及时上报，并且变更活动内容。上课时，教师要带领学生认真做好准备活动，为后续的高强度运动做好铺垫。在整个活动过程中，教师应进行有针对性的保护和帮助，防止学生因保护或帮助不当而造成伤害。另外，教师要利用各种机会对学生进行安全教育，提升其安全意识，并且时时提醒、常常督促，使之落实到每一堂课上。

由于人员众多，学校的庆典等集体活动需要特别加强管理。不论是室内室外、校内校外，各种大型活动都要制订详尽的行动方案和安全预案。对于室内活动，事先要对活动场地进行全面检查，在活动时要将安全通道全部打开，并安排专人值班。对于校外活动，要履行相应的报批手续。在选择地点、设计行程及预计活动完成时，要考虑到学生的行为能力和自我保护能力。在活动开展前，应向学生、家长及所有同行的成员详细说明行程安排，提示各种安全规则。在外出活动时，负责校外活动的领队必须具备带领学生参与户外活动的经验，团队中至少应有一名具备急救知识的人员。

（三）学校设施设备安全

学校设施设备是指校园内的地上物，如体育设施、校舍、教育教学实验设备等。从类型上看，常见的校园设施设备安全问题主要有教学校舍设施安全、校园消防设施安全、实验室设施安全、体育设施安全和学生宿舍设施安全等。

学校教学校舍工程质量是关系到广大师生生命安全的大事，因此，在建设过程中要严格实行招投标制、项目监理制、法人责任制和工程建设合同制，严格执行建设工程强制性标准。建设工程完成后，要定期进行检查，作出险情与隐患评估报告，及时维护与修缮。学校应拟定疏散办法，以备不时之需。为此，要绘制一幅学校地图，标明各种建筑物的位置、排水沟与煤气管道以及空中架设线路的走向等。在此基础上，预设建筑物内的疏散通道，指定户外开阔的疏散集中区，并确定疏散程序。

实验室里有种类繁多的易燃易爆化学药品，还有风干机、电炉等大功率电器，因而实验室的安全隐患较多。学校应将实验室管理作为设施设备安全的重点项目来抓，具体做好以下几方面的工作：① 应充分做好实验前的准备工作，熟悉实验内容，掌握实验步骤；② 实验室管理人员要对准备工作进行检查，严禁摆放与实验无关的设备和药品,并向学生讲解有关物品与仪器的使用方法;③ 学生应该服从教师和管理人员的指导,遵守实验室的规章制度,严格按照实验程序进行操作,防止发生意外;④ 学校应当定期对实验室管理人员进行岗位培训,以提高其素质;⑤ 主管领导要定期对实验室进行安全检查,对发现的问题要及时解决,消除安全隐患。

学生宿舍是学生在校的重要生活场所,应朝着规范化的方向发展。为此,学校在宿舍建设时就要充分考虑安全因素,使宿舍内的各种生活设施符合安全标准,配备并及时更换与维护消防设施。要在宿舍的明显位置张贴疏散图和有关安全内容的提示板,对住宿学生进行与宿舍设施安全相关的专题教育,传授意外发生时的自救与求救方法。对宿舍管理人员要开展岗位培训,使其熟悉宿舍管理的作业流程,对突发事件能够沉着应对,减少不必要的损失。

三、强化安全工作的过程性管理

安全工作,预防为主,重在落实。从这个意义上讲,安全管理必须贯穿于学校各项工作的始终,实行全程式的管理。

(一) 从安全管理的计划工作入手

古人曰:凡事预则立,不预则废。计划,是管理活动的第一个环节,学校的安全管理要从制订计划开始。有了严密的计划,后续的工作就能依照计划有条不紊地开展。

学校的安全工作是有规律可循的,比如,春季要开展流行病的预防工作,夏季要做好防汛工作,冬季要安排好供暖。这些周期性的工作应当成为安全管理的常规性活动,在计划中的固定时段作出安排。除此之外,每个学期应当根据实际情况确定安全管理的重点工作,要在计划中明确具体要求,设计活动方案,从而使常规活动与重点工作有机结合。

计划环节的另一项重要任务是制订各种预案,下文将作专题讨论,此处不再赘述。

(二) 通过制度建设保障安全管理的落实

制度,规定了可以做什么、不能做什么,明确了应当怎么做、不应怎么做。这对安全管理的有效实施意义重大,可以说,没有学校安全制度,学校安全管理难以顺利进行,无法落到实处。没有学校安全制度,必然会降低学校安全管理的有效性,甚至可能导致学校安全管理的完全失效。因此,学校管理者应当加强制度建设,以此来保障安全管理的落实。

学校安全制度是指学校的管理者为了保障学校各项教育工作的顺利进行,依据法定的要求和程序制订的与教学相关的安全工作权限和安全工作程序。一般而言,学校安全制度主要包括学校消防安全制度、学校卫生工作制度、学校活动安全制度、学校实验安全制度、学校住宿管理制度、学校门卫工作制度以及学校其他的安全制度等。①

要做好学校的安全工作,管理者应重视学校日常的安全管理。建立分工明确的岗位责任制,是有效管理的基础。一般来说,校长是学校安全工作的第一责任人,校长必须重视学校的安全工作,将它放在重要的议事日程上。同时,要根据学校安全制度的规定,进一步明确学校的岗位责任,将岗位责任逐条细化,落实到人,并且要签订岗位责任书,建立覆盖所有工作的安全保障体系。要做到人人都关心学校安全工作,形成一支学校安全工作的常规队伍。

(三)加强对安全工作的检查监控

学校的安全管理除了要建章立制、明确责任之外,还应加强对安全工作的检查监控。只有通过经常性的、细致的检查监控,才能了解落实的情况如何,发现执行过程中出现的疏漏,及时采取补救措施,避免问题累积,以致积重难返,最终酿成大祸。

案例 13-2　安全在于细节之间②

某中学教学楼加固装修后,有淘气学生经常扳动楼道里的暖气阀门旋钮,弄得暖气时冷时热。为了避免学生再动,工作人员就将旋钮取了下来,总务主任也未把此事放在心上。一次,校长在例行检查中发现暖气阀门没有旋钮,一根根铜棍竖着,他觉得这样有隐患,若学生打闹,磕上去会有危险,于是让总务主任设法解决。

总务处工人先用白橡皮膏将铜棍头缠绕上,可学生又将橡皮膏揪了下来,这让总务主任犯难了:弄结实了吧,学生会开关阀门;弄得不结实吧,学生会给揪掉。思考许久,他终于想出了一个主意:将阀门方向朝墙转15度,这样学生再也不会磕到阀门了。这办法未必是最好的,但的确消除了安全隐患。

(四)做好安全管理的总结评估

从过程管理的角度看,总结评估是管理活动的最后一个环节,其任务是回顾整个工作的全过程,总结其中的经验,发现存在的问题,留待下一个管理周期予以解决。只有做好这一环节的工作,才能使学校安全管理的水平不断得到提升。为此,有研究人员编制了学校安全管理水平评价体系,具有一定的参考价值(见图 13-3):③

---

① 张玉堂.学校安全工作的三个基本概念[J].教育科学论坛.2008(1).
② 王绪池.学校总务管理[M].重庆:重庆大学出版社,2008:263.引用时,略有改动.
③ 顾闻钟,徐勇.学校安全管理水平评价指标体系的构建[J].中国学校卫生.2009(8).

学校组织与管理

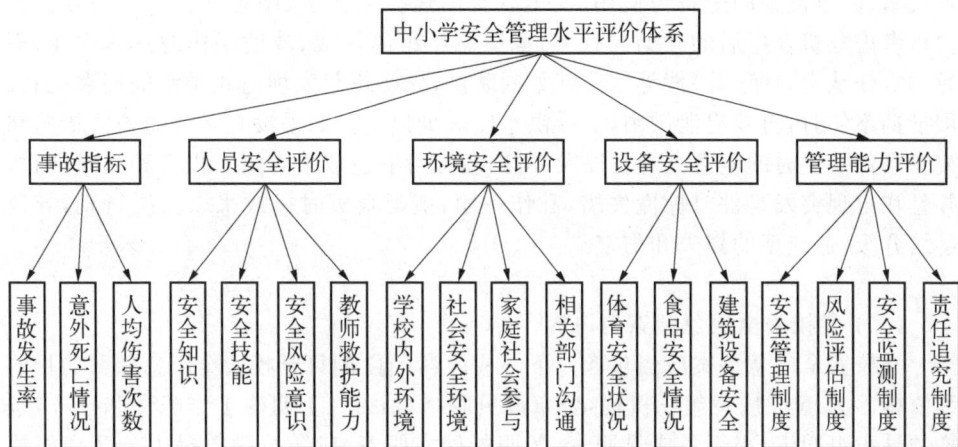

图 13-3 中小学安全管理水平评价体系

第三节 学校的安全应急预案与危机处置

一、学校安全应急预案的制订与启动

为了抑制和消除各类突发事件,最大限度地减少人员伤亡和财产损失,学校应当制订安全应急预案。

(一)学校安全应急预案的含义与价值

2006年修订的《中华人民共和国未成年人保护法》第二十三条规定:"教育行政等部门和学校、幼儿园、托儿所应当根据需要,制定应对各种灾害、传染性疾病、食物中毒、意外伤害等突发事件的预案,配备相应设施并进行必要的演练,增强未成年人的自我保护意识和能力。"这是我国首次对学校安全应急预案作出法律上的规定,意味着制订应对突发事件与意外事故的预案不仅是学校一项重要的管理工作,也是学校必须履行的法律义务。

所谓学校安全应急预案,是指为预防校园人身伤害事故发生、明确发生校园突发事件时所应采取的措施而制订的应急处置方案。制定安全应急预案的目的在于,事先明确在学校中科学可行的应对危机事件的措施、流程、方法和途径,做到有备无患。可见,它不应是上级检查时拿出来的"展示品",而应是学校中人人皆知的"日常用品";不只是意外发生后被动的紧急处理安排,而是一种主动的预防、应对设计和安排。

学校安全应急预案的首要功能不是事发后的危机处理,而是事发前的主动预防。在预案中,首先要设计平时的各种防控措施,如相关管理制度、人员的安全职责要求、防范设施的配备与使用、安全教育的途径与方法、隐患的排查与整改。其次再考虑危机发生后的救助与处置,如应急小组的构成、救助工作的具体安排、事后的责任认定与赔(补)偿等。这就如同防洪,先要筑起大坝防止洪水的侵袭,当大坝抵挡不住时,再开启泄洪闸,疏导洪水以减少损失。如果没有必要的预防措施和突发事件发生时的应急处置程序及办法,就很可能造成重大财产损失和人员伤亡,并且在出现突发事件时惊慌失措,乱作一团,拖延救援时机或采取错误行动,导致事故升级,造成新的损失和伤害。

(二)学校安全应急预案的内容

学校安全应急预案应当包含以下一些内容:① 制订学校安全应急预案的目的和依据。② 建立应急组织机构,公布成员联络电话。③ 明确工作职责和任务,包括领导小组职责、小组各成员职责、各职能处室职责、应急抢险救援小分队和相关人员主要任务等。④ 突发事件的预防和预警。⑤ 突发事件应急处理措施,要强调对突发事件的应急处置方法和程序,处理步骤要清楚,救援重点应突出。⑥ 突发事件逐级报告制度,应根据事故伤亡程度和事故报告的规定进行逐级报告,违反规定者要承担相应责任。⑦ 事故处理与责任追究。一般由上级主管部门根据事故或事件大小、性质,组织有关人员组成事故调查组开展调查,学校参与并做好配合工作。⑧ 应急培训与各类演习。⑨ 附则,注明关于预案的制订、评审与持续改进的规定,以及相关术语和内容的解释等。①

在学校安全应急方案中,应急机构及其工作职责是十分重要的内容。一般而言,应急机构应包括:① 领导小组。校长任组长,负责全面工作;校级副职或校长办公室主任任副组长,协助校长工作;教导主任、保卫干部及相关人员为组员。② 应急抢险队伍。③ 专项应急工作组。由校长担任组长,相应主管主任及年级组长任副组长,相应部门的工作人员或教师为组员。不同的危机事件,应急工作组的人员组成各不相同,但其职责基本相似,主要是分析危机事件的性质、类型、级别;向上级主管部门提出预警级别及启动应急预案的建议;临场指挥,控制事态的发展;向上级主管部门提出是否停课的建议;做好伤亡、损失统计;指导恢复、善后工作;总结危机事件的教训,推广处置经验。

防控措施是学校安全应急预案的核心,包括平时的主动预防措施和事发后的快速救助措施。前者可以从两个维度去设计:一是对危机事件作横向的因素分析,分清主次,通过控制相关因素来减少危机事件的发生率;二是对危机事件作纵向的流程分析,找出薄弱环节与缺失之处,予以弥补。对于事发后的快速救助措施,首先要明确"救人第一"的原则。不论学校在事件中是否有责任,都得把救人放在第一位。其次,救助措施必须是一种快速的反应,不允许有半点拖延和推诿。第三,救助措施必须是科学的。学校安全应急预案要对救助进行周密的计划和部署,避免因救助失误而产生次生灾害。

① 杨国成.如何制订学校安全应急预案[J].河南教育.2005(12).

（三）学校安全应急预案的启动

学校有预防、应对各种意外事故与突发事件的应急预案体系，一旦出现危机，就可立即按其影响程度与发展趋势启动相应的预案，迅速使事态得以控制，尽可能地减小对学校的影响，维持正常的教育教学秩序。

《学校安全工作实用读本》将预警级别划分为四级：① 蓝色预警。预计将要发生一般的（Ⅳ级）意外事故与突发事件，意外事故与突发事件即将临近，事态可能会扩大。② 黄色预警。预计将要发生较大的（Ⅲ级）意外事故与突发事件，意外事故与突发事件已经临近，事态有扩大的趋势。③ 橙色预警。预计将要发生重大的（Ⅱ级）意外事故与突发事件，意外事故与突发事件即将发生，事态正在逐步扩大。④ 红色预警。预计将要发生特别重大的（Ⅰ级）意外事故与突发事件，意外事故与突发事件随时会发生，事态正在不断蔓延。

面对危机事件，学校管理者在得到相关信息后应迅速判明情况，及时（在30分钟内）采用电话方式报送预警信息。在电话报送后，应立即（在90分钟内）以文件形式将详细情况正式上报。紧急事件信息要直接报送相关机构，报送的内容应包括：① 事发时间、地点、规模、破坏程度、人员伤亡等情况；② 对起因、性质、影响程度的初步判断；③ 学校已采取的措施与效果；④ 师生员工、学生家长、社会各界、新闻媒体等各方面的反应；⑤ 其他需要报送的事项。学校报送的信息要客观详实，避免主观臆断，并将后续发展情况及时续报。

二、学校安全事故的责任划分与处理程序

在各种安全事故与突发事件中，学生往往会受到伤害。对于学生的伤害事故，必须划清责任，妥善处理。

（一）学校安全事故的含义

关于学校安全事故，学术界存在不同的理解。有学者认为，学校安全事故是指在学校及其他教育机构内，以及虽在学校及其他教育机构之外，但是在学校及其他教育机构组织的活动中发生的，由于学校、教师的疏忽没有预见，或者已经预见而轻信能够避免，从而导致学生人身伤害的事件。有人从行为人主观状态的角度出发，认为学校事故是因过失行为而导致的，因此，不能把体罚导致的学生人身伤害归属于学校事故的范围之内。但有研究人员对此提出了不同意见，认为学校安全事故是指学生在校期间受到的人身伤害事故，而不仅是人身过失伤害事故。[①]

在这一概念中，首先需要明确的是，学校安全事故并不仅限于校园范围内发生的伤害事件，由学校组织的外出活动中发生的意外也属于学校安全事故的范畴。其次，无论是有意为之还是无心之过，只要对学生造成了伤害就是一种学校安全事故。第三，只要是在学校组织的活动中发生的问题，不管过错方是谁，都应归为学

---

① 参见劳凯声.中小学伤害事故及责任归结问题研究[J].北京师范大学学报（社会科学版）.2004（2）；王唯铭.学生伤害事故中损害赔偿立法研究[D].成都：西南交通大学硕士学位论文,2010：4—5.

校安全事故。

基于上述认识,我们将学校安全事故定义为:学生在参加学校组织的各项活动中因故意或过失所造成的人身伤害事故。从这个定义中可以看出,学校应当精心组织各项活动,努力提高安全系数;必须杜绝故意伤害学生的行为,也要避免对学生的过失性伤害;应当加强对学生的安全教育,减少学生因自身原因导致的损伤。

(二) 学校安全事故的责任认定

长期以来,学校安全事故中的责任认定问题始终困扰着学校,有的判例中认定学校对学生负有监护责任,让学校背负了沉重的负担。事实上,学校对学生承担的是教育、管理和保护的职责,这与家长的监护责任是有区别的。因此,不能将所有的意外伤害事故都认定为学校的责任。

2002年颁布的《学生伤害事故处理办法》规定,下列情况下发生的伤害事故,学校无法律责任:① 地震、雷击、台风、洪水等不可抗的自然因素造成的;② 来自学校外部的突发性、偶发性侵害造成的;③ 学生有特异体质、特定疾病或者异常心理状态,学校不知道或者难于知道的;④ 学生自杀、自伤的;⑤ 在对抗性或者具有风险性的体育竞赛活动中发生意外伤害的;⑥ 其他意外因素造成的。对于下列情况下发生的伤害事故,事故责任应当按有关法律法规或者其他有关规定认定:在学生自行上学、放学、返校、离校途中发生的;在学生自行外出或者擅自离校期间发生的;在放学后、节假日或者假期等学校工作时间以外,学生自行滞留学校或者自行到校发生的;其他在学校管理职责范围外发生的。

学生或者未成年学生监护人由于过错,有下列情形之一,造成学生伤害事故,应当依法承担相应的责任:① 学生违反法律法规的规定,违反社会公共行为准则、学校的规章制度或者纪律,实施按其年龄和认知能力应当知道具有危险或者可能危及他人的行为的;② 学生行为具有危险性,学校、教师已经告诫、纠正,但学生不听劝阻、拒不改正的;③ 学生或者其监护人知道学生有特异体质,或者患有特定疾病,但未告知学校的;④ 未成年学生的身体状况、行为、情绪等有异常情况,监护人知道或者已被学校告知,但未履行相应监护职责的;⑤ 学生或者未成年学生监护人有其他过错的。

那么,学校在什么情况下要承担法律责任呢?《学生伤害事故处理办法》规定了12种情况,比如,学校的校舍、场地、其他公共设施,以及学校提供给学生使用的学具、教育教学和生活设施、设备不符合国家规定的标准,或者有明显不安全因素的;学校的安全保卫、消防、设施设备管理等安全管理制度有明显疏漏,或者管理混乱,存在重大安全隐患,而未及时采取措施的;学校向学生提供的药品、食品、饮用水等不符合国家或者行业的有关标准、要求的;学校组织学生参加教育教学活动或者校外活动,未对学生进行相应的安全教育,并未在可预见的范围内采取必要的安全措施的;学校知道教师或者其他工作人员患有不适宜担任教育教学工作的疾病,但未采取必要措施的;学校教师或者其他工作人员体罚或者变相体罚学生,或者在履行职责过程中违反工作要求、操作规程、职业道德或者其他有关规定的。

(三) 学校安全事故的处理程序

如果学校安全事故的处理程序不合理,就可能加深学生的伤害程度,加重学校的责任分担,加大平息事态的难度。因此,学校应当建立科学、规范的学生伤害事故处理程序。一般而言,学校安全事故的处理程序如下:

首先,提供救助。当学校安全事故发生后,学校应该在第一时间对受到伤害的学生进行救助。如果情况严重,要及时送医。在这一阶段,学校相关人员一方面要争分夺秒,防止错失救助的最佳时机;另一方面要提供专业化的救助,如果当事人缺乏相应的知识与技能,应请校医等专业人士来处置。

其次,及时报告。在救助受伤害的学生的同时,要尽快告知学生家长,让家长了解事故的来龙去脉。这样做一方面能够让家长做好心理准备,打消顾虑,另一方面也能够让家长协助学校处理好安全事故。如果学生伤害事故情形严重的,学校应当及时向主管的教育行政部门及有关部门报告;属于重大伤亡事故的,教育行政部门应当按照有关规定及时向同级人民政府和上一级教育行政部门报告。需要注意的是,学生食物中毒事件,除向主管的教育行政部门报告外,还应当向当地的主管卫生部门报告,并配合进行必要的检查和处理。

第三,做好记录。对于事故的发生经过、处置过程,要由专人负责记录,以便为日后的事件定性、责任划分、赔(补)偿额度等提供依据。在记录中,除了要有当事人对事件的描述外,还应找其他知情人了解情况。记录以文字方式为主,有条件的,可增加照片、视频等资料。

第四,协商解决。学校应先与受伤害学生或者家长在平等自愿的基础上进行协商,探讨双方均能接受的解决问题的方法;也可以在双方自愿的情况下,书面请求主管的教育行政部门进行调解。这样,学校和家长能够在一个融洽的氛围内友好地解决问题,不至于破坏双方的关系。

第五,上级调解。主管的教育行政部门收到调解申请,认为有必要的,可以指定专门人员进行调解,并应当在受理申请之日起 60 日内完成调解。涉及人数多、赔偿金额大、社会影响广的特大事故,宜由县一级政府统一协调解决。

第六,法律诉讼。如果调解不成,可以上诉法院,进入司法程序,由法院审理后作出判决。

第七,书面汇报。事故处理结束,学校应当将事故处理结果书面报告主管的教育行政部门;重大伤亡事故的处理结果,学校主管的教育行政部门应当向同级人民政府和上一级教育行政部门报告。

三、学校安全管理中的心理危机干预

学校的突发事件与意外事故不仅会伤害学生的身体,也往往会在其心灵上留下阴影。因此,心理危机干预就显得十分必要了。

(一) 心理危机及其演化过程

当发生突发事件或意外事故时,人们往往会关注它对学生造成的外显的身体伤害,而容易忽视隐性的心理创伤。其实,面对突如其来的重大变故(如地震、火灾),哪怕是身体没有受伤,学生也会在心理上遭受巨大冲击。受限于自身的成熟度,学生很容易陷入心理危机。所谓心理危机,是指人在面临自然、社会或个人的重大事件时,由于无法自我控制、自我调节自己的感知与体验而出现的情绪与行为的严重失衡状态。

布伦德(J. Brende)认为,个体从应激反应出现到消除或恶化需要经历五个阶段。[①] 具体来说,包括:① 即刻应对期。多数人表现出思维混乱或充满恐惧,也有人表现出较好的思维能力和承受力。② 适应早期。一些人会否认灾难的降临,这是一个比较危险的应对反应。此外,多数人会对现实表现得很冷淡,因为这样有助于他们与无法控制的环境作斗争。③ 适应中期。意识到灾难过后,当事人开始反复回忆或体验危机事件的经历。④ 适应晚期。危机事件发生后的1—3个月,当事人表现出忍耐力下降、抱怨增多、缺乏幽默感和信任感,常伴有头痛、恶心、胸痛和疲乏等躯体症状。⑤ 消退或症状发展期。当事人或是解决了创伤后的症状,或是症状加重,进一步发展为焦虑、抑郁、酒精或物质依赖等相关障碍,还可出现继发症状,如强迫、惊恐发作、梦魇或失眠等。

(二) 心理危机干预及其类型

处在心理危机中的人或人群除了有典型的生理方面的应激反应障碍外,通常在情绪上也会表现为失衡状态,甚至出现自残自杀、暴力攻击、离家出走等冲突性行为。如果这些冲突性行为在学校管理、社会安全或社会法律的层面上得到阻止和解决,而没能在心理层面上予以疏导和帮助,则可能转换成潜在的压力和焦虑,进而形成严重的心理障碍和心理疾病,直接影响青少年人格的健康发展。因此,心理危机干预势在必行。

所谓心理危机干预,是指运用心理学、心理咨询学、心理健康教育学等方面的理论与技术对处于心理危机状态的个人或人群进行有目的、有计划、全方位的心理指导、心理辅导或心理咨询,以帮助平衡其已严重失衡的心理状态,调节其冲突性的行为,降低、减轻或消除可能出现的对人和社会的危害。

按照过程来分,心理危机干预包括:① 预防性干预,即在重大事件可能发生前的心理干预;② 引导性干预,即在重大事件发生时的心理干预;③ 维护性干预,即在重大事件发生后的心理干预;④ 发展性干预,即在当事人或人群心理康复后,以促进继续健康发展为目标的心理干预,也包括对健康人群的发展性心理健康教育。在学校中,这几类干预方式均有需要。

根据对象来分,心理危机干预包括:① 当事人干预,即对事件发生现场中的直接当事人或人群的心理干预。② 与当事人相关人群干预,即对不在事件发生现场,但与当事人或人群有密切接触并受影响的人或人群的心理干预。③ 当事人亲

---

① J. Brende. Coping with floods: Assessment, intervention, and recovery processes for survivors and helpers[J]. Journal of Contemporary Psychotherapy, 1998, 28(2): 107—139.

属人群干预,即对当事人或人群的亲属人群的心理干预。在学校的危机事件中,当事人干预是必不可少的;相关人群干预也十分重要,因为与学生朝夕相处,不良情绪容易相互"传染";如有条件,也可对亲属人群进行心理干预。

依照形式来分,心理危机干预包括:① 现场干预,即在重大事件现场与其他专业人员配合与合作对当事人或人群的心理干预;② 来访性干预,即对有冲突性行为爆发倾向的求助人或人群的心理干预;③ 跟踪性干预,即重大事件发生后,对当事人或人群、相关人或人群的补救性心理干预。在学校中,由于学生年龄小,主动求助的意识较弱,因此,要加强现场干预,并有选择地进行跟踪性干预。

(三) 学校心理危机干预系统的构建

学校的心理危机干预不应该是危机发生后临时开展的工作,要让它常态化就必须建立学校心理危机干预系统,这一系统应包括以下三个方面的子系统:[①]

1. 预警系统

该系统的首要任务就是,积极预防在学校管理范围内重大恶性事件的发生。它要能在尽可能早的时间内预见可能出现的冲突性事件并能给予及时的疏导,要能对学校管理范围内的有心理危机倾向的高危人群进行必要的监控和疏导。

学校心理危机预警系统主要包括:① 心理健康测量和心理健康档案,可以比较有效地区分出容易产生严重心理危机的高危人群,以便有针对性地采取必要的控制和疏导措施。② 学校心理健康教育教师,是预警系统中的骨干力量,应注意从学校的心理咨询热线、心理辅导室、心理信箱、校园网中的心理健康论坛等渠道获取预警信息。③ 班主任队伍和学校团委、学生会工作者,由于他们与学生接触密切,容易得到学生的信任,只要经过培训,他们的介入就能提高预警系统的反应能力。④ 学生团队中的"心理互助员",当发现有心理危机发生可能的同学和朋友时,他们可以及时向学校心理健康教育教师反映。

2. 应急系统

该系统的任务是在发生危机事件时,要能及时、有效地与负责危机干预的其他系统(教育管理、社会安全、医疗卫生、社会工作等)进行合作,有计划、有步骤地对事件当事人或人群进行心理干预,同时协助有关部门对与当事人或人群相关的人群(同学、教师)和亲属人群(家长、亲戚)提供科学有效的心理援助和心理疏导。

学校心理危机干预应急系统主要包括:① 领导指挥组,由学校负责人、心理健康教育的专家、有高级职称的心理健康教育教师和学校医务人员等组成。② 专家指导组,即在学校危机发生时,由上级心理健康教育指导中心派往事件现场的、负责指导学校心理危机干预的专家工作组。③ 专业工作组,由本校的和本学区的学校心理健康教育专职(兼职)教师、已获得心理健康教育教师上岗资格证书的教师组成,任务是在事件现场对当事人或人群开展心理危机干预,提供心理援助和心理疏导。

---

① 周红五.学校心理危机干预系统的建构[J].中小学心理健康教育.2005(4).

3. 维护系统

学校心理危机干预的维护系统是指在重大恶性事件发生后,对当事人或人群以及对与当事人或人群相关的人或人群提供的补救性的、维护性的心理干预系统。

该系统主要包括:① 领导指挥组。一般按事件发生的区域来确定,在一所学校范围内的,则以学校负责人为主,该组还应有上级心理健康教育指导中心负责人和心理健康教育专家参加。② 专业工作组。人员构成与应急系统的专业工作组基本相同,其重要任务就是要科学区分和鉴别出已患有比较严重的心理障碍或心理疾病的人员,要及时向上一级心理健康专业工作者求助,或及时转介到当地医疗卫生部门。③ 心理健康教育活动系列。心理健康教育活动课、团体心理辅导活动课、心理辅导讲座、心理健康教育展览等,这些都是进行维护性心理干预的重要手段,尤其是在牵涉到的相关人群数量比较多的情况下。领导指挥组要根据所发生事件的性质和特点开设有针对性的心理健康教育活动,帮助不同的人群认识事件的性质,了解事件对自己心理的影响,宣泄或转移内心的心理压力,掌握自我心理状态调节的技术。

课后练习

1. 运用本章的相关知识,帮助学校制订一份火灾的应急预案。

2. 阅读以下案例,思考案例中的事件学校有没有责任,学校免除责任的理由是否充分,学校应如何避免此类纠纷的发生,学校管理需要做哪些改进工作。

2006 年的一天中午,毕业班的春阳在操场上和同学打闹,在别人的追逐之下疯狂地向教室里跑,碰巧同正从教室里往外走的冬雪撞了个正着。冬雪当时就仰面倒在了地上。老师和同学把冬雪送往村卫生所,医生诊断为腹部肌肉挫伤,当即打了吊瓶。冬雪三天未能上学,医药费花了 290 元。双方家长找到学校,要求学校赔偿一部分医药费。

按常理讲,学生在学校发生的事情,学校或班主任应该承担一部分责任。但是,这起事件与往常不同,主要是因为:① 班主任和学校多次强调,不准在课间打闹,谁打闹出问题,谁后果自负。② 学校要求学生投保,如不投保,与学校签订后果自负责任状。③ 午休时间是学校给师生安排的自由活动时间,归自己支配。六年级是高年级,同学应该有自制能力,在这段时间里发生的事情应该与班主任和学校没有什么太大的关系。

根据以上几点理由,班主任同两位家长多次交谈,并表明,如果学生在校期间发生什么事情都要学校承担,那么学校就要破产了。学校据理力争,学校领导又找村治保主任调解。最后,290 元的医药费由冬雪和春阳两家按四六比例承担,学校未拿一分钱。①

后　记

学校管理学在我国的发展可谓一波三折。1904 年《奏定学堂章程》规定要讲授学校管理类学科的内容,学校管理学从此有了法定地位。20 世纪 30 年代中到 40 年代,在经历了对国外学校管理学著作的译介后,一批国内学者的著作(如杜佐周的《教育与学校行政》)相继问世,产生了较大的反响。新中国成立后,受苏联的影响,我国的学校管理学陷入了停滞阶段。改革开放后,学校管理学的教学与研究才得以恢复并迅猛发展。

华东师范大学早在 20 世纪 80 年代就开设了学校管理学课程。1984 年张济正、吴秀娟、陈子良等前辈编写并出版了《学校管理学导论》,1990 年又对该书进行了修订。1998 年教育部颁布的本科专业目录,将教育管理专业归并到公共事业管理专业名下。为适应这一变化,课程计划中不再分设教育行政学和学校管理学课程,而是合并为一门教育管理学。为此,2000 年,吴志宏、冯大鸣和周嘉方等老师主持编写并出版了《新编教育管理学》,并于 2008 年由吴志宏、冯大鸣和魏志春等老师对该书进行了修订。伴随着 2007 年公费师范生政策的推行,华东师范大学公共事业管理专业在保留教育管理学课程的同时,增设了学校管理学课程,以求增强学生在这方面的学养。在公费师范生就读教育硕士的方案中,学校管理学也被列为面向全体学生的选修课。然而,自 1990 年后华东师范大学再未出版过学校管理学的教材,与现实需求之间出现了空缺,本书希望能够做出一点弥补。

近年来,学校管理学的发展势头喜人,有不少著作先后出版。本书在吸收同类教材长处的基础上,对学校管理学的基本原理、主要理论与实务操作进行了阐述,试图使读者对学校管理学的学科体系形成整体的认识,把握该领域的理论前沿动向,并掌握学校管理的基本技能。党的二十大报告指出,要加快建设高质量教育体系,发展素质教育,促进教育公平,加快义务教育优质均衡发展和城乡一体化,优化区域教育资源配置。因此,对我国教育事业实施有效管理,提高教育质量和效益,培养高素质、专业化、创新型教育管理人才,意义重大。而这其中,建设高质量的教育管理学课程与教材,是我们作为高校教育工作者的应有之责。本书在写作过程中,得到了许多人的帮助,尤其要感谢的是邵清撰写了本书的第十一章,祝静文撰写了第十三章的初稿。本书的写作参考了大量的国内外文献,并尽量在书中注明了出处,但难免有所疏漏,在此谨向原作者表示感谢与歉意。

本书的出版自始至终得到了华东师范大学出版社赵建军老师的关心,撰写本书的动议就是由他提出的。感谢本书编辑,为本书倾注了大量的心血。尽管笔者已竭尽全力,但书中必然有错漏之处,敬请各方大家指正。

郭继东